深化改革开放与推进中国式现代化

赵艾◎著

Deepening Reform and Opening up
to Advance Chinese Modernization

中国社会科学出版社

图书在版编目（CIP）数据

深化改革开放与推进中国式现代化 / 赵艾著.
北京：中国社会科学出版社，2024.8（2025.1 重印）. -- ISBN 978-7-5227-4028-7

Ⅰ. D61

中国国家版本馆 CIP 数据核字第 2024M1N937 号

出 版 人	赵剑英
责任编辑	喻　苗　曲　迪
责任校对	韩天炜
责任印制	王　超

出　　版	中国社会科学出版社	
社　　址	北京鼓楼西大街甲 158 号	
邮　　编	100720	
网　　址	http://www.csspw.cn	
发 行 部	010-84083685	
门 市 部	010-84029450	
经　　销	新华书店及其他书店	
印　　刷	北京君升印刷有限公司	
装　　订	廊坊市广阳区广增装订厂	
版　　次	2024 年 8 月第 1 版	
印　　次	2025 年 1 月第 2 次印刷	
开　　本	710×1000　1/16	
印　　张	19	
插　　页	2	
字　　数	293 千字	
定　　价	99.00 元	

凡购买中国社会科学出版社图书，如有质量问题请与本社营销中心联系调换
电话：010-84083683
版权所有　侵权必究

前　言

改革开放是当代中国大踏步赶上时代的重要法宝，是决定中国式现代化成败的关键一招。党的十八届三中全会以来，全面深化改革取得了历史性伟大成就，开创了以改革开放推动全面建设社会主义现代化国家各项事业取得历史性成就、发生历史性变革的新局面。当前和今后一个时期是以中国式现代化全面推进强国建设、民族复兴伟业的关键时期。面对纷繁复杂的国际国内形势，面对新一轮科技革命和产业变革，面对人民群众新期待，必须坚定不移继续把改革开放推向前进。习近平总书记指出，改革开放只有进行时、没有完成时。改革开放也是有方向、有立场、有原则的。我们的方向就是不断推动社会主义制度自我完善和发展。党的二十大报告概括式提出中国式现代化五个方面的主要特征。把这些特征变为成功实践，把中国特色变成独特优势，实现新时代新征程全面建设社会主义现代化国家的目标任务，关键还是在于全面深化改革开放。进一步全面深化改革开放，要紧扣推进中国式现代化这个主题，坚决破除妨碍推进中国式现代化的思想观念和体制机制弊端，着力破解深层次体制机制障碍和结构性矛盾，不断为中国式现代化注入强劲动力、提供有力制度保障。

解决超大规模的人口带来的一系列难题和挑战需要深化改革开放。人口规模巨大，是中国式现代化的显著特征。人口规模不同，现代化的任务就不同，其艰巨性、复杂性就不同，发展途径和推进方式也必然具有自己的特点。现在，全球进入现代化的国家也就20多个，总人口10亿左右。中国14亿多人口整体迈进现代化，规模超过现有发达国家人口的总和，将极大地改变现代化的世界版图。这是人类历史上规模最大的现代化，也是难度最大的现代化。超大规模的人口，既能提供充足的人力资源和超大规模市场，也会带来一系列难题和挑战。光是解决14亿多人的吃饭问题，就是一个不小的挑战。还有就业、分配、教育、医疗、住房、养老、托幼等问题，哪一项解决起来都不容易，哪一项涉及的体制机制问题都很多。都需要通过不断破解体制机制的障碍，化解矛盾，解决问题，找到出路。

实现共同富裕要靠深化改革开放。全体人民共同富裕，是中国式现代化的本质特征，也是区别于西方现代化的显著标志。西方现代化的最大弊端，就是以资本为中心而不是以人民为中心，追求资本利益最大化而不是服务绝大多数人的利益，导致贫富差距大、两极分化严重。一些发展中国家在现代化过程中曾接近发达国家的门槛，却掉进了"中等收入陷阱"，长期陷于停滞状态，甚至严重倒退，一个重要原因就是没有解决好两极分化、阶层固化等问题。中国式现代化坚持发展为了人民、发展依靠人民、发展成果由人民共享，在推动全体人民共同富裕上取得重要进展，特别是党的十八大以来打赢脱贫攻坚战，使近1亿农村贫困人口脱贫。现在，我们已经形成促进全体人民共同富裕的一整套思想理念、制度安排、政策举措。要在推动高质量发展、做好做大"蛋糕"的同时，进一步分好"蛋糕"，着力解决好就业、分配、教育、医疗、住房、养老、托幼等民生问题，构建三次分配协调配套的制度体系，规范收入分配秩序，规范财富积累机制，依法引导和规范资本健康发展，逐步扩大中等收入群体、缩小收入分配差距，让现代化建设成果更多更公平惠及全体人民，坚决防止两极分化。所有这些问题都需要通过深化改革开放来逐步解决。

物质文明和精神文明相协调离不开深化改革开放。既要物质富足，也要精神富有，是中国式现代化的崇高追求。物质贫困不是社会主义，精神贫乏也不是社会主义。西方早期的现代化，一边是财富的积累，一边是信仰缺失、物欲横流。今天，西方国家日渐陷入困境，一个重要原因就是无法遏制资本贪婪的本性，无法解决物质主义膨胀、精神贫乏等痼疾。中国式现代化既要物质财富极大丰富，也要精神财富极大丰富、在思想文化上自信自强。促进物质文明和精神文明相互协调、相互促进，让全体人民始终拥有团结奋斗的思想基础、开拓进取的主动精神、健康向上的价值追求不仅需要深化经济体制改革，同样需要深化文化体制改革。文化体制改革要以习近平文化思想为指导，顺应人民日益增长的精神文化需求，建设具有强大凝聚力和引领力的社会主义意识形态，培育和弘扬社会主义核心价值观，发展社会主义先进文化，推出更多优秀文艺作品，不断丰富人民精神世界，提高全社会文明程度，促进人的全面发展。

促进人与自然和谐共生的关键是深化改革开放。尊重自然、顺应自然、保护自然，促进人与自然和谐共生，是中国式现代化的鲜明特点。近代以来，西方国家的现代化大都经历了对自然资源肆意掠夺和生态环境恶性破坏的阶段，在创造巨大物质财富的同时，往往造成环境污染、资源枯竭等严重问题。我国人均能源资源禀赋严重不足，加快发展面临更多的能源资源和环境约束，这决定了我国不可能走西方现代化的老路。中国式现代化要以习近平生态文明思想为指导，牢固树立和践行绿水青山就是金山银山的理念，坚持山水林田湖草沙一体化保护和系统治理，坚持可持续发展，坚持节约优先、保护优先、自然恢复为主的方针，坚定不移走生产发展、生活富裕、生态良好的文明发展道路。这就迫切需要深化生态建设体制机制改革。通过深化改革开放，推进发展方式绿色转型，绿色低碳发展，推进"碳达峰""碳中和"。

走和平发展道路同样必须以深化改革开放为基本前提。坚持和平发展，在坚定维护世界和平与发展中谋求自身发展，又以自身发展更好维护世界和平与发展，推动构建人类命运共同体，是中国式现代化的突出特征。西方国家的现代化，充满战争、贩奴、殖民、掠夺等血腥罪恶，给广大发展中国家带来了深重苦难。中华民族经历了西方列强侵略、凌辱的悲惨历史，深知和平的宝贵，绝不可能重复西方国家的老路。中国式现代化坚持独立自主、自力更生，依靠全体人民的辛勤劳动和创新创造发展壮大自己，通过激发内生动力与和平利用外部资源相结合的方式来实现国家发展，不以任何形式压迫其他民族、掠夺他国资源财富，而是为广大发展中国家提供力所能及的支持和帮助。我们要以习近平外交思想为指导，始终高举和平、发展、合作、共赢旗帜，奉行互利共赢的开放战略，通过深化改革开放构建高水平外向型经济体制，不断扩大高水平对外开放，特别是规则、规制、管理、标准的制度型开放，推动共建"一带一路"高质量发展，持续建设市场化、法治化、国际化一流营商环境，为各国企业提供更广阔的发展空间。积极参与全球治理体系改革和建设，践行真正的多边主义，弘扬全人类共同价值，推动落实全球发展倡议、全球安全倡议和全球文明倡议，努力为人类和平与发展做出更大贡献。

新质生产力是推进中国式现代化关键动能。促进新质生产力加快发展，深化改革开放依然是关键。中国式现代化一定是社会生产力高度发达的现代化。是以先进生产力创造的丰富的物质财富为坚实基础的现代化。工业化，城镇化，农业现代化，信息化，都要以生产力的高度发展为前提条件。14亿多人口的共同富裕，物质文明和精神文明，人与自然和谐发展，和平发展，都离不开先进发达的生产力及其创造的丰富物质财富的支撑。中国式现代化不可能建立在落后的生产力基础之上。中共中央政治局第十一次集体学习时，习近平总书记强调，生产关系必须与生产力发展要求相适应。发展新质生产力，必须进一步全面深化改革，形成与之相适应的新型生产关系。因此，要深化经济体制、科技体制等改革，着力打通束缚新质生产力发展的堵点卡点，建立高标准市场体系，创新生产要素配置方式，让各类先进优质生产要素向发展新质生产力顺畅流动。同时，要扩大高水平对外开放，为发展新质生产力营造良好国际环境。总的来看，深化改革开放，促进新质生产力快速发展，目的就是以新质生产力发展为引领，不断解放和发展社会生产力，激发和增强推动中国式现代化的活力。

深入学习、深刻领会习近平总书记运用马克思主义立场、观点、方法，开创性地提出的一系列全面深化改革开放的新思想新观点新要求，以习近平新时代中国特色社会主义思想为指导，正确把握、深入研究、推动落实党的二十大报告中关于新时代新征程开创全面深化改革开放新局面、以深化改革开放为动力，推进中国式现代化的重要精神，是改革研究智库和改革研究理论工作者的重要任务。近年来特别是党的二十大以来，中国经济体制改革研究会将"深化改革开放，推进中国式现代化"作为重大研究课题，组织会内会外各方面的专家学者开展了多方面的深入研究。作为这项研究的首席专家和具体负责人，笔者也有一些粗浅的学习认识和体会。现将围绕这一主题，在有关场合的一些发言和有关刊物发表过的文章汇集成册，以飨读者。

赵艾

2024 年 5 月

目　录

第一章
深化改革与中国式现代化

全面深化改革：十年，2023年，2024年 …………………………（3）
关于推进中国式现代化的几点学习体会 …………………………（26）
构建新发展格局要发挥好全面深化改革的关键性作用 …………（46）
央企发力挑大梁　深化改革稳大盘 ………………………………（59）
民营经济在推进中国式现代化过程中发挥着重要作用 …………（71）
推动城市治理现代化　实现城市高质量发展 ……………………（81）
深化改革践行好"人民城市"理念 …………………………………（88）
多措并举推进数据要素市场化改革 ………………………………（94）
加大体制机制创新力度推动数字经济发展 ………………………（97）

第二章
高水平对外开放与中国式现代化

实行更高水平开放促进更深层次改革 ……………………………（109）
以更高水平开放促进更高质量发展 ………………………………（112）
制度型开放的本质是构建开放型经济新体制 ……………………（118）

深化中欧经贸合作中企业和企业家的使命 …………………………（123）
沿边开放要把握好新形势新任务新要求 ……………………………（130）
加大改革开放力度　推动长三角创新创业协同发展 ………………（138）
保障和改善民生是沿边开放　实现共同富裕的大文章 ……………（147）

第三章
共建"一带一路"倡议与中国式现代化

中国式现代化与共建"一带一路"倡议 ………………………………（161）
"梦联通"——共建"一带一路"倡议是推进中国式现代化的
　重要内容 ………………………………………………………………（173）
共追"丝路梦"　共谋"梦联通" ……………………………………（180）
深化务实合作　共建绿色丝绸之路 …………………………………（185）
深化务实合作　打造"信任丝绸之路" ………………………………（190）
深化"一带一路"建设与市场和企业新机遇 …………………………（195）
以改革创新为动力　推进"一带一路"国际产业合作 ………………（201）
共建"一带一路"倡议与农业国际合作 ………………………………（205）
"一带一路"新阶段　中小企业新机遇 ………………………………（210）
深化中非共建"一带一路"倡议　推动中小企业务实合作 …………（218）
以"一带一路"高质量发展为契机　加快横琴深合区建设 …………（225）

第四章
新质生产力发展与中国式现代化

加快发展新质生产力是推进中国式现代化的当务之急 ……………（233）
深化体制机制改革　推动生态环境高标准保护和高质量发展 ……（254）
深化体制机制改革　推动ESG发展 …………………………………（264）

深化改革开放　积极稳妥推进碳达峰碳中和 …………………（268）

深化体制机制改革　推动碳达峰碳中和 ……………………（275）

参考文献 ………………………………………………………（287）

后　记 …………………………………………………………（291）

第一章
深化改革与中国式现代化

全面深化改革：十年，
2023年，2024年

一 关于全面深化改革十年回顾

2023年是我国实施改革开放45周年，也是开启全面深化改革新征程10周年，同时也是贯彻党的二十大精神的开局之年。回顾党的十八大以来全面深化改革的进展与成效，盘点2023年的改革，展望2024年的改革，对于深入学习、深刻领会习近平总书记运用马克思主义立场、观点、方法，开创性地提出的一系列改革开放新思想新观点新要求，以习近平新时代中国特色社会主义思想为指导，正确把握、推动落实党的二十大关于新时代新征程开创全面深化改革开放新局面的重要精神，以深化改革开放为动力，推进中国式现代化，全面建设社会主义现代化国家，具有十分重要的意义。从以下三个方面谈点儿认识和体会。

党的十八大以来，以习近平同志为核心的党中央高举中国特色社会主义伟大旗帜，深刻总结历史经验，把握时代发展大势，回答实践新要求，顺应人民新期待，不断推进理论创新、实践创新、制度创新，作出全面深化改革的重大战略部署，以巨大的政治勇气全面深化改革，打响改革攻坚战，加强改革顶层设计，敢于突进深水区，敢于啃硬骨头，敢于涉险滩，敢于面对新矛盾新挑战，冲破思想观念束缚，突破利益固化藩篱，坚决破除各方面体制机制弊端，各领域基础性制度框架基本建立，许多领域实现历史性变革、系统性重塑、整体性重构，中国特色社会主义制度更加成熟更加定型,① 国家治理体系和治理能力现代化水平明显提高,开创了党和国家改革开放和现代化建设事业承前启后、继往开来的新局面。

(一) 确立全面深化改革总目标

党的十八届三中全会明确提出全面深化改革的总目标是:完善和发展中国特色社会主义制度、推进国家治理体系和治理能力现代化。习近平总书记指出,党的十一届三中全会是划时代的,开启了改革开放和社会主义现代化建设历史新时期。党的十八届三中全会也是划时代的,开启了全面深化改革、系统整体设计推进改革的新时代,开创了我国改革开放的全新局面。党的十九大进一步明确了全面深化改革的分阶段目标,并将改革总目标作为习近平新时代中国特色社会主义思想的重要内容并载入新修改的党章。习近平总书记强调,全面深化改革总目标是完善和发展中国特色社会主义制度、推进国家治理体系和治理能力现代化,这两句话是一个统一整体,前一句规定了根本方向,后一句规定了在根本方向指引下完善和发展中国特色社会主义制度的鲜明指向,两句话都讲,才是完整的、全面的。我国是一个大国,决不能在根本性问题上出现颠覆性错误,既不走封闭僵化的老路,也不走改旗易帜的邪路。改革是在中国特色社会主义道路上不断前进的改革,是社会主义制度的自我完善和发展,大方向就是坚持中国共产党的领导和社会主义制度不能动摇。不实行改革开放是死路一条,搞否定社会主义方向的"改革开放"也是死路一条。把握改革正确方向,首先要把握好这个根本政治方向。党的二十大开启了推进中国式现代化,全面建设社会主义现代化国家的新征程,全面深化改革也进入一个全新的阶段。就是要牢牢把握推进中国式现代化这个宏伟目标,深化各个领域、各个方面的改革。

(二) 坚持党对全面深化改革的集中统一领导

党的十八大以来,以习近平同志为核心的党中央统揽改革工作全局,举旗定向,领航把舵,谋篇布局,加强对全面深化改革的集中统一领导,

---

① 习近平:《高举中国特色社会主义伟大旗帜 为全面建设社会主义现代化国家而团结奋斗》,《人民日报》2022年10月26日第1版。

成立中央全面深化改革领导小组，党的十九大之后改为中央全面深化改革委员会，形成了集中统一的改革领导体制、务实高效的统筹决策机制、上下联动的协调推进机制、追责问效的督察落实机制。2013年12月30日，中共中央政治局会议决定成立中央全面深化改革领导小组。之后，习近平总书记亲自主持召开40次中央全面深化改革领导小组会议。2018年3月中央全面深化改革委员会（以下简称"中央深改委"）成立。到目前为止，习近平总书记亲自主持召开了30次中央深改委会议。党对全面深化改革的集中统一领导，强化了改革的总体设计、统筹协调、整体推进、督促落实，推动改革全面发力、多点突破、蹄疾步稳、纵深推进，攻克了一系列体制机制深层次难关，确保改革沿着正确方向前进。实践表明，全面深化改革，必须牢牢把握党的领导这个中国特色社会主义最本质的特征，充分发挥党总揽全局、协调各方的领导核心作用，坚决维护党中央权威和集中统一领导，确保政令畅通，坚定不移贯彻落实中央改革决策部署。[①] 习近平总书记指出，改革开放40年的实践启示我们：中国共产党领导是中国特色社会主义最本质的特征，是中国特色社会主义制度的最大优势。党政军民学，东西南北中，党是领导一切的。这一重要论述深刻揭示了坚持和加强党的领导在改革开放和社会主义现代化建设中的关键地位和核心作用。实践证明，坚持和加强党的集中统一领导，是全面深化改革不偏轨、不折腾、不停顿，始终沿着正确方向前进的根本政治保证。

（三）贯彻以人民为中心发展思想推进全面深化改革

党的十八大以来，以习近平同志为核心的党中央坚持以人民为中心谋划改革，从人民利益出发谋划改革思路，坚持人民群众关心什么、期盼什么，改革就抓住什么、推进什么，[②] 做到人民有所呼、改革有所应，努力使改革符合广大人民群众意愿、得到广大人民群众拥护。习近平总

[①]《坚定改革信心汇聚改革合力 推动新发展阶段改革取得更大突破》，《人民日报》2020年12月31日第1版。

[②]《加快建设全国统一大市场提高政府监管效能 深入推进世界一流大学和一流学科建设》，《人民日报》2021年12月18日第1版。

书记指出，广大人民群众共享改革发展成果，是社会主义的本质要求，是我们党坚持全心全意为人民服务根本宗旨的重要体现。我们追求的发展是造福人民的发展，我们追求的富裕是全体人民共同富裕。改革发展搞得成功不成功，最终的判断标准是人民是不是共同享受到了改革发展成果。全面深化改革的根本任务是要解放和发展社会生产力，促进社会公平正义，让发展成果更多更公平地惠及全体人民。要紧紧依靠人民推进改革，善于从人民的实践创造中完善改革政策。改革中，充分发挥人民群众的积极性、主动性、创造性，尊重人民群众的首创精神，鼓励地方、基层和群众大胆探索，及时总结经验，为全面深化改革营造了良好社会环境，提供了不竭内在动力。改革中，我们强调，凡是涉及群众切身利益的决策都要充分听取群众意见，通过各种方式，在各个层级、各个方面同群众进行协商，齐心协力推进改革。可以说，人民是改革的主体，充分调动人民积极性，改革为了人民、改革依靠人民、改革成果由人民共享，始终是改革的出发点和落脚点。

（四）完整、准确、全面贯彻新发展理念指导引领全面深化改革

在全面深化改革中，既以新发展理念指导引领全面深化改革，又通过深化改革为完整、准确、全面贯彻新发展理念提供体制机制保障。实践表明，唯有全面深化改革，才能更好践行新发展理念，破解发展难题、增强发展活力、厚植发展优势。党的十八届三中全会以来，我国主要领域改革主体框架基本确立，前期重点是夯基垒台、立柱架梁，中期重点在全面推进、积厚成势，之后把着力点放到围绕完整、准确、全面贯彻新发展理念，加强系统集成、精准施策上。在深化改革中，立足贯彻新发展理念、构建新发展格局，围绕增强创新能力、推动平衡发展、改善生态环境、提高开放水平、促进共享发展等重点领域和关键环节，把改革不断推向深入，更加精准地印发改革方案，更加全面地完善制度体系。[1]

（五）以问题为导向解决全面深化改革中的突出问题

坚持问题导向，是马克思主义的重要品质，是习近平新时代中国特

---

[1] 习近平：《全党必须完整、准确、全面贯彻新发展理念》，《求是》2022年第16期。

色社会主义思想的鲜明风格，也是党的十八大以来以习近平同志为核心的党中央治国理政的突出特点。习近平总书记强调，改革是由问题倒逼而产生，又在不断解决问题中得以深化，能否有效解决经济社会发展面临的突出问题，是衡量改革成效的重要标准。全面深化改革，其实质就是从根本上解决经济体制、政治体制、科技体制、教育体制、文化体制、社会体制、生态文明体制等方方面面存在的束缚生产力发展和社会进步的矛盾和问题。党中央在部署推进各项改革过程中，始终坚持强烈的问题意识，着眼于切实解决体制机制中的突出问题。在制订方案上，强调改革要奔着问题去，拿出的方案要有棱角，提出的措施要有针对性。在部署推动上，强调要聚焦重要领域和关键环节，哪里矛盾和问题最突出，就重点抓哪里的改革。在督促落实上，强调要在解决重点、难点问题上下功夫，让实践来检验、让结果来评判、让群众来打分，确保改革举措落地见效。

（六）注重改革的系统性、整体性、协同性

在全面深化改革中，重视并加强改革的系统性、整体性、协同性，是党的十八大以来以习近平同志为核心的党中央大刀阔斧、全面发力，统筹推进各领域重大改革的重要方法和经验所在。习近平总书记指出，改革开放是一个系统工程，必须坚持全面改革，在各项改革协同配合中推进。全面深化改革覆盖经济、政治、文化、社会、生态文明、党的建设和国防军队等各领域，改革任务之全面、内容之深刻、影响之广泛前所未有。因此，各项改革举措有序有力有效落实，重要领域和关键环节改革取得突破性进展，主要领域改革主体框架基本确立，等等，很重要的一点就是坚持科学方法论，注重改革的系统性、整体性、协同性，遵循改革特点规律，加强改革的系统集成和协同高效，也就是用系统思维谋划全局，准确把握改革的方向、主线和重点，处理好解放思想和实事求是的关系、整体推进和重点突破的关系、顶层设计和摸着石头过河的关系、胆子要大和步子要稳的关系、改革发展稳定的关系。注重从改革的全局和整体出发谋划改革，把握各部分之间的相互联系和相互作用，提高改革的整体效能，把握改革的时序和节奏，使不同阶段的改革在进程上有条不紊，不同领域的改革在步调上协同一致。促进各项改革举措在政策取向上相互配合、在实施过程中相互促进、在改革成效上相得益彰。

(七) 运用法治思维和法治方式推进改革

习近平总书记强调，改革与法治如"鸟之两翼、车之两轮"，要坚持在法治下推进改革，在改革中完善法治。党的十八大以来，凡属重大改革都坚持于法有据，在整个改革过程中，高度重视运用法治思维和法治方式，发挥法治的引领和推动作用，加强对相关立法工作的协调，确保在法治轨道上推进改革。在改革实践中，研究改革方案和实施步骤时，同步考虑所涉及的立法问题，及时提出立法需求和建议。对实践证明行之有效的改革成果，及时上升为法律。全面实施条件还不成熟、需要先行先试的，按照法定程序作出授权。① 对不适应改革要求的法律法规，及时修改或废止。通过法律法规的"立改废"落实改革决策，巩固发展改革成果。推动实现立法和改革决策相衔接，做到重大改革于法有据、立法主动适应改革发展需要。比如在市场体系改革方面，立法、执法、司法全方位产权保护制度体系逐步形成。全面实施市场准入负面清单制度。建立公平竞争审查制度，清理废除妨碍统一市场和公平竞争的各种规定和做法等。

(八) 正确处理改革发展稳定之间的关系

习近平总书记指出，必须坚持辩证唯物主义和历史唯物主义世界观和方法论，正确处理改革发展稳定之间的关系。党的十八大以来，在全面深化改革过程中，成功地把追求经济社会发展、全面深化改革开放和保持社会和谐稳定这三者动态地统一起来，坚持底线思维，守住不发生系统性风险的底线，蹄疾步稳推进改革。习近平总书记多次强调，推进改革胆子要大，但步子一定要稳。战略上要勇于进取，战术上则要稳扎稳打。对于经过充分论证和评估，符合实际、必须做的，该干的则大胆干，但反复强调胆子大不是蛮干，而是稳妥审慎，三思而后行。特别是

---

① 《把抓落实作为推进改革工作的重点 真抓实干蹄疾步稳务求实效》，《人民日报》2014年3月1日第1版。

对于一些攻坚难度大的改革，要注重久久为功、持续用力，而不是指望一招制胜、立竿见影。从而使改革的力度、发展的速度和社会可承受的程度实现有机结合，从容应对挑战，有效抵御风险，在保持社会稳定中推进改革发展，通过改革发展促进社会稳定。

（九）改革与开放密不可分

改革必然要求开放，开放也必然要求改革。全面深化改革与高水平对外开放相辅相成、相互促进、相得益彰。改革是决定当代中国前途和命运的关键一招，开放是推进中国式现代化的必由之路，是当代中国的鲜明标识。习近平总书记强调，建设更高水平开放型经济新体制是我们主动作为以开放促改革、促发展的战略举措，要围绕服务构建新发展格局，以制度型开放为重点，聚焦投资、贸易、金融、创新等对外交流合作的重点领域深化体制机制改革，完善配套政策措施，积极主动把我国对外开放提高到新水平。党的二十大报告指出，要坚持深化改革开放，深入推进改革创新，坚定不移扩大开放，着力破解深层次体制机制障碍，不断彰显中国特色社会主义制度优势，把我国制度优势更好转化为国家治理效能。

（十）推动顶层设计与基层探索有机结合

党的十八大以来，在推进全面深化改革的方式方法上，坚持基层探索"摸着石头过河"和顶层设计相结合。既鼓励基层大胆试验、大胆突破、把握本质、探索规律，又坚持顶层设计，加强宏观思考、高瞻远瞩、整体谋划，从总体上增强自觉自信。习近平总书记在亲自领导全面深化改革的总体部署、统筹实施、夯基垒台、立柱架梁的同时，强调改革开放在认识和实践上的每一次突破和发展，无不来自人民群众的实践和创造。要鼓励解放思想、积极探索。对需要稳妥实施的改革，积极采取试点探索、投石问路的方法，看准了再推开。实践表明，把"摸着石头过河"和顶层设计结合起来，把推进局部的阶段性改革置于加强顶层设计的前提下来进行，把加强顶层设计置于推进局部的阶段性改革的基础上来谋划，科学组织改革试点工作，形成可复制可推广经验，发挥试点对全局性改革的示范、突破、带动作用。十年来，自由贸易试验区共向全国复制推广了302项制度创新成果。2020年,以经济特区建立40周年为契机,综合授权改革试点以深圳为发端,正式启动。实施综合改革试点,以清单批量授权方式赋予深圳在重要领域和关键环节改革上更多自主权,共推出27条改革举措和40条首批授权事项。之后,在海南、浦东、浙江、横琴、厦门等重点区域陆续进行战略部署,围绕要素市场化配置等重点领域出台政策文件,内容、形式虽有差异,但均强调以综合授权改革方式系统推进。试点开展三年来,深圳综合授权改革试点取得积极进展,形成了多批可复制可推广的改革经验。2022年10月13日,国家发展改革委发布《关于推广借鉴深圳综合改革试点首批授权事项典型经验和创新举措的通知》(第一批)《深圳综合改革试点首批授权事项典型经验和创新举措》(共18条)。2023年11月16日,国家发展改革委发布《关于再次推广借鉴深圳综合改革试点创新举措和典型经验的通知》(第二批),对深圳综合改革试点新一批22项经验进行推广。浦东和厦门紧随其后,也开展了综合改革试点。基层探索既充分发挥了地方、基层、群众首创精神,鼓励差别化探索,又能够及时总结典型经验,推动面上的改革。基层实践和探索还在于以钉钉子精神抓全面深化改革各项任务落实。改革争在朝夕,落实难在方寸。一分部署、九分落实,必须抓铁有痕、踏石留印。一级抓一级,层层抓落实,确保改革举措落地生根。

二 关于2023年全面深化改革

2023年是全面贯彻党的二十大精神的开局之年。在开局之年,按照党的二十大的部署,全面深化改革继续向纵深推进。第一次中央深改委会议强调,实现新时代新征程的目标任务,要把全面深化改革作为推进中国式现代化的根本动力,作为稳大局、应变局、开新局的重要抓手,把准方向、守正创新、真抓实干,在新征程上谱写改革开放新篇章。

(一)对全面深化改革作出具体部署

2023年4月21日召开的第一次中央深改委会议审议通过了《中央全面深化改革委员会工作规则》《中央全面深化改革委员会专项小组工作规则》《中央全面深化改革委员会办公室工作细则》和《中央全面深化改革

委员会2023年工作要点》，会议强调，新征程上继续推进全面深化改革，要坚持和加强党的领导，把准改革方向，明确目标任务，以科学的谋划、创新的魄力把各项工作抓好抓实。要抓好重大改革任务攻坚克难，统筹全局、把握重点，聚焦全面建设社会主义现代化国家中的重大问题谋划推进改革，用好机构改革创造的有利条件，努力在破除各方面体制机制弊端、调整深层次利益格局上再攻下一些难点。要加强改革调查研究，多到矛盾问题集中的地方和部门去，深入基层、走进群众，体察实情、解剖麻雀，既深入研究具体问题，又善于综合各方面情况，在总体思路和全局工作上多动脑筋、多下功夫。要加大改革抓落实力度，完善上下协同、条块结合、精准高效的改革落实机制，下更大气力抓好改革督察工作，推动改革举措落地见效。要调动各方面改革积极性，健全改革创新激励机制，加大改革典型经验交流推广，加强舆论引导，及时回应各方关切。[①]

（二）深化经济体制改革

经济体制改革依然是全面深化改革的重中之重。2023年7月24日召开的中共中央政治局会议强调，要持续深化改革开放，坚持"两个毫不动摇"，切实提高国有企业核心竞争力，切实优化民营企业发展环境。

1. 深化国有经济改革

第一次中央深改委会议审议通过了《关于加强和改进国有经济管理有力支持中国式现代化建设的意见》，强调加强和改进国有经济管理，要立足新时代新征程国有经济肩负的使命任务和功能定位，从服务构建新发展格局、推动高质量发展、促进共同富裕、维护国家安全的战略高度出发，完善国有经济安全责任、质量结构、资产和企业管理，深化国有企业改革，着力补短板、强弱项、固底板、扬优势，构建顶层统筹、权责明确、运行高效、监管有力的国有经济管理体系。

2. 国有资本经营预算制度改革

2023年11月7日召开的第三次中央深改委会议审议通过《关于进一

[①] 《守正创新真抓实干 在新征程上谱写改革开放新篇章》，《人民日报》2023年4月22日第1版。

步完善国有资本经营预算制度的意见》,强调国有资本经营预算是国家预算体系的重要组成部分,要完善国有资本经营预算制度,扩大实施范围,强化功能作用,健全收支管理,提升资金效能。预算工作体现党和国家意志,要坚持和加强党的领导,发挥集中力量办大事的体制优势,聚焦推进国有经济布局优化和结构调整,推动国有资本向关系国家安全、国民经济命脉的重要行业和关键领域集中,向关系国计民生的公共服务、应急能力、公益性领域等集中,向前瞻性战略性新兴产业集中,更好服务构建新发展格局、推动高质量发展。要始终坚持"过紧日子"的思想,加强财政资源科学统筹和合理分配,合理确定预算收支规模,统筹保障和改善民生,杜绝奢靡浪费等现象。要坚持预算法定,强化预算约束,推动预算绩效管理,发挥人大监督作用。①

3. 自然垄断环节监管体制机制改革

第三次中央深改委会议审议通过《关于健全自然垄断环节监管体制机制的实施意见》,强调要健全自然垄断环节监管体制机制,强化制度设计,完善监管体系,提升监管能力,增强国有经济对自然垄断环节的控制力,更好满足构建现代化基础设施体系的需要,更好保障国家安全。电力、油气、铁路等行业的网络环节具有自然垄断属性,是我国国有经济布局的重点领域。要健全监管制度体系,加强监管能力建设,重点加强对自然垄断环节落实国家重大战略和规划任务、履行国家安全责任、履行社会责任、经营范围和经营行为等方面的监管,推动处于自然垄断环节的企业聚焦主责主业,增加国有资本在网络型基础设施上投入,提升骨干网络安全可靠性。要对自然垄断环节开展垄断性业务和竞争性业务的范围进行监管,防止利用垄断优势向上下游竞争性环节延伸。②

4. 深化石油天然气市场体系改革

2023年7月11日召开的第二次中央深改委会议审议通过《关于进一

---

① 《全面推进美丽中国建设 健全自然垄断环节监管体制机制》,《人民日报》2023年11月8日第1版。

② 《全面推进美丽中国建设 健全自然垄断环节监管体制机制》,《人民日报》2023年11月8日第1版。

步深化石油天然气市场体系改革提升国家油气安全保障能力的实施意见》，强调要围绕提升国家油气安全保障能力的目标，针对油气体制存在的突出问题，积极稳妥推进油气行业上、中、下游体制机制改革，确保稳定可靠供应。要进一步深化石油天然气市场体系改革，加强产供储销体系建设。要加大市场监管力度，强化分领域监管和跨领域协同监管，规范油气市场秩序，促进公平竞争。要深化油气储备体制改革，发挥好储备的应急和调节能力。①

5. 深化电力体制改革

第二次中央深改委会议审议通过《关于深化电力体制改革加快构建新型电力系统的指导意见》，强调要加快构建清洁低碳、安全充裕、经济高效、供需协同、灵活智能的新型电力系统，更好推动能源生产和消费革命，保障国家能源安全。要科学合理设计新型电力系统建设路径，在新能源安全可靠替代的基础上，有计划分步骤逐步降低传统能源比重。要健全适应新型电力系统的体制机制，推动加强电力技术创新、市场机制创新、商业模式创新。要推动有效市场同有为政府更好结合，不断完善政策体系，做好电力基本公共服务供给。②

6. 深化推动民营经济发展壮大体制机制改革

第一次中央深改委会议审议通过了《关于促进民营经济发展壮大的意见》，强调支持民营经济发展是党中央的一贯方针。促进民营经济发展壮大，要着力优化民营经济发展环境，破除制约民营企业公平参与市场竞争的制度障碍，引导民营企业在高质量发展中找准定位，通过企业自身改革发展、合规经营、转型升级，不断提升发展质量。要充分考虑民营经济特点，完善政策执行方式，加强政策协调性，推动各项优惠政策精准直达，切实解决企业实际困难。要把构建亲清政商关系落到实处，引导促进民营经济健康成长。③ 2023 年 7 月 19 日颁布的《中共中央国务

---

① 《建设更高水平开放型经济新体制 推动能耗双控逐步转向碳排放双控》，《人民日报》2023 年 7 月 12 日第 1 版。

② 《建设更高水平开放型经济新体制 推动能耗双控逐步转向碳排放双控》，《人民日报》2023 年 7 月 12 日第 1 版。

③ 《守正创新真抓实干 在新征程上谱写改革开放新篇章》，《人民日报》2023 年 4 月 22 日第 1 版。

院关于促进民营经济发展壮大的意见》，共8个方面31条政策措施。同年7月24日国家发展改革委发布《关于进一步抓好抓实促进民间投资工作努力调动民间投资积极性的通知》，共4个方面17条政策措施。同年8月1日国家发展改革委等8部门联合发布《关于实施促进民营经济发展近期若干举措的通知》，共5个方面28条政策措施。同年9月在国家发展改革委内部设立民营经济发展局。同年11月27日中国人民银行等8部门联合印发《关于强化金融支持举措助力民营经济发展壮大的通知》，共7个方面25条政策措施。

7. 深化农村改革

第二次中央深改委会议审议通过《深化农村改革实施方案》，强调贯彻落实党的二十大对深化农村改革的部署，要着力巩固和完善农村基本经营制度，健全粮食安全保障制度，完善全面推进乡村振兴体制机制，健全城乡融合发展政策体系，加快推动重要领域和关键环节改革攻坚突破、落地见效，让广大农民在改革中有更多获得感。要把顶层设计同基层探索有机结合起来，允许和鼓励不同地区因地制宜探索，善于发现和总结基层的实践创造，对探索创新中遇到困难的要及时给予支持。强调要锚定实现农业农村现代化、建设农业强国的战略目标，以处理好农民和土地关系为主线，加快补齐农业农村发展短板，为全面建设社会主义现代化国家打下坚实基础。[①]

（三）深化科技教育及专家咨询体制机制改革

1. 深化科技体制改革

第一次中央深改委会议审议通过了《关于强化企业科技创新主体地位的意见》，强调强化企业科技创新主体地位，是深化科技体制改革、推动实现高水平科技自立自强的关键举措。要坚持系统观念，围绕"为谁创新、谁来创新、创新什么、如何创新"，从制度建设着眼，对技术创新决策、研发投入、科研组织、成果转化全链条整体部署，对政策、资金、项目、平台、人才等关键创新资源系统布局，一体推进科技创新、产业

[①]《建设更高水平开放型经济新体制 推动能耗双控逐步转向碳排放双控》，《人民日报》2023年7月12日第1版。

创新和体制机制创新，推动形成以企业为主体、产学研高效协同深度融合的创新体系。要聚焦国家战略和产业发展重大需求，加大企业创新支持力度，积极鼓励、有效引导民营企业参与国家重大创新，推动企业在关键核心技术创新和重大原创技术突破中发挥作用。①

2. 科教人才薪酬分配制度改革

第二次中央深改委会议审议通过《关于高等学校、科研院所薪酬制度改革试点的意见》，强调要把推动高校教师、科研人员薪酬分配制度改革作为统筹推进教育、科技、人才事业发展的重要抓手，逐步建立激发创新活力、知识价值导向、管理规范有效、保障激励兼顾的薪酬制度，进一步激发高等学校、科研院所创新创造活力。开展高等学校、科研院所薪酬制度改革试点，要根据薪酬管理需要和实际，优化和规范分配制度，树立正确分配导向，坚持人才为本，突出创新优先，坚持薪酬分配要同绩效紧密挂钩，向扎根教学科研一线、承担急难险重任务、做出突出贡献的人员倾斜，向从事基础学科教学和基础前沿研究、承担国家关键核心技术攻关任务、取得重大创新成果的人员倾斜。要加强薪酬管理监督，确保把国家的钱用在人才激励和事业发展最需要的地方。②

3. 专家参与公共决策机制改革

第三次中央深改委会议审议通过《关于加强专家参与公共决策行为监督管理的指导意见》，强调要立足更好服务和支撑公共决策，加强专家参与公共决策行为监督管理，完善体制机制，规范流程标准，强化全过程管理，营造人尽其才、富有活力、风清气正的专家参与公共决策环境。专家是推进改革发展的重要智力资源，要加强对专家队伍的政治引领，完善专家参与公共决策的政策保障和激励措施，充分调动专家的积极性和主动性。要建立健全从专家遴选到考核监督的全过程、全链条管理制度体系，分领域、分类别完善专家参与公共决策的制度规范，明确专家

---

① 《守正创新真抓实干 在新征程上谱写改革开放新篇章》，《人民日报》2023年4月22日第1版。

② 《建设更高水平开放型经济新体制 推动能耗双控逐步转向碳排放双控》，《人民日报》2023年7月12日第1版。

参与公共决策的职责定位、权利义务和相应责任等，激励这些专家积极为党和政府科学决策建言献策。①

（四）深化生态文明建设体制机制改革

1. 深化污染防治、绿色转型体制机制改革

第三次中央深改委会议审议通过《关于全面推进美丽中国建设的意见》，强调建设美丽中国是全面建设社会主义现代化国家的重要目标，要锚定2035年美丽中国目标基本实现，持续深入推进污染防治攻坚，加快发展方式绿色转型，提升生态系统多样性、稳定性、持续性，守牢安全底线，健全保障体系，推动实现生态环境根本好转。党的十八大以来，我国生态文明建设从理论到实践都发生了历史性、转折性、全局性变化，要根据经济社会高质量发展的新需求、人民群众对生态环境改善的新期待，加大对突出生态环境问题集中解决力度，着力抓好生态文明制度建设，发挥好先行探索示范带动作用，开展全民行动，推动局部和全局相协调、治标和治本相贯通、当前和长远相结合。要加强组织领导，结合地方实际分类施策、分区治理，精细化建设，通过一项项具体行动推动美丽中国目标一步步变为现实。②

2. 生态环境分区管控体制机制改革

第三次中央深改委会议审议通过《关于加强生态环境分区管控的指导意见》，强调生态环境分区管控在生态环境源头预防体系中具有基础性作用，要加强顶层设计、完善制度体系，以保障生态功能和改善环境质量为目标，推动实现生态环境分区域差异化精准管控。加强生态环境分区管控，要落实主体功能区战略，衔接国土空间规划和用途管制，聚焦区域性、流域性突出生态环境问题，完善生态环境分区管控方案，建立从问题识别到解决方案的分区分类管控策略。要落实地方各级党委和政府主体责任，利用生态环境分区管控成果，服务国家和地方重大发展战

---

① 《全面推进美丽中国建设 健全自然垄断环节监管体制机制》，《人民日报》2023年11月8日第1版。

② 《全面推进美丽中国建设 健全自然垄断环节监管体制机制》，《人民日报》2023年11月8日第1版。

略实施，科学指导各类开发保护建设活动。①

3. 推动能耗双控逐步转向碳排放双控制度改革

第二次中央深改委会议审议通过《关于推动能耗双控逐步转向碳排放双控的意见》，强调要立足我国生态文明建设已进入以降碳为重点战略方向的关键时期，完善能源消耗总量和强度调控，逐步转向碳排放总量和强度双控制度。党的十八大以来，我们把绿色低碳和节能减排摆在突出位置，建立并实施能源消耗总量和强度双控制度，有力促进我国能源利用效率大幅提升和二氧化碳排放强度持续下降。从能耗双控逐步转向碳排放双控，要坚持先立后破，完善能耗双控制度，优化完善调控方式，加强碳排放双控基础能力建设，健全碳排放双控各项配套制度，为建立和实施碳排放双控制度积极创造条件。要一以贯之坚持节约优先方针，更高水平、更高质量地做好节能工作，用最小成本实现最大收益。要把稳工作节奏，统筹好发展和减排关系，实事求是、量力而行，科学调整优化政策举措。②

4. 探索构建有利于绿色低碳发展的政策机制

充分发挥城市和园区层面工作的灵活性，积极探索、先行先试，为国家层面和其他地区绿色低碳发展政策机制的构建完善提供支撑和参考。2023年7月17—18日召开的全国生态环境保护大会提出，处理好"五个重大关系"和推进"六项重大任务"，都需要靠深化生态文明体制机制改革。同年10月20日，国家发展改革委环资司发布《国家碳达峰试点建设方案》，提出在全国范围内选择100个具有典型代表性的城市和园区开展碳达峰试点建设。同年12月6日，国家发展改革委发布《关于印发首批碳达峰试点名单的通知》，确定张家口市等25个城市、长治高新技术产业开发区等10个园区成为首批碳达峰试点城市和园区。这都需要靠深化生态文明体制机制改革来推进。

---

① 《全面推进美丽中国建设 健全自然垄断环节监管体制机制》，《人民日报》2023年11月8日第1版。
② 《建设更高水平开放型经济新体制 推动能耗双控逐步转向碳排放双控》，《人民日报》2023年7月12日第1版。

（五）推动开放型体制机制改革

1. 以改革持续推动高水平对外开放

2023年9月27日，中共中央政治局就世界贸易组织规则与世界贸易组织改革进行第八次集体学习。习近平总书记指出，以开放促改革、促发展是我国现代化建设不断取得新成就的重要法宝。同年12月2日，习近平主席向2023年"读懂中国"国际会议（广州）致贺信时也强调，我们坚持以高水平开放促进高质量发展，持续打造市场化、法治化、国际化营商环境，稳步扩大规则、规制、管理、标准等制度型开放。第二次中央深改委会议审议通过《关于建设更高水平开放型经济新体制促进构建新发展格局的意见》，强调建设更高水平开放型经济新体制是我们主动作为以开放促改革、促发展的战略举措，要围绕服务构建新发展格局，以制度型开放为重点，聚焦投资、贸易、金融、创新等对外交流合作的重点领域深化体制机制改革，完善配套政策措施，积极主动把我国对外开放提高到新水平。我国发展面临复杂严峻的国际形势。要完善开放型经济新体制的顶层设计，深化贸易投资领域体制机制改革，扩大市场准入，全面优化营商环境，完善服务保障体系，充分发挥我国综合优势，以国内大循环吸引全球资源要素，提升贸易投资合作质量和水平。[①] 要坚持底线思维、极限思维，抓紧健全国家安全保障体制机制，着力提升开放监管能力和水平。要把构建更高水平开放型经济新体制同高质量共建"一带一路"倡议等紧密衔接起来，积极参与全球治理体系改革和建设。

2. 出台有力度的改革政策措施

2023年12月11日国务院办公厅印发《关于加快内外贸一体化发展的若干措施》，提出5个方面18条工作措施。一是促进内外贸规则制度衔接融合。促进内外贸标准衔接，不断提高国际标准转化率。促进内外贸检验认证衔接，深化共建"一带一路"倡议、《区域全面经济伙伴关系协定》等框架下检验检疫、认证认可国际合作。促进内外贸监管衔接，促进内外贸资源要素顺畅流动。推进内外贸产品同线同标同质，鼓励各

[①]《建设更高水平开放型经济新体制 推动能耗双控逐步转向碳排放双控》，《人民日报》2023年7月12日第1版。

方采信"三同"认证结果。二是促进内外贸市场渠道对接。支持外贸企业拓展国内市场，组织开展外贸优品拓内销系列活动。支持内贸企业采用跨境电商、市场采购贸易等方式开拓国际市场。发挥平台交流对接作用，促进国内国际市场接轨。三是优化内外贸一体化发展环境。加强知识产权保护，开展打击侵权假冒专项行动。完善内外贸信用体系，推动企业信用信息共享应用。提升物流便利性，加快发展沿海和内河港口铁水联运。强化内外贸人才支撑，搭建线上线下融合、内外贸融合的人才交流对接平台。四是加快重点领域内外贸融合发展。深化内外贸一体化试点，鼓励加大内外贸一体化相关改革创新力度。培育内外贸一体化企业，支持供应链核心企业带动上下游企业协同开拓国内国际市场。培育内外贸融合发展产业集群，提升中西部等地区内外贸一体化发展水平。加快内外贸品牌建设，支持内外贸企业培育自主品牌。五是加大财政金融支持力度。落实有关财政支持政策，积极支持内外贸一体化发展。更好发挥信用保险作用，按照市场化原则加大内外贸一体化信用保险综合性支持力度。加大金融支持力度，强化金融机构对内外贸企业的服务能力。

3. 举办系列国际展会和论坛推动改革

向外界释放中国将坚定不移深化改革开放的积极信号的同时，进一步密切与国外政府、企业和机构的联系，推进合作走深走实。2023年11月5—10日在国家会展中心（上海）举办主题为"新时代共享未来"的第6届中国国际进口博览会。共有128个国家和地区的3486家企业参展，其中，世界500强和行业龙头企业达289家，数量为历届之最。同年11月28—12月2日在北京举办主题为"链接世界，共创未来"的首届中国国际供应链促进博览会。这是全球首个以供应链为主题的国家级展会，聚焦促进全球产业链供应链合作，注重绿色低碳发展、数字化转型，推动经济全球化健康发展。2023年10月17—18日，在北京举办主题为"高质量共建'一带一路'，携手实现共同发展繁荣"的第三届"一带一路"国际合作高峰论坛。习近平主席在开幕式上发表题为《建设开放包容、互联互通、共同发展的世界》主旨演讲，回顾了"一带一路"倡议十年成就，总结成功经验，宣布中国支持高质量共建"一带一路"倡议的八项行动，为"一带一路"倡议明确了新方向，开辟了新愿景，注入了新动力。此外，还举办服贸会、消博会、数博会等一系列国际展会，进一步向世界表明，中国开放的大门不但不会关闭，而且会越开越大。①

4. 深化改革主动对标国际高标准经贸规则，推动开放的脚步不断向更深处拓展

除了前面提到的国办18条，2023年8月上旬国务院印发《关于进一步优化外商投资环境 加大吸引外商投资力度的意见》，涉及6个方面24条政策措施。同年11月1日挂牌，新疆成为我国第22个自由贸易试验区。同年11月18日国务院批复同意《支持北京深化国家服务业扩大开放综合示范区建设工作方案》，包含6个方面170余项试点任务。近日，国务院印发了《全面对接国际高标准经贸规则，推进中国（上海）自由贸易试验区高水平制度型开放总体方案》，共有7个方面80项措施。海南自由贸易港的政策红利持续释放，180多项自贸港政策文件落地生效，随着2025年年底前启动全岛封关运作的倒计时临近，31个封关硬件项目主体工程也即将完工。通过深化改革开放的脚步向更广领域拓展。扩大服务业开放综合示范区建设，批准设立首家外商独资证券公司，全国版外资准入负面清单也缩减到31项。一系列务实的开放举措、持续优化的营商环境，吸引着全球企业纷纷加码投资中国。中国以高水平对外开放为高质量发展塑造新动能新优势，在与世界的深度互动中，不断开辟合作共赢的新境界。

联合国贸易和发展会议不久前发布的《2023年世界投资报告》显示，受多重因素影响，2023年全球外国直接投资继续面临下行压力。虽然跨国投资低迷，但2023年以来，上百位世界500强企业和行业龙头企业的负责人纷纷到访中国，一大批外商投资项目加速落地。加码投资中国背后，到底是什么在吸引外资企业？因素很多，根本的一条还是中国改革开放继续深化，营商环境持续改善，产业链供应链有独特的低成本优势等。

三 2024年全面深化改革展望

2024年是新中国成立75周年，是深入贯彻党的二十大精神的重要一

---

① 习近平：《建设开放包容、互联互通、共同发展的世界》，《人民日报》2023年10月19日第2版。

年，是全面完成"十四五"规划目标任务的关键一年。对全面深化改革开放而言，也是十分关键的一年。

面对世界之变、时代之变、历史之变，不确定、不稳定因素显著增加的复杂的外部环境，以及国内深层次体制机制问题和矛盾，2024年全面深化改革，要坚持以习近平新时代中国特色社会主义思想为指导，围绕完善和发展中国特色社会主义制度、推进国家治理体系和治理能力现代化这个总目标，进一步解放思想，攻坚克难，为推进中国式现代化注入强大生机活力。

（一）总体改革布局

一是深化经济体制改革。坚持和完善社会主义基本经济制度，构建高水平社会主义市场经济体制，构建全国统一大市场，建设高标准市场体系，着力构建现代化经济体系，提高新质生产力发展水平，推动对外开放水平进一步提升，进一步增强经济发展活力、动力和潜力，完善维护国家经济安全的体制机制，全面提升安全发展能力。

二是政治体制改革。坚持党的领导、人民当家作主、依法治国有机统一，推进社会主义民主政治建设，不断发展全过程人民民主，建设中国特色社会主义法治体系，推动建成法治国家、法治政府、法治社会。中央政法委在专题研究科学立法的基础上，2023年9月专题研究严格执法，同年12月初又专门开会专题研究公正司法工作。会议强调，政法机关要贯彻落实习近平法治思想和习近平总书记关于"努力让人民群众在每一个司法案件中感受到公平正义"的重要指示精神，全面推进公正司法，促进社会公平正义。会议指出，党的十八大以来，政法机关以深化司法体制改革为牵引，以落实司法责任制为抓手，推进公正司法取得新成效。新时代新征程，政法机关要坚持司法为民、公正司法，不断满足人民群众对公平正义的更高需求。相信2024年司法体制改革会进一步深入。

三是文化体制改革。坚持中国特色社会主义文化发展道路，坚持马克思主义在意识形态领域指导地位的根本制度，不断深化改革，健全现代公共文化服务体系、文化产业体系和市场体系，推动中华优秀传统文化创造性转化、创新性发展，增强中华文明传播力影响力。2023年10月7—8日，全国宣传思想文化工作会议首次提出了习近平文化思想。相信

2024年以习近平文化思想为指导，文化体制改革会有新动作。

四是社会体制改革。坚持在改革发展中保障和改善民生，健全社会保障体系，完善基本公共服务体系，提高公共服务水平，完善分配制度，稳步推进共同富裕，促进人的全面发展和社会全面进步。

五是生态文明体制改革。坚持绿水青山就是金山银山理念，加快发展方式绿色转型，积极稳妥推进"碳达峰""碳中和"，健全现代环境治理体系，加快实现美丽中国建设目标。

六是坚持和加强党中央对全面深化改革的集中统一领导。完善领导方式，提高领导水平，完善党领导全面深化改革的制度规范体系，不断提高党的领导把方向、谋大局、定政策、促实践的能力和定力。

（二）经济领域的改革

2023年12月11—12日，2023年中央经济工作会议在北京举行。习近平总书记在重要讲话中全面总结2023年经济工作，深刻分析当前经济形势，系统部署2024年经济工作。会议要求，2024年要坚持稳中求进、以进促稳、先立后破，多出有利于稳预期、稳增长、稳就业的政策，在转方式、调结构、提质量、增效益上积极进取，不断巩固稳中向好的基础。要强化宏观政策逆周期和跨周期调节，继续实施积极的财政政策和稳健的货币政策，加强政策工具创新和协调配合。会议强调，2024年要围绕推动高质量发展，突出重点，把握关键，扎实做好9个方面的经济工作。

中央经济工作会议将"深化重点领域改革"作为重点工作的第三项。提出"要谋划进一步全面深化改革重大举措，为推动高质量发展、加快中国式现代化建设持续注入强大动力"。中央经济工作会议提出五个"必须坚持"。其中第三个"必须坚持"就是：必须坚持依靠改革开放，增强发展内生动力，统筹推进高层次改革和高水平开放，不断解放和发展社会生产力、激发和增强社会发展活力。

2023年12月17—18日召开的全国发展和改革工作会议强调，进一步全面深化改革、强化创新驱动，持续激发经济发展动力活力。坚决落实"两个毫不动摇"，推动各类所有制企业协同发展，聚焦"牵一发而动全身"的重点领域和关键环节推进改革攻坚。加快建设全国统一大市场，优化产业布局，实施营商环境改进提升行动，抓好招商引资领域突出问题整治。促进民营经济发展壮大，从制度和法律上把对国企民企平等对待的要求落实下来，从政策和舆论上营造鼓励支持民营经济发展的良好环境，从个案和整体上协调解决制约民营经济发展的问题。

一是不断完善落实"两个毫不动摇"的体制机制。一方面要"深入实施国有企业改革深化提升行动，增强核心功能、提高核心竞争力"。另一方面，"要促进民营企业发展壮大，在市场准入、要素获取、公平执法、权益保护等方面落实一批举措"。

二是加快全国统一大市场建设。有效降低全社会物流成本，完善适应全国统一大市场建设的体制机制，如优化产权保护、市场准入、公平竞争、社会信用、激励约束和考核评价体系等。2023年12月18日国务院常务会议听取关于加快建设全国统一大市场工作进展的汇报，强调要加快完善市场准入、产权保护和交易、数据信息、社会信用等方面的基础性制度，积极稳妥推进财税、统计等重点领域改革，加大先行先试探索力度，把有利于全国统一大市场建设的各项制度规则立起来。要深入开展市场分割、地方保护等问题专项整治，加大典型案例通报力度，把不利于全国统一大市场建设的各种障碍、掣肘破除掉。

三是谋划新一轮财税体制改革。预计包括持续完善预算管理体系，提升政府预算的透明度和规范性，深化税制改革、持续推进减税降费，健全财政体制，形成权责清晰、财力协调、区域均衡的中央与地方财政关系。

四是落实金融体制改革。预计包括健全金融监管体系、推进利率市场化改革、推进养老保险制度改革、深化资本市场改革、稳步扩大金融开放等。

五是"三农"方面的改革。中央农村工作会议于2023年12月19—20日在北京召开。习近平总书记对"三农"工作作出重要指示，要改革完善"三农"工作体制机制，为农业现代化增动力、添活力。

（三）扩大高水平对外开放

中央经济工作会议把扩大高水平对外开放列为2024年重点工作的第四项。

2023年，我国对外开放面临复杂严峻的外部形势。主要发达国家持续加息、全球经济增速放缓、地缘政治冲突不断涌现，导致我国对外经济部门出现了一些波动，出口连续负增长、外商直接投资趋于下行。然而，需要认识到，出口和外资短期波动主要受国际经济环境等周期性因素影响，就长期发展趋势而言，我国商品出口占全球比重并未下降，商品贸易仍然具备较强的国际竞争力，我国吸引外资规模居世界前列，依旧是外资最青睐的投资目的地之一。因此，2024年的对外开放，将抓好以下四个重点方面。

一是外贸方面。改革及政策着力点包括支持外贸结构优化升级，加快培育以高技术、高附加值、绿色低碳等为特点外贸新动能，放宽电信、医疗等服务业市场准入，拓展中间品贸易、服务贸易、数字贸易、跨境电商出口，巩固外贸外资基本盘，拓展多元稳定的国际经贸关系。

二是外资方面。将持续建设市场化、法治化、国际化一流营商环境。切实打通外籍人员来华经商、学习、旅游的堵点。打造"投资中国"品牌。

三是制度型开放方面。"对标国际高标准经贸规则"，更深层次地稳步扩大规则、规制、管理和标准等制度型开放。对标国际高标准经贸规则，认真解决数据跨境流动、平等参与政府采购等问题。

四是高质量共建"一带一路"倡议方面。抓好支持高质量共建"一带一路"八项行动的落实落地，统筹推进重大标志性工程和"小而美"民生项目。

无论外部形势如何变化，2024年将始终坚持高水平对外开放，以开放促改革、促发展，更好地利用国内国际两个市场、两种资源。

（四）生态文明建设领域改革

中央经济工作会议将其列为重点工作的第八项。要通过深化体制机制改革，深入推进生态文明建设和绿色低碳发展。一是建设美丽中国先行区，打造绿色低碳发展高地。二是积极稳妥推进"碳达峰""碳中和"，加快打造绿色低碳供应链。三是持续深入打好蓝天、碧水、净土保卫战。四是完善生态产品价值实现机制。五是落实集体林权制度改革。六是加快建设新型能源体系，加强资源节约集约循环高效利用，提高能源资源安全保障能力。

总的来看，2024年全面深化改革将会迈出新的步伐，有许多新的举措，开拓出新的局面。

［根据2023年12月21日，在"深入学习贯彻落实习近平新时代中国特色社会主义思想——中国改革（2023）年会暨地方全面改革推进中国式现代化高层研讨会"上的演讲内容整理］

关于推进中国式现代化的几点学习体会

党的二十大提出了推进中国式现代化、全面建设社会主义现代化国家的宏伟蓝图。

2023年2月7日，习近平总书记在新进中央委员会的委员、候补委员和省部级主要领导干部学习贯彻习近平新时代中国特色社会主义思想和党的二十大精神研讨班开班式上强调，概括提出并深入阐述中国式现代化理论，是党的二十大的一个重大理论创新，是科学社会主义的最新重大成果。同年4月21日，习近平主席向在上海"世界会客厅"举办的"中国式现代化与世界"蓝厅论坛致贺信时指出，实现现代化是近代以来中国人民的不懈追求，也是世界各国人民的共同追求。一个国家走向现代化，既要遵循现代化的一般规律，更要符合本国实际、具有本国特色。中国共产党团结带领全国各族人民，经过长期艰辛探索找到了符合中国国情的发展道路，正在以中国式现代化全面推进强国建设、民族复兴。中方愿同各国一道，努力以中国式现代化新成就为世界发展提供新机遇，为人类探索现代化道路和更好社会制度提供新助力，推动构建人类命运共同体。①

把握新时代新征程党的使命任务，必须深入理解和把握中国式现代化的历史逻辑、现实逻辑、理论逻辑和国际逻辑。下面重点讲中国式现代化形成的历史逻辑。

---

① 《习近平向"中国式现代化与世界"蓝厅论坛致贺信》，《人民日报》2023年4月22日第1版。

一 "现代化"的概念与内涵

(一)"现代化"概念起源

"现代化"概念起源于西方。在英语中,表达这一概念的主要词汇即由 Modern 演变而来的 Modernity(现代性)、Modernize(使现代化)、Modernization(现代化)三词,Modernity 出现于 17—18 世纪,Modernize 和 Modernization 最早可见于 1741 年、1770 年。西方世界"现代化"思想、理论的孕育和形成,既是 17 世纪末以来欧洲工业革命以及资本主义制度发展完善的直接产物,也得益于斯宾塞、涂尔干、马克思、韦伯等思想大家的理论创造。[①] 他们虽未直接运用"现代化"或"现代性"术语,但都提出了可以准确地转译为这类术语的概念,也都意识到从以传统为基础的社会向"社团"型现代社会过渡所带来的急剧(有时是创伤式)变化。

1860 年,威廉·萨克雷依据哲学家弗朗西斯·培根对印刷、火药等技术性发明的赞许,称"火药与印刷术使这个世界现代化"。这是 Modernize 首次用于表达普遍的现代性进步意义,在此之前它仅表示"技术改进"之意。不过,直到 19、20 世纪之交,Modernization 和 Modernize 的现代性内涵并不十分明确和稳固,而与"跟上现在的时代"之现时代化含义更为接近。[②] 1891 年版的《韦氏国际英语词典》就将 Modernization 解释为"表现现代风格的行为;使之符合现代思维方式或行为的行为或过程",Modernize 则表示"使现代;适应现代人或事物;使符合最近或现在的习惯或品位"。

(二)"现代化"的内涵

现代化指工业革命以来人类社会所发生的深刻变化,这种变化包括

[①] 黄兴涛、陈鹏:《民国时期"现代化"概念的流播、认知与运用》,《历史研究》2018 年第 6 期。

[②] 黄兴涛、陈鹏:《民国时期"现代化"概念的流播、认知与运用》,《历史研究》2018 年第 6 期。

从传统经济向现代经济、传统社会向现代社会、传统政治向现代政治、传统文明向现代文明等各个方面的转变。现代化一般以国家为基本地理单元，有时以某个跨国地区为基本地理单元。现代化渗透到社会的政治、文化、思想各个领域，表示为多层次、多阶段的历史过程。其时间下限目尚在继续。其上限，则有不同意见，有的认为应以文艺复兴为先导，以科学革命为开始；有的认为应以英、法、美的资产阶级政治革命为开端；有的认为工业革命是起点；等等。

"现代化"概念的内涵是发展的。第一次现代化，指从农业时代向工业时代、农业经济向工业经济、农业社会向工业社会、农业文明向工业文明的转变。其实，它就是经典现代化理论描述的现代化。第二次现代化，指从工业时代向知识时代、工业经济向知识经济、工业社会向知识社会、工业文明向知识文明的转变。它是一种新现代化，不仅覆盖了后工业社会理论、后现代主义、后现代化理论等的内容，而且还有全新的、更加丰富的内涵。第三次现代化，指完成第二次现代化后，人类社会进行的新的现代化。知识经济向数字经济、知识社会向数字社会、知识文明向数字文明的转变。最大的特点就是人工智能的发展及其引起的革命性变革。

（三）"现代化"概念的在华传播

上述有关现代化的英文词汇在华早期传播最为重要的载体，是来华洋人创办的英文报刊。目前，学术界讨论中国的"现代化"概念时，都没有谈及在华西文报刊特别是英文报刊中的使用情形。但当时一些通晓英文的中国知识分子也喜欢阅读所刊文章，尤其是那些关涉中国发展和改革的论说，可以推断他们对这类英文语词，大概不会陌生。不仅如此，清末民初时，有些通晓英文的中国学人实际上已经开始主动使用上述英语词汇和概念。如1911年辛亥革命爆发后，辜鸿铭就在《北华捷报》撰文指出，现在是迈向现代化（Modernization）的重要阶段。1919年，梁启超在伦敦的一次演说中，表示自己正在思考"现代化进程"。目前，关于中文"现代化"词汇和概念在中国最早出现和最初流行开来的时间，尚没有一个十分确切的权威判断。①

(四) 现代化实践的艰难探索

1. 鸦片战争与近代化

鸦片战争是中国近代史的开端。鸦片战争的血与火，是中华民族永远的痛。"丧权辱国"这个词就是从鸦片战争开始在史书上用得最多的。鸦片战争，实际是已基本实现当时现代化的西方列强用"坚船利炮"轰开了中国长达两千年封闭状态的"大门"。中国在沦为半殖民地半封建社会的同时，也被迫向世界敞开大门，接纳外来文化和技术，被推进了全球现代化的进程中。从政治角度看，鸦片战争使腐败的清政府领教了西方现代化的强大力量，一些有识之士开始疾呼并推动改革。各种现代化的变革不断冲击着中国人的传统落后观念和经济社会生活的方方面面。从经济角度看，鸦片战争把当时世界上许多先进的东西带入中国，如铁路、电报、银行等。从文化和科学技术角度看，鸦片战争也可看作一场启蒙运动，大量西方的思想通过书籍、报刊等涌入中国，民智通过一大批学者、科学家和艺术家被逐渐开启。总之，鸦片战争使古老的中国发生了走向现代化的"地震"。

一大批清醒的仁人志士率先解放思想，开眼看世界，思考、呼吁并推动中国开始了艰难的现代化探索。像近代"开眼看世界第一人"的林则徐，不仅在虎门销烟，而且在广州主持禁烟期间，为了了解西方国家的历史与现状，让幕僚把英国人慕瑞所著的《世界地理大全》翻译出来，亲自加以润色、编辑，撰成《四洲志》一书。在林则徐的影响下，后来产生出一批研究外国史地的著作，开一代风气之先。如魏源，在《四洲志》的基础上，编撰了《海国图志》。全书详细叙述了世界各地和各国历史政治、风土人情，主张学习西方国家的科学技术，提出"师夷长技以制夷"的重要理念，是一部具有划时代意义的巨著。"师夷"思想，对当时的中国和后世都有相当大的影响。洋务运动就是受魏源"师夷"思想的影响，加以运用和发挥的。更后来的资产阶级维新派如康有为、梁启

---

① 黄兴涛、陈鹏:《民国时期"现代化"概念的流播、认知与运用》，《历史研究》2018年第6期。

超等人对"师夷"思想加以发展和丰富。此书出版后传入日本,日本朝野争相购读,对明治维新发挥了启蒙作用。

(五)洋务运动与现代化

19世纪60年代到90年代,清政府接受两次鸦片战争和太平天国农民起义的教训,朝中大臣恭亲王奕䜣和文祥,地方实力派曾国藩、李鸿章、左宗棠、张之洞等湘淮集团代表人物等洋务派认为,中国要强兵富国必须"师夷制夷""中体西用"。得到慈禧太后的认可和支持后,发起洋务运动。一是打着"自强"旗号,引进西方先进生产技术,创办新式军事工业,训练新式海陆军,建成北洋水师等近代海军。其中规模最大的近代军工企业是在上海创办的江南制造总局,除此以外,还有福州船政局、天津机械制造厂等一系列军用工业生产厂等。二是以"求富"为旗号,兴办轮船、铁路、电报、邮政、采矿、纺织等各种新式民用工业,如在上海创办了当时最大的民用企业"轮船招商局"等,推动了中国近代民族工业的发展。三是创办新式学校,选送留学生出国深造,培养翻译人才、军事人才和科技人才,如在北京设立的京师同文馆,就是中国最早的官办新式学校。随着1894年中日甲午战争中北洋海军全军覆灭,历时30余年的洋务运动宣告破产。洋务运动虽然主观上是为了更好维护封建清王朝的统治,但在客观上推动了中国的现代化,尽管这种现代化有很大的历史局限性。

(六)孙中山的现代化建设思想

孙中山先生不仅是中国伟大的政治家、革命家,而且是振兴中华、追求中国现代化的伟大先驱。先生不仅首创了中国革命的理论,而且首创了中国建设的理论,这就是在《建国方略》《建国大纲》等论著中系统全面阐述的中国现代化的理论。在回顾与"反思"以往的现代化运动、总结以往现代化运动的经验和教训的基础上,他开始构建现代化思想理论并逐步加以完善。现代化思想是孙中山思想的重要组成部分,是中国共产党诞生之前最为先进的思想,主要包括:主张学习西方文明;提出"振兴中华"的口号;只有实现革命化,才能实现现代化,即只有"救亡",才能"振兴",而且把二者有机结合起来;主张对外开放等。孙中山关于政治、经济、文化、教育等方面的思想,特别是建设中国现代工业、交通和农业的宏伟蓝图，对当前我国的现代化建设仍具有重要的价值和借鉴意义。辛亥革命后，孙中山一心要建设中国，希望把中国建设成为政治修明、人民安乐、为民所有、为民所治、为民所享的共和民主富强康乐的国家。

（七）五四运动与现代化

甲午战争失败，使国人深受刺激，认为洋务运动和戊戌变法都救不了中国。高举民主、科学大旗的新文化运动以及白话文运动兴起。俄国十月革命一声炮响也送来了马克思主义。1919年五四运动爆发了。中国现代史由此发端。

2019年4月30日，习近平总书记在纪念五四运动100周年大会上的讲话中指出，五四运动，爆发于民族危难之际，是一场以先进青年知识分子为先锋、广大人民群众参加的彻底反帝反封建的伟大爱国革命运动，是一场中国人民为拯救民族危亡、捍卫民族尊严、凝聚民族力量而掀起的伟大社会革命运动，是一场传播新思想新文化新知识的伟大思想启蒙运动和新文化运动，以磅礴之力鼓动了中国人民和中华民族实现民族复兴的志向和信心。五四运动，以彻底反帝反封建的革命性、追求救国强国真理的进步性、各族各界群众积极参与的广泛性，推动了中国社会进步，促进了马克思主义在中国的传播，促进了马克思主义同中国工人运动的结合，为中国共产党成立做了思想上干部上的准备，为新的革命力量、革命文化、革命斗争登上历史舞台创造了条件，是中国旧民主主义革命走向新民主主义革命的转折点，在近代以来中华民族追求民族独立和发展进步的历史进程中具有里程碑意义。[①]

五四运动本质上就是一场解放思想、推进中国现代化的运动。

二 中国共产党关于现代化理论的历史沿革

（一）新中国成立前

1945年，毛泽东同志在党的七大的政治报告《论联合政府》中提到：

[①] 习近平：《在纪念五四运动100周年大会上的讲话》，《人民日报》2019年5月1日第2版。

在抗日战争结束以后……中国工人阶级的任务,不但是为着建立新民主主义的国家而奋斗,而且是为着中国的工业化和农业近代化而斗争。① 在党的七届二中全会上的讲话中,毛泽东同志提出了"由落后的农业国变成了先进的工业国"的奋斗目标,这里他在"农业国"和"工业国"之前分别加上了"落后的"和"先进的"两个定语②。改变落后的农业国,建成先进的工业国,是毛泽东同志这一时期对国家建设目标的表达方式。

(二)新中国成立后

从1949年中华人民共和国成立到1954年,毛泽东等中共领导人逐步提出实现"现代化的工业、现代化的农业、现代化的交通运输业和现代化的国防"的设想。后来,又逐渐确立了"现代化"的战略目标。

1954年6月14日,毛泽东同志在《关于中华人民共和国宪法草案》的讲话中指出,我们是一个六亿人口的大国,要实现社会主义工业化,要实现农业的社会主义化、机械化。③ 这个提法比过去又进了一步。同年10月18日,在国防委员会第一次会议上的讲话中,毛泽东同志第一次把工业、农业、文化、军事并提。他指出,我们现在工业、农业、文化、军事还都不行,帝国主义估量你只有那么一点东西,就来欺负我们。④ 这是四个现代化提法最初的雏形。1954年召开的第一届全国人民代表大会,第一次明确地提出要实现工业、农业、交通运输业和国防的四个现代化的任务。1957年2月27日,毛泽东在《关于正确处理人民内部矛盾的问题》的讲话中指出,将我国建设成为一个具有现代工业、现代农业、现代科学文化的社会主义国家。1957年3月,在党的全国宣传工作会议上的讲话中,毛泽东同志提出了三个现代化。他说指出我们一定会建设一个具有现代工业、现代农业和现代科学文化的社会主义国家。⑤ 这次讲话中的上述提法,离四个现代化的提法只差小小的一步。1959年年末至1960年年初,在读苏联《政治经济学教科书》笔记中,毛泽东同志对这

---

① 《毛泽东选集》第三卷,人民出版社1991年版,第1081页。
② 《毛泽东选集》第四卷,人民出版社1991年版,第1433页。
③ 《毛泽东文集》第六卷,人民出版社1999年版,第329页。
④ 《毛泽东文集》第六卷,人民出版社1999年版,第357页。
⑤ 《毛泽东文集》第七卷,人民出版社1999年版,第268页。

一提法做了完善和补充。他指出建设社会主义，原来要求是工业现代化，农业现代化，科学文化现代化，现在要加上国防现代化。① 这里的"原来要求"，就是指的他在全国宣传工作会议上的讲话中提出的要求。至此，"实现社会主义四个现代化"的口号就全面地、完整地提出来了。

1960年3月18日，毛泽东同志在同时任尼泊尔首相的谈话中，对实现四个现代化的奋斗目标做了重申，我们的任务柯伊拉腊就是要安下心来，使我们可以建设我们国家现代化的工业、现代化的农业、现代化的科学文化和现代化的国防②。毛泽东同志提出的关于四个现代化的奋斗目标，当时并没有立即向外界公布。后来是通过写进第三届全国人民代表大会《政府工作报告》的形式正式公诸于世的。再后来，又一次地写进了于1975年召开的第四届全国人民代表大会《政府工作报告》中。这样，"实现工业、农业、科学技术和国防现代化"的口号就更加广泛深入地传播开来，成为鼓舞我国亿万人民团结奋斗的目标基础和精神动力。

需要指出的是，在毛泽东同志关于四个现代化的上述表述中，他是把科学和文化联结在一起来提的。这个表述说明，在毛泽东同志的心中，第一位的是工业，其次是农业，摆在第三位的是科学，紧随其后的就是文化了。这个表述，反映了他对文化现代化的高度重视。重视文化在整个社会进程和进步中的作用，重视发展文化事业，这是毛泽东同志的一贯思想。今天回过头来看，毛泽东同志的这个提法也许更加准确和全面。的确，在实现社会主义四个现代化的进程中，是不能没有文化的现代化的。随着其他几个现代化的逐步推进，文化的现代化就更显得重要了，就更加不能忽视了。这一点，今天和今后都值得我们很好地深思和把握。

对于上述过程，邓小平同志当然知道得是很清楚的。因此，他在一次会见外宾的谈话中就曾明确地指出，我们现在讲的四个现代化，实际上是毛主席提出来的，是周总理在他的政府工作报告中讲出来的。③ 在了解了上述"实现社会主义四个现代化"这个奋斗目标"提出来"与"讲出来"的过程之后，我们就更进一步地加深了对邓小平同志的这段论述的理解。

---

① 《毛泽东文集》第八卷，人民出版社1999年版，第116页。
② 《毛泽东文集》第八卷，人民出版社1999年版，第162页。
③ 《邓小平文选》第二卷，人民出版社1994年版，第311—312页。

三 改革开放后迈上现代化建设新征程

(一) 党的十一届三中全会后的新内涵

1978年12月18—22日,党的十一届三中全会在北京举行。党的十一届三中全会以后,我国进入了改革开放的新时期。邓小平同志现场作为新时期社会主义现代化建设的总设计师,继续坚持实现四个现代化的奋斗目标,并明确提出要"走一条中国式的现代化道路"。正如习近平总书记指出的,党的十一届三中全会冲破长期"左"的错误的严重束缚,批评"两个凡是"的错误方针,充分肯定必须完整、准确地掌握毛泽东思想的科学体系,高度评价关于真理标准问题的讨论,果断结束"以阶级斗争为纲",重新确立马克思主义的思想路线、政治路线、组织路线。从此,我国改革开放拉开了大幕。党的十一届三中全会,是新中国成立以来党的历史上具有深远意义的伟大转折,开启了改革开放和社会主义现代化的伟大征程。

从底子薄、人口多、耕地少这样的基本国情出发,要走出一条"中国式的现代化道路",就必须紧紧抓住四个现代化建设的目标不放。1980年新年伊始,邓小平同志就在中共中央召集的干部会议上分析了形势和任务,并指出,我们从20世纪80年代的第一年开始,就必须一天也不耽误,专心致志地、聚精会神地搞四个现代化建设。此后,他又一再强调搞好四个现代化是我们当前最大的政治,并由此提出了"政治路线"的概念并指出,我们党在现阶段的政治路线,概况地说,就是一心一意地搞四个现代化。这件事情,任何时候都不要受干扰,必须坚定不移地、一心一意地干下去。

随着改革开放的逐步深入,邓小平同志越来越清醒地认识到,要真正实现四个现代化,还必须有一整套与之相配合的发展战略。而过去传统的"两步走"发展战略,已日益显示出过分强调高速度、片面重视重工业、盲目追求高积累率、经济发展相对封闭性等弊端。为此,有必要根据世界经济发展的新变化和我国的基本国情,逐步调整我们的发展战略。此后,邓小平同志在继续坚持使用"四个现代化"这一提法的同时,开始对实现这个战略目标的具体步骤进行更为深入的思考。他认为真正摸准、摸清我们的国情和经济活动中各种因素的相互关系，乃是正确决定我们的长远规划的原则。显然，这里所说的长远规划，指的就是发展战略，它揭示了作为改革开放总设计师的邓小平同志正在思考的重点。

邓小平同志比较具体、明确地谈到中国经济发展的战略问题，是在1979年12月同日本时任首相大平正芳的谈话中。当时，曾参加过日本经济发展战略设计的大平正芳提问，中国根据自己的独立立场提出了宏伟的现代化规划，要把中国建设成伟大的社会主义国家。中国将来会是什么样的情况呢？整个现代化蓝图是如何构想的？对此，邓小平同志的回答是，我们要实现的四个现代化，是中国式的四个现代化。我们的四个现代化的概念，不是像你们那样的现代化的概念，而是"小康之家"。

1980年1月，邓小平同志在党内干部会议上，转述了他与大平正芳谈话中关于"小康"目标的设想。"小康"的目标在1980年11月召开的第五届全国人民代表大会第四次会议上得到确认。根据邓小平的这一设计，党的十二大首次把"翻两番""实现小康"作为全党、全国人民的战略目标提出来，即从1981年到20世纪末的20年，我国经济建设总的奋斗目标是，在不断提高经济效益的前提下，力争全国工农业总产值翻两番，达到小康水平。党的十一届三中全会以后，我国进入了改革开放的新时期。邓小平同志作为新时期社会主义现代化建设的总设计师，继续坚持实现四个现代化的奋斗目标，并明确提出要"走一条中国式的现代化道路"。

中国特色社会主义（Socialism with Chinese Characteristics），原称"具有中国特色的社会主义"，是由中国改革开放的总设计师邓小平同志提出的。1982年9月1日，邓小平同志在党的十二大中提出，把马克思主义普遍真理同中国具体实际结合起来，走自己道路，建设有中国特色的社会主义，这是我们总结长期历史经验得出的基本结论。1982年9月8日，胡耀邦同志在党的十二大上的报告题目为《全面开创社会主义现代化建设的新局面》。

1983年6月，邓小平同志在会见外籍专家时讲道，我们搞的现代化，是中国式的现代化。中国式的现代化，是具有中国特色的现代化。

党的十三大正是在此基础上使用了"富强、民主、文明"这样的概念，提出"为把我国建设成为富强、民主、文明的社会主义现代化强国而奋斗"的宏伟目标,从而正式取代了过去一直使用过的四个现代化奋斗目标的提法。

新目标的提出,不仅是着眼于人民物质和文化生活的改善与提高,而且是着眼于社会主义经济、政治、文化三个方面的统一,反映了整个社会全面发展和共同进步的特征。因此,它是一个更加全面的社会主义现代化奋斗目标。新的目标建立在改革开放的基础之上,涉及社会生活的各个层面,要求改变我国社会传统的生活方式、思维方式和行为方式,重新构建我国的社会经济结构,从而把一个经济文化相对落后的中国变成一个富强、民主、文明的社会主义现代化强国。可以说,这不仅是一个综合性的奋斗目标,更是一个立体化的奋斗目标。

从单一的工业化,到多方面的四个现代化,再到全方位的富强、民主、文明,表明中国共产党人对什么是有中国特色社会主义这一宏伟目标的认识已经越来越全面、越来越具体、越来越深入,换言之,即是越来越符合当代中国的具体实际。

邓小平同志指出,现代化建设的任务是多方面的,各个方面需要综合平衡,不能单打一。党的十一届六中全会通过的《关于建国以来党的若干历史问题的决议》在继续强调四个现代化建设乃是我们党在新的历史时期的奋斗目标的同时,提出逐步建设高度民主的社会主义政治制度,是社会主义革命的根本任务之一,社会主义必须具有高度的精神文明,从而首次把高度民主和高度文明纳入了社会主义现代化建设的目标体系之中。党的十二大提出党在新时期的总任务是团结全国各族人民,自力更生,艰苦奋斗,逐步实现工业、农业、国防和科学技术现代化,把我国建设成为高度文明、高度民主的社会主义国家。在这里,开始把高度文明、高度民主看作社会主义现代化强国的目标和特征。

自 1984 年以后,邓小平同志开始把目光投放到 21 世纪中国经济发展的战略步骤和目标的设计上,提出在实现"小康"以后,还要花 30 年—50 年时间,接近中等发达国家的水平。到 1987 年,邓小平同志规划出了一个清晰的中国经济建设"三步走"的发展蓝图。党的十三大确认了他的这一战略设想,指出通过实施"三步走"的发展战略,到 21 世纪中叶,人均国民生产总值达到中等发达国家水平,人民生活比较富裕,基本实现现代化。改革开放以来的实践证明,邓小平同志提出的"三步走"

经济发展战略，是一个积极而又切实的重大决策，体现了现代化的战略目标和战略步骤的辩证统一，适应中国特色社会主义的具体实际，符合现代化建设的客观规律。

"三步走"的战略步骤虽然是以经济指标来作为划分的标准，但是它的效果却是落实在人民物质文化生活的改善上面，从而体现了生产建设与人民生活的统一；它着眼于综合国力的提高，用国民生产总值来作为衡量的尺度，充分体现了速度与效益的统一。正是随着这一战略步骤的提出和逐步实施，人们明显地感受到了"四个现代化"这一提法的局限性，即对现代化的理解仍然比较狭窄，只涉及经济、文化的层面而未涉及政治、社会的层面，只涉及物质文明的层面而未涉及思想和体制的层面，不能反映社会主义精神文明和民主政治建设的目标，没有考虑到经济与社会发展的齐头并进和协调发展。因此，从党的十三大以后，四个现代化的概念开始逐步淡出人们的记忆。

（二）党的十三届四中全会以后的发展

以江泽民同志为核心的党的第三代中央领导集体认真总结党的十一届三中全会以来的基本理论和基本实践，并在党的十三届七中全会通过的《中共中央关于制定国民经济和社会发展十年规划和"八五"计划的建议》中，从经济、政治和文化等方面提出了建设有中国特色社会主义的十二条原则，标志着我们党对社会主义现代化建设规律的认识已经更加深刻和全面。

1991年，江泽民同志在全面总结建党70年来中国现代化追求与探索的历程时，首次提出了建设有中国特色的社会主义经济、政治和文化这样三个概念，对"富强、民主、文明"的基本目标做了进一步阐释。此后，党的十四大把发展社会主义市场经济、建设社会主义民主政治和精神文明三者并列，作为有中国特色社会主义的三大目标，进一步深化了"富强、民主、文明的社会主义现代化强国"的基本内涵。

党的十五大强调，围绕建设富强民主文明的社会主义现代化国家的目标，进一步明确什么是社会主义初级阶段有中国特色社会主义的经济、政治和文化，怎样建设这样的经济、政治和文化，是必要的。从而明确地把社会主义现代化的奋斗目标与建设有中国特色社会主义经济、政治和文化的基本目标直接挂起钩来。可以说，有中国特色社会主义经济、政治和文化的基本目标与富强、民主、文明的现代化奋斗目标，是两个相互对应的范畴，它们之间互为补充、互相说明。江泽民同志正是在这种有机统一的基础上，提出了社会主义初级阶段基本纲领的科学概念。他认为，正是建设有中国特色社会主义的经济、政治和文化的基本目标和基本政策，有机统一，不可分割，构成党在社会主义初级阶段的基本纲领。

社会主义初级阶段的基本纲领包括经济、政治和文化三个方面，它把中国共产党人长期以来追求的现代化奋斗目标进一步具体化，分解为经济建设方面的目标、政治建设方面的目标和文化建设方面的目标，这些基本目标和相关的方针政策互相配套、互相关联，让人看得见、摸得着，使得富强、民主、文明的总体目标从理论变成了政策，从目标变成了纲领，从口号变成了实践，避免了过去很长时间以来提出的目标过高、过大、过空，脱离中国的具体实际，缺乏相关的实施策略，最终变成空头文字或口号的命运。

正是为了加强党对社会主义现代化建设的领导，最终实现社会主义初级阶段的基本纲领，江泽民同志在世纪之交还提出了全面加强党的建设的基本纲领，这就是"三个代表"重要思想。面向新的世纪，中国共产党人只有始终代表中国先进生产力的发展要求，才能真正建设好有中国特色社会主义的经济；只有始终代表中国最广大人民的根本利益，才能真正建设好有中国特色社会主义的政治；只有始终代表中国先进文化的前进方向，才能真正建设好有中国特色社会主义的文化。换言之，只有真正做到"三个代表"，才能坚持社会主义初级阶段的基本纲领，领导全国人民最终实现富强、民主、文明的现代化奋斗目标。

（三）全面建设小康社会新阶段的完善

以胡锦涛同志为核心的党的第四代中央领导集体，从新世纪新阶段党和国家现代化事业发展的全局出发，贯彻落实科学发展观，在继承党的前三代中央领导集体探索社会主义现代化战略目标理论和实践成果的基础上，逐步形成了构建社会主义和谐社会的新思维，明确提出"社会和谐是我们党不懈奋斗的目标"，并把它纳入了社会主义现代化建设的目标体系，号召全党全国人民"为把我国建设成为富强民主文明和谐的社会主义现代化国家而奋斗"。

把社会主义现代化奋斗目标从"富强民主文明"进一步拓展为"富强民主文明和谐"，这是党的十六大以来党中央的重大战略部署。2002年，党的十六大报告首次把"社会更加和谐"纳入了全面建设小康社会的宏伟蓝图，提出21世纪前20年建设更加全面的小康社会，其目标是"经济更加发展、民主更加健全、科教更加进步、文化更加繁荣、社会更加和谐、人民生活更加殷实"。此后，我们党对社会和谐重要性的认识不断深化，抓住历史机遇，及时提出了构建社会主义和谐社会的发展战略。

党的十六届三中全会根据时代要求和当代国情，提出科学发展观，强调坚持以人为本，树立全面、协调、可持续的发展观，促进经济社会和人的全面发展。以此为指导，党的十六届四中全会不仅提出要不断提高构建社会主义和谐社会的能力，而且把它同驾驭社会主义市场经济的能力、发展社会主义民主政治的能力、建设社会主义先进文化的能力并列提出来，体现了我们党对中国特色社会主义总体布局的新思考。

2005年2月，胡锦涛同志在省部级主要领导干部专题研讨班上，首次指出构建社会主义和谐社会属于"社会建设"，并把它与经济建设、政治建设、文化建设并列，使中国特色社会主义建设的总体布局由过去的"三位一体"，发展为"四位一体"。此后，党的十六届五中全会把构建社会主义和谐社会明确为全面贯彻落实科学发展观必须抓好的一项重要任务，并提出了与之相关的一系列工作要求和重大措施。

2006年，党的十六届六中全会作出了《中共中央关于构建社会主义和谐社会若干重大问题的决定》，明确提出当前和今后一个时期构建社会主义和谐社会的指导思想、目标任务、工作原则和重大部署，进一步明确了构建社会主义和谐社会在中国特色社会主义事业总体布局中的地位，深刻阐明了社会和谐是中国特色社会主义的本质属性，是国家富强、民族振兴、人民幸福的重要保证，在新的历史条件下深化了对社会主义本质的认识，表明我们党对"什么是社会主义，怎样建设社会主义"的认识达到了新的境界。

党的十七大明确提出"把我国建设成为富强民主文明和谐的社会主

义现代化国家"的奋斗目标,强调要按照中国特色社会主义事业总体布局,全面推进经济建设、政治建设、文化建设、社会建设,即建设社会主义市场经济、社会主义民主政治、社会主义先进文化、社会主义和谐社会,建设富强民主文明和谐的社会主义现代化国家。根据这一新的奋斗目标,党中央对党的十五大提出的社会主义初级阶段的基本纲领作出了进一步的丰富和发展,首次提出坚持中国特色社会主义经济建设、政治建设、文化建设、社会建设的基本目标和基本政策构成的基本纲领。这个基本纲领按照"四位一体"的总体布局,对经济建设、政治建设、文化建设、社会建设的内容做了全面部署,对"富强、民主、文明、和谐"做出了具体的阐释。

把社会建设与经济、政治、文化建设并列,强调"四位一体",共同服务于"富强民主文明和谐"的现代化奋斗目标,这不仅是对社会主义初级阶段基本纲领的补充和完善,而且是对中国特色社会主义事业总体布局的新拓展。

党的十七大在充分总结党的三代中央领导集体关于新中国现代化奋斗目标的理论和实践基础上,明确提出"富强民主文明和谐"的奋斗目标和经济、政治、文化、社会建设"四位一体"的基本纲领,充分说明新世纪新阶段中国共产党人对现代化建设客观规律的认识更加科学和全面,对建设有中国特色社会主义的思路更加明确和具体,制定的奋斗目标和基本纲领更加适合中国的具体实际。

(四) 党的十八大以来理论和实践的创新与突破

2012 年 11 月 17—23 日,党的十八大站在历史和全局的战略高度,对推进新时代"五位一体"总体布局做了全面部署。从经济、政治、文化、社会、生态文明五个方面,制定了新时代统筹推进"五位一体"总体布局的战略目标。

党的十八大报告指出,建设中国特色社会主义,总依据是社会主义初级阶段,总体布局是五位一体,总任务是实现社会主义现代化和中华民族伟大复兴。其中,对五位一体总体布局的阐述是,全面推进经济建设、政治建设、文化建设、社会建设、生态文明建设,实现以人为本、全面协调可持续的科学发展。

"新四化"，是在党的十八大报告中提出的，即坚持走中国特色新型工业化、信息化、城镇化、农业现代化道路，推动信息化和工业化深度融合、工业化和城镇化良性互动、城镇化和农业现代化相互协调，促进工业化、信息化、城镇化、农业现代化同步发展。

党的十八大以来，以习近平同志为核心的党中央立足中华民族伟大复兴战略全局和世界百年未有之大变局，统筹推进"五位一体"总体布局、协调推进"四个全面"战略布局，推动党和国家事业取得了历史性成就、发生了历史性变革，中国式现代化新道路越走越宽广。

2014年11月，习近平总书记到福建考察调研时提出了协调推进全面建成小康社会、全面深化改革、全面推进依法治国进程的"三个全面"。2014年12月，习近平总书记在江苏调研时将"三个全面"上升到"四个全面"，要协调推进全面建成小康社会、全面深化改革、全面推进依法治国、全面从严治党，推动改革开放和社会主义现代化建设迈上新台阶，新增了全面从严治党。

"四个全面"战略布局的提出，更完整地展现出新一届中央领导集体治国理政总体框架，使当前和今后一个时期，党和国家各项工作关键环节、重点领域、主攻方向更加清晰，内在逻辑更加严密，这对推动改革开放和社会主义现代化建设迈上新台阶提供了强力保障。"四个全面"战略布局是以习近平同志为核心的党中央治国理政战略思想的重要内容，闪耀着马克思主义与中国实际相结合的思想光辉，饱含着马克思主义的立场观点方法。

从时间顺序看，"四个全面"是习近平总书记在不同高层会议场合逐步提出的。2012年11月党的十八大提出全面建成小康社会；2013年11月党的十八届三中全会提出全面深化改革；2014年10月党的十八届四中全会提出全面推进依法治国；2014年10月8日党的群众路线教育实践活动总结大会提出全面推进从严治党。

2020年10月26—29日，党的十九届五中全会在北京举行并强调，全党全国各族人民要再接再厉、一鼓作气，确保如期打赢脱贫攻坚战，确保如期全面建成小康社会、实现第一个百年奋斗目标，为开启全面建设社会主义现代化国家新征程奠定坚实基础。

习近平总书记在党的十九大报告中提出，为把我国建设成为富强民主文明和谐美丽的社会主义现代化强国而奋斗。社会主义现代化奋斗目标从"富强民主文明和谐"进一步拓展为"富强民主文明和谐美丽"——增加了"美丽","五位一体"总体布局与现代化建设目标有了更好对接,中国人民追求的美好生活也更趋完美。

明确将"美丽"作为建设社会主义现代化强国的目标和标志之一,这是针对我国社会主要矛盾的变化做出的新的部署安排。党的十九大报告中提出,中国特色社会主义进入新时代,我国社会主要矛盾已经转化为人民日益增长的美好生活需要和不平衡不充分的发展之间的矛盾。环境就是民生,青山就是美丽,蓝天也是幸福。进入新时代,我们既要创造更多物质财富和精神财富以满足人民日益增长的美好生活需要,也要提供更多优质生态产品以满足人民日益增长的优美生态环境需要,持之以恒建设人与自然和谐共生的现代化。

将"美丽"纳入社会主义现代化建设的重要内涵,也有利于加快建设美丽中国。党的十九大报告对生态文明建设和生态环境保护提出了新目标:到2020年,坚决打好污染防治攻坚战;到2035年,生态环境根本好转,美丽中国目标基本实现;到21世纪中叶,把我国建成富强民主文明和谐美丽的社会主义现代化强国。这彰显了中国共产党人民至上的执政理念和实现中华民族永续发展的使命担当。牢固树立社会主义生态文明观,贯彻落实绿色发展理念,推动形成人与自然和谐发展的现代化建设新格局,我们必将按照新时代中国特色社会主义发展的战略安排,到21世纪中叶,建成富强民主文明和谐美丽的社会主义现代化强国。

四 中国式现代化理论的形成

2021年7月6日,在来自160多个国家的500多个政党和政治组织的领导人参加的中国共产党与世界政党领导人峰会上,习近平主席在主旨发言中指出,中国共产党将带领中国人民深入推进中国式现代化,为人类对现代化道路的探索做出新贡献。

2021年11月,党的十九届六中全会审议通过的《中共中央关于党的百年奋斗重大成就和历史经验的决议》指出,党领导人民成功走出中国式现代化道路,创造了人类文明新形态,拓展了发展中国家走向现代化的途径,给世界上那些既希望加快发展又希望保持自身独立性的国家和民族提供了全新选择。

2022年10月16日,党的二十大在北京隆重开幕,习近平总书记代表第十九届中央委员会向大会作报告时宣告,从现在起,中国共产党的中心任务就是团结带领全国各族人民全面建成社会主义现代化强国、实现第二个百年奋斗目标,以中国式现代化全面推进中华民族伟大复兴。

2022年10月16日,党的二十大报告指出,在新中国成立特别是改革开放以来长期探索和实践基础上,经过党的十八大以来在理论和实践上的创新突破,我们党成功推进和拓展了中国式现代化。党的二十大报告指出,中国式现代化是人口规模巨大的现代化;中国式现代化是全体人民共同富裕的现代化;中国式现代化是物质文明和精神文明相协调的现代化;中国式现代化是人与自然和谐共生的现代化;中国式现代化是走和平发展道路的现代化。

全面建设社会主义现代化国家,是一项伟大而艰巨的事业,前途光明,任重道远。当前,世界百年未有之大变局加速演进,新一轮科技革命和产业变革深入发展,国际力量对比深刻调整,我国发展面临新的战略机遇。同时,世纪疫情影响深远,逆全球化思潮抬头,单边主义、保护主义明显上升,世界经济复苏乏力,局部冲突和动荡频发,全球性问题加剧,世界进入新的动荡变革期。我国改革发展稳定面临不少深层次矛盾躲不开、绕不过,党的建设特别是党风廉政建设和反腐败斗争面临不少顽固性、多发性问题,来自外部势力的打压遏制随时可能升级。我国发展进入战略机遇和风险挑战并存、不确定难预料因素增多的时期,各种"黑天鹅""灰犀牛"事件随时可能发生。我们必须增强忧患意识,坚持底线思维,做到居安思危、未雨绸缪,准备经受风高浪急甚至惊涛骇浪的重大考验。前进道路上,必须牢牢把握以下重大原则。[1]

——坚持和加强党的全面领导。坚决维护党中央权威和集中统一领

---

[1] 习近平:《高举中国特色社会主义伟大旗帜 为全面建设社会主义现代化国家而团结奋斗》,《人民日报》2022年10月26日第1版。

导,把党的领导落实到党和国家事业各领域各方面各环节,使党始终成为风雨来袭时全体人民最可靠的主心骨,确保我国社会主义现代化建设正确方向,确保拥有团结奋斗的强大政治凝聚力、发展自信心,集聚起万众一心、共克时艰的磅礴力量。

——坚持中国特色社会主义道路。坚持以经济建设为中心,坚持四项基本原则,坚持改革开放,坚持独立自主、自力更生,坚持道不变、志不改,既不走封闭僵化的老路,也不走改旗易帜的邪路,坚持把国家和民族发展放在自己力量的基点上,坚持把中国发展进步的命运牢牢掌握在自己手中。

——坚持以人民为中心的发展思想。维护人民根本利益,增进民生福祉,不断实现发展为了人民、发展依靠人民、发展成果由人民共享,让现代化建设成果更多更公平惠及全体人民。

——坚持深化改革开放。深入推进改革创新,坚定不移扩大开放,着力破解深层次体制机制障碍,不断彰显中国特色社会主义制度优势,不断增强社会主义现代化建设的动力和活力,把我国制度优势更好转化为国家治理效能。

——坚持发扬斗争精神。增强全党全国各族人民的志气、骨气、底气,不信邪、不怕鬼、不怕压,知难而进、迎难而上,统筹发展和安全,全力战胜前进道路上各种困难和挑战,依靠顽强斗争打开事业发展新天地。

总之,中国式现代化是中国共产党领导、开创、推动的现代化,是坚持和发展中国特色社会主义的现代化。中国特色社会主义是社会主义而不是别的什么主义,中国式现代化是中国共产党领导的社会主义现代化而不是别的什么现代化。从历史进程来看,中国式现代化和中国特色社会主义是一体化推进和拓展的。中国式现代化的中国特色和本质要求,体现了中国特色社会主义的科学内涵。中国特色社会主义是改革开放以来我们党全部理论和实践的主题,中国式现代化反映了这个主题。坚持中国特色社会主义,深刻体现中国式现代化的基本性质和发展方向。坚持中国共产党领导是中国式现代化最突出的优势,是推进中国式现代化必须坚持的重大原则。在领导和推进中国式现代化进程中,我们党始终坚持中国式现代化的正确方向,坚持人民主体地位,在不同历史时期明确推进中国式现代化的目标、任务、重点，不断深化对中国式现代化的规律性认识，在中华民族伟大复兴历史进程中不断将中国式现代化推向新阶段和新高度。

［根据 2023 年 5 月 17 日在哈尔滨工业大学（深圳）理论中心组学习会上的专题报告整理］

构建新发展格局要发挥好
全面深化改革的关键性作用

改革是决定当代中国命运的关键一招。全面深化改革是构建新发展格局中起关键作用的重要推动力。当今世界百年变局与全球疫情相互交织，不确定不稳定因素增多，国内正处在转变发展方式、优化经济结构、转换增长动力的攻关期，发展不平衡不充分问题仍然突出，结构性、体制性、周期性问题相互交织叠加，构建新发展格局面临的风险与挑战复杂多变。如何规避风险、应对挑战，在危机中育新机、变局中开新局，关键还是在于全面深化改革。

习近平总书记在2018年12月18日庆祝改革开放40周年大会上的讲话中指出，40年的实践充分证明，改革开放是党和人民大踏步赶上时代的重要法宝，是坚持和发展中国特色社会主义的必由之路，是决定当代中国命运的关键一招，也是决定实现"两个一百年"奋斗目标、实现中华民族伟大复兴的关键一招。在2020年8月24日召开的经济社会领域专家座谈会上，习近平总书记强调，改革是解放和发展社会生产力的关键，是推动国家发展的根本动力。要以深化改革激发新发展活力。在2021年2月19日第十八次中央深改委会议上，习近平总书记指出，要发挥全面深化改革在构建新发展格局中的关键作用。

一 全面深化改革对构建新发展格局意义重大

党的十八大以来，党中央多次召开重要会议对全面深化改革做出部署并全力推动改革各项目标任务落实。党的十九大以来，党中央围绕新时代党和国家事业发展新要求，按照党中央确定的全面深化改革的总目标，着力增强改革的系统性、整体性、协同性，保持工作力度和连续性，对全面深化改革作出了一系列新部署，推动落实了一大批力度更大、要求更高、举措更实的改革任务。过去几年，"坚持全面深化改革"内涵更为丰富，标识更为鲜明，实践更为饱满，进展更为显著。

2017年11月20日下午，第十九届中央全面深化改革领导小组第一次会议强调，过去几年来改革已经大有作为，但新征程上的改革仍大有可为。各地区各部门学习贯彻党的十九大精神，要注意把握蕴含其中的改革精神、改革部署、改革要求，接力探索，接续奋斗，坚定不移将改革推向前进。会议强调，同时，还要继续推动党的十八大以来部署的改革任务落实，改革的担子越挑越重。我们必须准备付出更为艰巨、更为艰苦的努力。要抓紧梳理党的十九大提出的改革任务和举措，有计划有秩序推进落实。

2018年3月，中央成立全面深化改革委员会。按照中共中央、国务院印发的《深化党和国家机构改革方案》，为加强党中央对涉及党和国家事业全局的重大工作的集中统一领导，强化决策和统筹协调职责，将中央全面深化改革领导小组、中央网络安全和信息化领导小组、中央财经领导小组、中央外事工作领导小组分别改为中央全面深化改革委员会、中央网络安全和信息化委员会、中央财经委员会、中央外事工作委员会，负责相关领域重大工作的顶层设计、总体布局、统筹协调、整体推进、督促落实。2018年3月至2021年5月，中央全面深化改革委员会已召开19次会议。

2018年共召开5次。第一次于3月28日召开。主题：加强和改善党对全面深化改革统筹领导，紧密结合深化机构改革推动改革工作。第二次于5月11日召开。主题：加强领导周密组织有序推进，统筹抓好中央和地方机构改革。第三次于7月6日召开。主题：激发制度活力激活基层经验激励干部作为，扎扎实实把全面深化改革推向深入。第四次于9月20日召开。主题：加强领导科学统筹狠抓落实，把改革重点放到解决实际问题上来。第五次于11月14日召开。主题：深刻总结改革开放伟大成就宝贵经验，不断把新时代改革开放继续推向前进。

2019年共召开6次。第一次于1月23日召开。主题：对标重要领域和关键环节改革,继续啃硬骨头确保干一件成一件。第二次于3月19日召开。主题:把稳方向突出实效全力攻坚,坚定不移推动落实重大改革举措。第三次于5月29日召开。主题:因势利导统筹谋划精准施策,推动改革更好服务经济社会发展大局。第四次于7月24日召开。主题:紧密结合"不忘初心、牢记使命"主题教育,推动改革补短板强弱项激活力抓落实。第五次于9月9日召开。主题:加强改革系统集成协同高效,推动各方面制度更加成熟更加定型。第六次于11月26日召开。主题:落实党的十九届四中全会重要举措,继续全面深化改革实现有机衔接融会贯通。同时,审议通过《中共中央 国务院关于构建更加完善的要素市场化配置体制机制的意见》。此外,同年10月28日,党的十九届四中全会召开,审议通过《中共中央关于坚持和完善中国特色社会主义制度、推进国家治理体系和治理能力现代化若干重大问题的决定》。

2020年共召开6次。第一次于2月14日召开。主题:完善重大疫情防控体制机制,健全国家公共卫生应急管理体系。同城,审议通过《中共中央 国务院关于新时代加快完善社会主义市场经济体制的意见》。第二次于4月27日召开。主题:深化改革健全制度完善治理体系,善于运用制度优势应对风险挑战冲击。第三次于6月30日召开。主题:依靠改革应对变局开拓新局,扭住关键鼓励探索突出实效。第四次于9月1日召开。主题:推动更深层次改革实行更高水平开放,为构建新发展格局提供强大动力。第五次于11月2日召开。主题:全面贯彻党的十九届五中全会精神,推动改革和发展深度融合高效联动。第六次于12月30日召开。主题:坚定改革信心汇聚改革合力,推动新发展阶段改革取得更大突破。此外,同年5月14日,在中共中央政治局常委会议上,习近平总书记首次提出,要构建新发展格局。并于5月23日参加全国政协第十三届三次会议经济界委员等多个场合,对构建新发展格局进行了多次阐述。

2021年上半年共召开2次。第一次于2月19日召开。主题:完整准确全面贯彻新发展理念,发挥改革在构建新发展格局中关键作用。第二次于5月21日召开。主题:完善科技成果评价机制,深化医疗服务价格改革,减轻义务教育阶段学生作业负担和校外培训负担。此外,同年1月31日,中共中央办公厅、国务院办公厅印发《建设高标准市场体系行动方案》。

上述19次会议以及有关的中共中央政治局集体学习、中央财经委会议、中央经济工作会议等，基本勾勒出党的十九大以来中央关于全面深化改革决策部署的清晰路线图和任务书。从强调坚持全面深化改革到强调为构建新发展格局提供强大动力、发挥关键作用。彰显了以习近平同志为核心的党中央在新时代，构建新发展格局中以全面深化改革为动力，充分发挥全面深化改革关键作用的坚定信心和决心。

二 构建新发展格局中全面深化改革的重点领域

习近平总书记在中央全面深化改革委员会第十八次会议的重要讲话中强调，全面深化改革同立足新发展阶段、贯彻新发展理念、构建新发展格局紧密关联，要完整、准确、全面贯彻新发展理念，抓住构建新发展格局目标任务，更加精准地出台改革方案，推动改革向更深层次迈进，发挥全面深化改革在构建新发展格局中的关键作用。要围绕五个方面深化改革。

（一）围绕实现高水平自立自强深化改革

高水平自立自强是构建新发展格局的最本质特征和必然选择。党的十九届五中全会提出，坚持创新在我国现代化建设全局中的核心地位，把科技自立自强作为国家发展的战略支撑，并将其摆在各项规划任务的首位突出强调。

习近平总书记在2021年1月11日省部级主要领导干部学习贯彻党的十九届五中全会精神专题研讨班开班式上指出，构建新发展格局最本质的特征是实现高水平的自立自强，必须更强调自主创新，全面加强对科技创新的部署，集合优势资源，有力有序推进创新攻关的"揭榜挂帅"体制机制，加强创新链和产业链对接。在中央深改委第十九次会议上，习近平总书记再次强调，加快实现科技自主自强，要用好科技成果评价这个指挥棒。

实现高水平自立自强，有许多工作要做，但关键是要靠深化改革。要完善党对科技工作领导的体制机制，推动科技创新力量布局、要素配置、人才队伍体系化、协同化，发挥新型举国体制优势，坚决破除影响和制约科技核心竞争力提升的体制机制障碍，加快攻克重要领域"卡脖子"技术，有效突破产业瓶颈，牢牢把握创新发展主动权。要遵循科技创新规律，创新科技体制机制，最大限度调动各方面推动自立自强的积极性、主动性。

（二）围绕畅通经济循环深化改革

在完善公平竞争制度、加强产权和知识产权保护、激发市场主体活力、推动产业链供应链优化升级、建设现代流通体系、建设全国统一大市场等方面推出更有针对性的改革举措，促进各项改革融会贯通、系统集成。①

一是激发各类市场主体的活力。在国有经济领域，重点是要推进国有经济的布局优化和结构调整。要推动国有资本、国有企业进一步聚焦战略安全、产业引领、国计民生和公共服务等功能，调整存量结构，优化增量投向。积极稳妥推进国有企业混合所有制改革，推动已经确定的四批200多户国企混改试点。及时总结混改实践经验，制定深化国企混改的实施意见。在民营经济领域，重点优化民营经济发展环境，努力破除制约民营企业发展的壁垒和障碍。加强对民营经济运行的监测，打造一批民营经济发展示范城市，充分发挥典型示范带动作用。

二是加快建设全国统一大市场。抓好《建设高标准市场体系行动方案》落实，推动建设高标准的市场体系。深化土地、劳动力、资本、技术和数据等要素的市场化配置改革。进一步完善市场准入，全面落实"全国一张清单"的管理模式，健全负面清单动态调整机制。修订出台《市场准入负面清单（2021年版）》，持续破除市场准入的各种隐性壁垒。制定和出台海南、深圳等开放高地的放宽市场准入的特别措施。

三是深化重点行业改革。电力行业要推动全国统一的电力市场体系建设，扩大电力现货交易试点，推动电网企业装备制造、设计、施工等竞争性业务改革实施方案的落实。石油天然气行业要深化石油天然气管网运营机制的改革，加快构建全国一张网，推动国家管网向市场主体公平开放，不断完善政府原油、成品油储备的体制机制。铁路行业要深化铁路市场化改革，促进铁路运输业务市场主体适度竞争。

---

① 《完整准确全面贯彻新发展理念 发挥改革在构建新发展格局中关键作用》，《人民日报》2021年2月20日第1版。

此外，要健全公平竞争审查机制，加强反垄断和反不正当竞争执法司法，提升市场综合监管能力。

（三）围绕扩大内需深化改革

坚定实施扩大内需战略，把扩大内需作为发展的战略基点，加快培育完整内需体系，持续向内需要发展潜力。

第一，健全区域协调发展体制机制。加快推动京津冀协同发展，全面推动长江经济带发展，积极稳妥推进粤港澳大湾区建设，提升长三角一体化发展水平，扎实推进黄河流域生态保护和高质量发展。推进西部大开发形成新格局，推动东北振兴取得新突破，开创中部地区崛起新局面，鼓励东部地区加快推进现代化，支持特殊类型地区发展，健全区域协调发展体制机制。以中心城市和城市群等经济发展优势区域为重点，增强经济和人口承载能力，带动全国经济效率整体提升。破除资源流动障碍，优化行政区划设置，提高中心城市综合承载能力和资源优化配置能力，强化对区域发展的辐射带动作用。

第二，健全城乡融合发展体制机制，加快推进以人为核心的新型城镇化。深化土地制度、户籍制度改革，建立城乡统一的建设用地市场，实现农村集体经营性建设用地与国有土地同等入市、同价同权。进一步放开除个别超大城市外的城市落户限制。试行以经常居住地登记户口的制度，在城市群内探索户口通迁、居住证互认制度，建立城镇教育、就业创业、医疗养老等基本公共服务与常住人口挂钩机制。

第三，建立健全巩固拓展脱贫攻坚成果同乡村振兴有效衔接机制。从构建新发展格局来看，脱贫攻坚成果同乡村振兴衔接不仅关系到巩固脱贫攻坚成果，关系农村农业工作，而且直接关系到国内大循环的形成和良性运行。

第四，健全再分配调节机制，扎实推动共同富裕。要完善按要素分配政策制度，要健全各种生产要素由市场决定报酬的机制，努力增加中低收入群体的要素收入，扎实推动共同富裕。另外，要完善重要民生商品的价格调控机制，建立健全基本公共服务的标准体系，促进养老托育服务的健康发展，改革和完善全民健身的公共服务体系，满足人民群众不断增长的美好生活的需要。

(四) 围绕实行高水平对外开放深化改革

建设更高水平开放型经济新体制。深化商品、服务、资金、人才等要素流动型开放，稳步推进规则、规制、管理、标准等制度建设，全面提高对外开放水平。[①]

推动贸易和投资自由化、便利化，推进贸易创新发展，增强对外贸易综合竞争力。

完善外商投资准入前国民待遇加负面清单管理制度，有序扩大服务业对外开放，依法保护外资企业合法权益，营造市场化、法治化、国际化、便利化、数字化的营商环境。

健全促进和保障境外投资的法律、政策和服务体系，坚定维护中国企业海外合法权益，实现高质量"引进来"和高水平"走出去"。

完善自由贸易试验区布局，赋予其更大改革自主权，稳步推进海南自由贸易港建设，建设对外开放新高地。

稳慎推进人民币国际化，坚持市场驱动和企业自主选择，营造以人民币自由使用为基础的新型互利合作关系。

发挥好中国国际进口博览会等重要展会平台作用。

推动共建"一带一路"倡议高质量发展。要继续坚持共商共建共享原则，秉持绿色、开放、廉洁理念，深化务实合作，加强安全保障，促进共同发展。

积极参与全球经济治理体系改革。维护多边贸易体制，积极参与世界贸易组织改革，推动完善更加公正合理的全球经济治理体系。

(五) 围绕推动全面绿色转型深化改革

深入推进生态文明体制改革，健全自然资源资产产权制度和法律法规，完善资源价格形成机制，建立健全绿色低碳循环发展的经济体系。[②]

[①] 《完整准确全面贯彻新发展理念 发挥改革在构建新发展格局中关键作用》，《人民日报》2021年2月20日第1版。

[②] 《完整准确全面贯彻新发展理念 发挥改革在构建新发展格局中关键作用》，《人民日报》2021年2月20日第1版。

"十四五"时期，我国生态文明建设进入了以降碳为重点战略方向、推动减污降碳协同增效、促进经济社会发展全面绿色转型、实现生态环境质量改善由量变到质变的关键时期。要完整、准确、全面贯彻新发展理念，保持战略定力，站在人与自然和谐共生的高度来谋划经济社会发展，坚持节约资源和保护环境的基本国策，坚持节约优先、保护优先、自然恢复为主的方针，形成节约资源和保护环境的空间格局、产业结构、生产方式、生活方式，统筹污染治理、生态保护、应对气候变化，促进生态环境持续改善，努力建设人与自然和谐共生的现代化。

2021年4月30日，在中共中央政治局就新形势下加强我国生态文明建设进行第二十九次集体学习时，习近平总书记指出，要提高生态环境治理体系和治理能力现代化水平，健全党委领导、政府主导、企业主体、社会组织和公众共同参与的环境治理体系，构建一体谋划、一体部署、一体推进、一体考核的制度机制。要深入推进生态文明体制改革，强化绿色发展法律和政策保障。要完善环境保护、节能减排约束性指标管理，建立健全稳定的财政资金投入机制。要全面实行排污许可制，推进排污权、用能权、用水权、碳排放权市场化交易，建立健全风险管控机制。要增强全民节约意识、环保意识、生态意识，倡导简约适度、绿色低碳的生活方式，把建设美丽中国转化为全体人民自觉行动。[1]

三 构建新发展格局中全面深化改革需把握的关键环节

在构建新发展格局中发挥全面深化改革的关键作用，重在把加强改革系统集成、推动改革举措落地见效摆在更加突出的位置。具体讲，要注重并抓好以下关键环节。

（一）坚持系统观念推动改革系统集成

坚持系统观念是"十四五"时期经济社会发展必须遵循的五个原则

---

[1]《保持生态文明建设战略定力 努力建设人与自然和谐共生的现代化》，《人民日报》2021年5月2日第1版。

之一。提出坚持系统观念,这在党的中央全会和党的重要文件中还是第一次。这是党的十九届五中全会精神的一大亮点,是党的理论创新的一个创新点。坚持这个原则是推进全面深化改革开放的内在要求。

2019年9月9日召开的中央全面深化改革委员会第十次会议强调,落实党的十八届三中全会以来中央确定的各项改革任务,前期重点是夯基垒台、立柱架梁,中期重点在全面推进、积厚成势,现在要把着力点放到加强系统集成、协同高效上来,巩固和深化这些年来我们在解决体制性障碍、机制性梗阻、政策性创新方面取得的改革成果,做好成果梳理对接,推进改革成果系统集成,从整体上推动各项制度更加成熟更加定型。[①]

推进改革系统集成,要加强改革前瞻性思考、全局性谋划、战略性布局和整体性推进。要改革与开放有机结合,统筹国内国际两个大局,办好发展安全两件大事。要坚持全国一盘棋,更好发挥市场在配置资源中的决定作用,更好发挥政府作用,调动中央、地方和各方面积极性。要有利于固根基、扬优势、补短板、强弱项,防范化解重大风险挑战。要有利于推动实现发展质量、结构、规模、速度、效益、安全相统一。

推进改革系统集成,重在增强改革的系统性、整体性、协同性,使各项改革举措产生联动效应。这是由全面深化改革的特点决定的。全面深化改革的"全面"是关系全局,不是某个领域某个方面的单项改革,是统筹推进各领域改革,不是零敲碎打的调整,更不是碎片化的修修补补,而是全面的、系统的、联动的和集成的。

推进改革系统集成,最根本的是从"五位一体"总体布局和"四个全面"战略布局的角度考虑和推进全面深化改革的目标和任务。要完整、准确、全面贯彻新发展理念,扭住构建新发展格局目标任务,做到改革和开放相互促进、改革和发展有机统一、深化改革和依法治国相辅相成、深化改革和党的领导协同推进。

推进改革系统集成,要提高政治判断力、政治领悟力、政治执行力,主动识变求变应变,强化全局视野和系统思维,加强改革政策统筹、进度统筹、效果统筹,发挥改革整体效应。

[①] 《加强改革系统集成协同高效 推动各方面制度更加成熟更加定型》,《人民日报》2019年9月10日第1版。

(二) 树立辩证思维解决改革重点难点问题

构建新发展格局中全面深化改革，面对各种十分复杂的利益关系，有许多矛盾需要有效解决，有许多关系需要正确处理，有许多难题需要积极破解，做到这些，离不开辩证思维。只有增强辩证思维能力，才能提高驾驭复杂局面、处理复杂问题的本领，才能真正做好各项改革工作。

所谓辩证思维，就是洞察事物发展规律，承认矛盾、分析矛盾、解决矛盾，善于抓住关键、找准重点。就要求在全面深化改革中善于处理局部和全局、当前和长远、重点和非重点的关系，在权衡利弊中趋利避害、在辩证分析中做出最为有利的抉择。在方法论上，要增强问题意识、坚持问题导向，深入分析改革面临的复杂形势和繁重任务，对各种矛盾做到心中有数，善于抓住主要矛盾和矛盾的主要方面来制定改革的主要措施，同时立足各领域改革的耦合性制定配套措施，使各项改革措施在政策取向上相互配合、在实施过程中相互促进、在实际成效上相得益彰。

掌握辩证思维，推进改革，要坚持两点论和重点论相统一，立足新发展阶段，解决影响贯彻新发展理念、构建新发展格局的突出问题，解决影响人民群众生产生活的突出问题，解决影响改革重点突破、纵深推进的突出问题。习近平总书记曾说过指出，在任何工作中，我们既要讲两点论，又要讲重点论，没有主次，不加区别，眉毛胡子一把抓，是做不好工作的。

深化改革中运用"两点论"，就要坚持一分为二地看问题。既要看到有利的一面，也要看到不利的一面。既要敢于突破，又要一步一个脚印、稳扎稳打。

深化改革中坚持"重点论"，就是找突出问题、抓关键问题，抓重点带一般。要有强烈的问题意识，以重大问题为导向，抓住重大问题、关键问题深入研究，找出答案，着力推动解决。

深化改革中注重"转化论"，就是从辩证的观点看待问题和矛盾的转化。改革遇到的不少矛盾，量积累到一定程度就会发生质的突变，所谓量变引起质变。如果对此类矛盾熟视无睹，甚至回避、掩饰，在矛盾面前畏缩不前，坐看矛盾激化，那就会出大问题，最后势必造成无法弥补的损失。

（三）增强创新意识不断推出改革新思路新举措

创新是一个民族、一个国家的灵魂，也是全面深化改革的不竭动力。构建新发展格局需要创新意识，全面深化改革也要靠创新。创新意识、创新举措、创新实践，应贯穿全面深化改革的各个方面和各个环节。

首先，思路要不断创新。思路创新必须坚持解放思想。解放思想、实事求是，是我们党的思想路线的核心内容，也是中国革命、建设和改革开放不断获得成功的有力法宝。习近平总书记在《关于坚持和发展中国特色社会主义的几个问题》一文中强调，解放思想、实事求是、与时俱进，是马克思主义活的灵魂，是我们适应新形势、认识新事物、完成新任务的根本思想武器。面对百年未有之大变局和受新冠疫情影响，构建新发展格局，内外问题叠加，新旧矛盾交织，改革面对的形势错综复杂，挑战与考验层出不穷。唯有进一步解放思想，牢固树立创新意识，才能不断破除旧观念，克服旧习惯，打破藩篱，产生新思路，解决新问题，开拓新局面。习近平总书记多次强调，改革只有进行时没有完成时。进一步解放思想，不断创新改革思路也只有进行时没有完成时。

其次，举措要不断创新。全面深化改革，光有立场和态度还不行，必须有实实在在的举措。党的十八大以来中央就全面深化改革进行了一系列部署，推出一系列新举措。这些新举措推动了一系列新突破。构建新发展格局中要发挥好全面深化改革的关键作用，必须立足新发展阶段，贯彻好新发展理念，看清各种影响和阻碍新发展格局构建的矛盾所在，找准突破的方向和着力点，制定和推出有创新性的改革举措。比如，如何在扩大内需为主的情况下，国内国际双循环相互促进；如何提升供给侧结构性改革与需求侧管理的适配性；如何切实发挥好市场在资源配置中的决定性作用，同时更好地发挥政府的作用；怎样既坚持以公有制为主体又保证多种经济成分共同发展；怎样既坚持以按劳分配为主体又允许多种分配方式并存；怎样采取有效措施缩小不同群体的收入差距；怎样既激发市场主体的活力又不出现不正当竞争；等等，都需要根据新情况、新问题，制定并实施有针对性、可操作、能见实效的改革新举措。

最后，实践要不断创新。改革开放 40 多年的实践一直是不断创新的过程。这种实践创新不仅让中国特色社会主义建设的伟大成就大放异彩，而且极大彰显了中国特色社会主义的道路自信、理论自信、制度自信和文化自信。坚持和完善中国特色社会主义制度，推进国家治理能力和治理水平现代化，依然必须继续推进实践创新。立足新发展阶段、贯彻新发展理念、构建新发展格局、实现高质量发展，每一项任务的落实，每一项工作的推进，都是实践创新的过程。实践创新，必须根据新时代、新特点、新要求，用新思路、新举措，在实践中正确处理好政府与市场、中央与地方、国内与国外、效率与公平、供给与消费等方面关系。真正实现改革实践的系统集成，让改革实践有的从中央层面加大统一力度、集中力量整体推进，有的从地方基层率先突破、率先成势，根据实际情况来推动。

（四）发扬钉钉子精神推动改革举措任务落地见效

一分部署，九分落实。习近平总书记反复强调，党和国家事业发展，离不开脚踏实地、真抓实干。改革开放40多年的实践充分证明，任何改革举措，只有持之以恒抓落实，才能见实效，改革才能不断推向深入。抓落实贵在实干，不能空谈。切记"空谈误国，实干兴邦"。

抓落实必须发扬钉钉子精神。钉钉子精神是2013年2月28日习近平总书记在党的十八届二中全会上首次提出的，之后多个场合都反复强调干事创业要像钉钉子。钉钉子，往往不是一锤子就能钉好的，而是要一锤一锤接着敲，直到把钉子钉实钉牢，钉牢一颗再钉下一颗，不断钉下去，必然大有成效。如果东一榔头西一棒子，结果很可能是一颗钉子都钉不上、钉不牢。全面深化改革要在构建新发展格局中发挥好关键作用，也要像钉钉子那样，把改革举措、任务一锤一锤接着敲，不折腾、不反复，持之以恒、坚持到底，直到落实见效。

以钉钉子精神抓落实，要加强协同配合。重大改革举措落实，往往涉及多个方面、多个部门、多个环节。因此，必须统筹兼顾，增强落实的系统性、灵活性、协调性和配套性。要注重处理好方方面面的关系，不能解决了这个问题又引发另一个问题。所以，既要敢为天下先、敢闯敢试，又要积极稳妥、蹄疾步稳，把改革发展稳定安全等多方面因素统一起来考虑，既保持方向不变、道路不偏、力度不减，又做到走得更稳、走得更实、走得更远。

以钉钉子精神抓落实，就要拿出抓铁有痕、踏石留印的韧劲。构建新发展格局，全面深化改革要解决的问题纷繁复杂，要完成的任务艰巨繁重。唯有拿出钉钉子的劲头、咬定青山不放松的韧劲，按照全面深化改革目标作出的部署、提出的要求，通过扎扎实实的努力、锲而不舍的努力，才能把全面深化改革的各项部署和任务落到实处。钉钉子重在一以贯之地贯彻，做到一张好的蓝图一干到底，直到干出成效。因此，抓改革举措、改革任务落实，必须转变工作作风，实事求是，尊重客观规律，力戒形式主义、官僚主义。否则虚抓、抓而不紧或抓而不实，再好的举措只能是一纸空文。

以钉钉子精神抓落实，要有"功成不必在我，功成一定有我"的境界。要甘于寂寞，勇于付出，不能计较得失、在乎名利、争功摆好。要一步一个脚印，一茬一茬接着干，只要干出成绩，干事者都有功劳。当然，实践是不断发展的，抓落实也要与时俱进，看准了的要及时调整和完善。调整和完善不是朝令夕改。要落实落细改革主体责任，抓好制度建设这条主线，既要在原有制度基础上继续添砖加瓦，又要在现有制度框架内搞好精装修，打通制度堵点，抓好制度执行，推动解决实际问题，见到改革实效。

（根据2021年5月22日在"中国企业创新发展论坛"上发表的主题演讲整理）

央企发力挑大梁　深化改革稳大盘

积极扩大有效投资,加快推进重大项目建设,是目前稳住宏观经济大盘,保持经济高质量发展,保持社会大局稳定的当务之急。稳住宏观经济大盘,市场主体肩负重任。中央企业是市场主体的顶梁柱和主力军,要发挥好在稳大盘中的挑大梁作用,中央企业重在深化改革,推进体制机制创新。

一　宏观经济形势呼唤央企挑大梁

2022年以来,宏观经济形势格外引人注目。

（一）宏观经济形势严峻复杂

国际环境日趋复杂严峻,不利影响明显加大,经济发展极不寻常,超预期突发因素带来严重冲击导致经济下行压力明显增大。具体走势,从需求端看,消费萎缩,投资减速,进出口分化,房地产行业减速加深;从供给端看,虽然农业正常发展,但工业减速后只有小幅回升,服务业连续3个月负增长。

国家统计局数据显示,2022年,4月份主要经济指标深度下跌。二季度国内生产总值同比增长0.4%。而一季度同比增长4.8%。2022年上半年,按不变价格计算,国内生产总值同比增长2.5%。虽采取措施,5月份主要经济指标降幅收窄,6月份企稳回升,但受多重因素影响,经济回升的基础尚不稳固。从投资看,2022年上半年,全国固定资产投资（不含农户）同比增长6.1%。2022年1—7月,全国固定资产投资（不含农户）同比增长5.7%，7月环比增长0.16%，比6月的环比下降7.9个百分点。从基本态势看，要保住今后几个月正增长，实现全年经济增长预期目标压力、困难不小。

当然，也要看到乐观的一面，就是面对异常复杂困难局面，党中央、国务院已经果断出手，及时施策，推出稳经济一揽子政策措施，召开一系列会议，部署稳住经济大盘工作。

2022年4月26日中央财经委员会召开第十一次会议，4月29日、7月28日中共中央政治局召开会议，习近平总书记在重要讲话中提出明确要求，疫情要防住、经济要稳住、发展要安全。习近平总书记明确指出，要以改革开放为经济发展增动力。要继续实施国企改革三年行动方案。要发挥企业和企业家能动性，营造好的政策和制度环境，让国企敢干、民企敢闯、外企敢投。国务院多次召开常务会议、全国电视电话会议和座谈会，部署扩大有效投资，稳定大盘任务并提出具体要求。2022年5月23日、6月1日、7月21日、7月29日召开的国务院常务会议分别部署实施6方面33项稳经济一揽子措施；增加政策性银行8000亿元信贷额度，支持基础设施建设；发行金融债券等筹资3000亿元；建立推进有效投资重要项目协调机制；要发挥有效投资关键性作用，既及时果断决策实施、不贻误时机，又不搞大水漫灌、"萝卜快了不洗泥"；等等。同年5月24日国务院印发《扎实稳住经济的一揽子政策措施》。同年5月25日国务院召开全国稳住经济大盘电视电话会议。同年7月7日、8月16日李克强总理分别在福建、深圳主持召开部分经济大省政府主要负责人座谈会，强调经济大省要勇挑大梁，发挥稳经济关键支撑作用。

各地区各部门迅速行动，按照党中央、国务院决策部署，高效统筹疫情防控和经济社会发展，加大宏观政策调节力度，有效实施稳经济大盘一揽子政策措施。如国家发展和改革委员会（以下简称"发改委"）多次召开各类会议，发布9个重点领域配套政策，明确了推进重大项目建设的具体目标。经国务院同意，还牵头建立了"十四五"规划102项重大工程协调机制，推进重大工程加快实施。明确要求各地方按照有关工作要求，突出工作重点，有力有序有效推进重大项目建设。

在中央政策、全国共同的努力下，疫情得到有效控制，国民经济开始企稳回升，产业发展升级，就业等民生保障有力有效，市场价格基本平稳，迈向高质量发展依然是大的趋势。这就是我们常说的我国经济长期向好的基本面没有改变。我国经济有望继续回升保持在合理区间。

（二）保增长、稳大盘，中央企业责无旁贷

中央企业在我国经济社会发展中的独特地位和作用，决定了中央企业是市场主体的排头兵和主力军，要成为稳定经济发展大盘的重要"顶梁柱"。党的十八大以来，是中央企业发展最全面、活力效率提升最显著、布局结构优化最明显的一个时期，中国特色现代企业制度成熟定型，中央企业高质量发展迈出实质性步伐。构建高质量发展指标体系，推动加快转变发展方式，企业综合实力和经营效益不断迈上新台阶。

中央企业资产总额从2012年年底的31.4万亿元增长至2021年年底的75.6万亿元，年均增长10.3%。2012—2021年，中央企业利润总额从1.3万亿元增长至2.4万亿元，年均增长7.5%；净利润从0.9万亿元增长至1.8万亿元，年均增长7.9%；营业收入从22.3万亿元增长至36.3万亿元，年均增长5.5%。2021年中央企业营业收入利润率为6.8%，比2012年提高1.8个百分点；研发投入强度为2.5%，比2012年提高0.8个百分点；全员劳动生产率为69.4万元/人，比2012年增长82%；资产负债率总体稳定在管控线以内，近年来持续下降。2021年中央企业上交税费2.4万亿元，比2012年增长35.5%；2013年以来累计上交税费18.2万亿元，上交国有资本收益1.3万亿元，向社保基金划转国有资本1.2万亿元。

党的十八大以来，先后有26组47家中央企业按市场化原则实施重组整合，中央企业数量从117家调整至97家。扎实开展非主业、非优势产业"两非"剥离专项治理和低效、无效资产"两资"清理处置，截至2021年年底，中央企业从事主业的子企业户数占比达93%，主业投资占比达97%，在关系国家安全、国民经济命脉和国计民生的重要行业和关键领域的营业收入占比超过70%。建立压减工作长效机制，中央企业累计减少法人19965户，占总户数的38.3%，管理层级全部压缩在5级以内。深入实施产业基础再造工程，大力发展战略性新兴产业，中央企业在新能源、新材料、5G应用等战略性新兴领域的投资额近5年年均增速超过20%。

2022年7月7日，时任总理李克强在福建主持召开的东南沿海省份政府主要负责人座谈会上指出，市场主体是我国经济的韧性所在，保住市场主体就能支撑稳就业、稳经济大盘。要落实国家助企纾困政策，加强政策配套，挖掘自身潜力实施更多支持政策。同年7月16—17日，国资委在京举办中央企业负责人研讨班，对上半年工作进行了总结，并对下半年重点任务进行部署，特别是就央企在全球产业发展中的定位进行部署，为未来央企发展定下基调。

二　扩大有效投资是央企稳大盘的重点任务

根据宏观经济运行实际及中央精神，稳住宏观经济大盘的关键在于积极扩大有效投资。扩大有效投资也是中央企业发力的重点。如何扩大有效投资，主要有以下五方面的内容。

（一）加大投资力度

一是安排地方政府专项债券。国务院在2022年5月底下发的33项稳经济一揽子政策措施中要求，2022年新增专项债须在6月底前基本发行完毕，力争8月底前基本使用完毕。二是强化绩效导向，坚持"资金、要素跟着项目走"，合理扩大使用范围，支持在建项目后续融资，开工一批具备条件的重大工程、新型基础设施、老旧公用设施改造等建设项目。三是中央预算内投资安排6400亿元。政府投资更多向民生项目倾斜，加大社会民生领域补短板力度。四是对金融支持基础设施建设，调增政策性银行8000亿元信贷额度，并建立重点项目清单对接机制。五是运用政策性、开发性金融工具，通过发行金融债券等筹资3000亿元，理论上能撬动1.5万亿元投资。用于补充包括新型基础设施在内的重大项目资本金，但不超过全部资本金的50%，或为专项债项目资本金搭桥。六是鼓励保险公司等发挥长期资金优势，加大对水利、水运、公路、物流等基础设施建设和重大项目的支持力度。

（二）推动有效投资

投资做到有效，重点在于：一是方法得当。既及时果断决策实施、不贻误时机，又不搞大水漫灌、"萝卜快了不洗泥"。二是政府推动。加快中央预算内投资项目实施，督促地方加快专项债使用。三是市场作用。以市场化方式用好政策性开发性金融工具，支持的项目要符合"十四五"等规划，既利当前又惠长远。项目要条件成熟、有效益、能尽快发挥作用，竞争性产业要完全靠市场化发展。四是聚焦重点。主要投向交通、能源、物流、农业农村等基础设施和新型基础设施，不得用于土地储备和弥补地方财政收支缺口等。五是加强协调。重要项目协调机制，要继续高效运转，开辟绿色通道，实行并联审批，依法依规加快办理用地用能环评等手续，在确保工程质量前提下在三季度尽快形成更多实物工作量。[①]

（三）投资重点领域

围绕国家重大战略部署和"十四五"规划，适度超前开展基础设施投资。一是水利工程。开工一批已纳入规划、条件成熟的项目，包括南水北调后续工程等重大引调水、骨干防洪减灾、病险水库除险加固、灌区建设和改造等工程。2022 年上半年，新开工重大水利工程项目 22 项，完成水利建设投资 4449 亿元，均创历史新高。二是交通领域基础设施。对沿江沿海沿边及港口航道等综合立体交通网工程，加强资源要素保障，优化审批程序，抓紧推动上马实施，确保应开尽开、能开尽开。支持中国国家铁路集团有限公司发行 3000 亿元铁路建设债券。2022 年开工一批国家高速公路连通、省际公路瓶颈路段畅通、内河水运通道建设、港口功能提升等工程。三是能源项目。推动能源领域基本具备条件今年可开工的重大项目尽快实施。中央煤炭企业全力增产增供增效，带头执行电煤中长期合同。中央电力企业做好电力保供，积极稳妥推进水电项目前期研究论证和设计优化工作。加快推动大型风电光伏基地、抽水蓄能电站建设等。四是加快开展城市燃气管道等老化更新改造工作，抓紧启动实施一批老化更新改造项目。五是城市地下综合管廊，指导各地在城市老旧管网改造等工作中协同推进管廊建设，统筹各类管线铺设，推动实施一批具备条件的地下综合管廊项目。在前期确定的交通基础设施、能

---

① 《李克强主持召开国务院常务会议》，《人民日报》2022 年 7 月 30 日第 1 版。

源、保障性安居工程等九大领域基础上，适当扩大专项债券支持领域，优先考虑将新型基础设施、新能源项目等纳入支持范围。重视并推进智慧城市建设。

（四）盘活存量资产

重点盘活存量规模较大、当前收益较好或增长潜力较大的基础设施项目资产，包括交通、水利、清洁能源、保障性租赁住房、水电气热等市政设施、生态环保、产业园区、仓储物流、旅游、新型基础设施等。一是统筹盘活存量和改扩建有机结合的项目资产，包括综合交通枢纽改造、工业企业退城进园等。二是有序盘活长期闲置但具有较大开发利用价值的项目资产，包括老旧厂房、文化体育场馆和闲置土地等，以及国有企业开办的酒店、餐饮、疗养院等非主业资产。三是推动基础设施领域不动产投资信托基金（REITs）项目健康发展。进一步提高推荐、审核效率，鼓励更多符合条件的基础设施领域 REITs 项目发行上市。四是规范有序推进政府和社会资本合作（PPP）模式。鼓励具备长期稳定经营性收益的存量项目采用 PPP 模式盘活存量资产，提升运营效率和服务水平。

（五）做好前期工作

扩大有效投资，必须高度重视并做好投资项目前期工作。项目前期工作是扩大投资、建设项目的重要基础和先决条件。多年来，我国在发挥投资有效性，建设重大项目方面的一条重要经验就是扎实做好项目前期工作，将项目推进建立在科学论证、科学决策的基础上。目前推进重大工程中有三方面的突出问题：一是前期工作不充分、不深入；二是重大项目储备与支撑中长期发展战略所需不匹配；三是资源要素配置可持续性需增强。因此，一要加大项目储备工作力度，根据国家重大战略和发展规划，围绕经济发展和民生需要，谋划储备一批战略性、前瞻性、全局性的重大项目。二要加强项目前期研究论证，对项目建设的必要性、技术经济可行性、社会效益、项目资金筹措等建设条件落实情况等深入论证，加强对土地节约集约利用、环境影响等方面的论证。三要做好投资咨询评估工作，坚持先评估后决策，切实提升投资决策科学化水平。四要加快推进项目审批和开工前准备工作，加快履行项目审批（核准、备案）手续，对重大项目开辟审批绿色通道，提高审批效率。五要强化投资项目资金保障，避免"重安排、轻实施"导致资金"趴窝"，坚持"资金跟着项目走"。此外，要加强重大项目用地、用能等要素保障，深化投资项目审批制度改革等。

三 深化改革激发央企稳大盘活力

中央企业发展靠改革，在扩大有效投资、稳定经济大盘中真正起到"挑大梁"作用，从根本上看也要靠深化体制机制改革。目前，中央企业改革三年行动主体任务基本完成，完成率超过95%。中国特色现代企业制度建设进一步加强，战略性重组和专业化整合取得积极进展，市场化改革持续深化落地，改革红利不断释放。[①]

（一）深化改革激发了央企运行活力

2022年以来，中央企业经济运行好于预期。主要有以下五个方面的特点。

一是效益增长好于预期。2022年上半年，中央企业实现营业收入19.2万亿元，同比增长12%。实现利润总额1.4万亿元，同比增长7.1%。实现净利润1.1万亿元，同比增长6.1%。中央企业一季度经济效益实现了较快的增长，但是和全国的经济走势一样，4月份出现了负增长，5月份回稳。6月份实现了利润总额3666亿元，同比增长18.2%，迅速扭转了月度效益同比下滑的态势。有43家企业营业收入实现了两位数的增长，有56家企业净利润实现了两位数的增长。应该说，效益的增长确实超过了预期。

二是运行质量持续改善。中央企业科技创新取得重要突破。神舟13号、神舟14号载人飞行任务圆满完成，国家电投、国和1号示范电站1号机组完成首台主泵安装，原创技术策源地建设高标准起步，一批重大创新成果持续涌现。2022年上半年，中央企业研发经费投入3786亿元，

[①] 王希：《稳住增长势头 决胜三年行动——中央企业改革发展新动向解析》，《现代企业》2022年第10期。

同比增长了19.7%，研发经费投入强度同比提高了0.12个百分点。全员劳动生产率人均76.4万元，同比增长了11.2%。营业收入利润率7.4%，总体保持在较高的水平。截至2022年6月末，中央企业整体资产负债率为65%，债务风险可控在控。

三是固定资产投资快速回升。中央企业2022年上半年累计完成固定资产投资1.2万亿元，同比增长6.7%，增速比一季度加快1.6个百分点。比上半年全国固定资产投资（不含农户）增长快了6个百分点。特别是6月份，中央企业完成固定资产投资3324亿元，同比增长了14.1%。一批大项目建设加快推进，并逐步形成实物工作量。如国家电网白鹤滩到江苏特高压工程竣工投产；中石化第三代国产芳烃成套装备建成投产；中核集团三门工程正式开工；中国化学工程泉州年产60万吨的环氧丙烷项目正式启动建设。石油石化、电网、通信等行业的固定资产投资增速都超过了10%等。

四是社会贡献稳中有增。2022年上半年中央企业累计上交税费1.5万亿元，同比增长14.4%。2022年以来，一直保持着两位数的增长，有33家中央企业上交税费增速超过20%。全力做好能源电力保供，努力实现稳产稳供稳价，发电机组应发尽发。电煤的中长期合同履约率超过了96%，向下游企业让利超过了600亿元。加大助力中小企业纾困解难力度，2022年上半年，国资委出台了中央企业助力中小企业纾困解难7方面27条举措，截至6月末，中央企业累计减租104.4亿元，惠及16万租户，超过了2020年全年的减租规模。有关汽车央企积极落实商用货车消费贷款延期还本付息支持措施。电信央企采取有效措施，对中小企业宽带和专线平均资费再降10%等。

五是央企控股上市公司质量加快提升。2022年5月，国资委印发了实施提高央企控股上市公司质量的工作方案，中国移动、中海油等企业成功回归A股，央企控股境内上市公司户数占到整个上市公司的7.2%，贡献了全市场37.1%的营业收入、31%的净利润、23.3%的现金分红，应该说中央企业的上市公司为资本市场平稳健康发展提供了重要支撑。

此外，中央企业积极服务国家重大战略，加快推进央地合作，高质量参与共建"一带一路"倡议，有序落实"碳达峰""碳中和"部署，全力服务北京冬奥会、冬残奥会，等等，发挥了骨干中坚作用。

（二）深化央企改革的主要任务

中央企业深化改革，要发挥政治优势，重视并加强党建工作，以党建为引领，坚持"两增一控三提高"（"两增"：利润总额和净利润增速高于国民经济增速；"一控"：资产负债率控制在65%以内；"三提高"：营业收入利润率再提高0.1个百分点、全员劳动生产率再提高5%、研发经费投入进一步提高）的目标不动摇。坚持全年效益增长6.5%不改变，确保实现全年生产经营目标。从稳大盘角度看，在采取一系列重大措施的基础上，要重点抓好以下五方面的工作。

一是通过深化改革提质增效稳增长。国资委深入开展提质增效专项行动，推出稳增长10项举措。做好拓市增收、降本节支、深入挖掘生产经营各环节潜力，强化预算刚性约束，盘活存量资产，持续提升资产配置和运行效率。完善激励约束机制，做好政策协调，为中央企业稳增长创造良好的外部环境。[1] 同时，要继续做好能源资源、粮食安全托底，做好能源原材料的保供稳供，积极开展稳岗扩就业行动，助力中小企业纾困解难，有力带动了产业链上下游企业协同发展。

二是继续实施国企改革三年行动方案。2022年7月28日召开的中共中央政治局会议指出，要以改革开放为经济发展增动力，继续实施国企改革三年行动方案。在国企改革三年行动方案工作中推动平台经济规范健康持续发展，完成平台经济专项整改，对平台经济实施常态化监管，集中推出一批"绿灯"投资案例。

三是继续开展国有资本投资公司的试点，加快培育，成熟一家，转固一家，最终形成国有资本投资公司、运营公司和产业集团三类企业功能鲜明、分工明确、协调发展的中央企业格局。

四是深化三项制度（劳动、人事、分配制度）改革。推动三能机制（管理人员能上能下、员工能进能出、收入能增能减）更大范围、更深层次落地见效，不断激发企业动力活力。此外，持续抓好整合融合，解决中央企业之间的同质化竞争、重复建设等问题，坚决退出不具有竞争优

---

[1] 王希：《稳住增长势头 决胜三年行动——中央企业改革发展新动向解析》，《现代企业》2022年第10期。

势、缺乏发展潜力的"两非"（非主业、非优势）业务和低效、无效资产，推动资源不断向主业企业集中、向优势企业集中、向链长企业集中，进一步提高国有资本配置效率。

五是通过深化改革防范和化解重大风险。疫情防控坚持动态清零总方针不动摇，完善常态化的疫情防控措施，最大限度降低疫情对企业生产经营的影响；强化负债率红线约束，加快推进司库管理体系建设，落实投资负面清单制度，完善金融业务风险管控机制，从严管控，合理运用金融衍生业务；深化法治央企建设，提高依法合规经营水平；严格落实全国安全生产电视电话会议精神和国务院安委会15条硬措施要求，加强隐患排查和重点监测，着力防范化解危重领域的风险；加强汛情、地质灾害监测预警，提前做好应对准备。

（三）深化改革加快建设世界一流企业

当前和今后一个时期中央企业改革发展总的目标是，加快建设世界一流企业。这是一项具有全局性、战略性、牵引性的重大战略任务。党的十九大报告首次提出，要培育具有全球竞争力的世界一流企业。2022年2月中央深改委第二十四次会议审议通过《关于加快建设世界一流企业的指导意见》明确提出，要加快建设一批产品卓越、品牌卓著、创新领先、治理现代的世界一流企业。从"培育"到"加快建设"，一词之变凸显了新形势下建设世界一流企业的重要性、紧迫性。

2018年以来，国资委选取了航天科技、中国宝武等11家中央企业开展了创建世界一流企业示范企业的工作，同时聚焦战略运行、运营、财务、科技、信息化等8个重点管理领域推进改革，在国有重点企业部署开展了对标世界一流管理提升的行动。

经过多年努力，中央企业通过深化改革建设世界一流企业已经具备较好条件和基础。体现为三个一批：一批企业综合实力达到全球同行业领先水平，发电、航运、船舶等行业企业主要效率指标达到世界一流水平；一批企业自主创新能力显著增强，电网、通信等行业企业专利数量和质量位居同行业领先水平；一批企业品牌影响力和国际化水平明显提升，形成了高铁、核电、特高压等一批中国名片。以世界500强企业为例，2022年8月3日，《财富》世界500强排行榜发布。中国内地（含香港地区）上榜的136家中，国企（包括央企）为86家，其中，国资委监管的中央企业有47家，地方国资委监管企业有39家。平均营业收入923亿美元，营业利润39.5亿美元，总资产4153亿美元，净资产508亿美元。国家电网、中石油、中石化分别位居第三、第四、第五位。

（四）与世界一流企业存在的差距和面临的挑战

尽管中央企业在世界500强中的数量和规模优势正在不断扩大，但是，整体来看，盈利能力与世界500强公司平均水平的差距较大，在全球产业链正在重组、企业竞争规则将重构的背景下，如何提升竞争力是建设世界一流企业的关键。2022年上榜的145家中国企业平均利润约41亿美元，虽然与自身相比有所提升，然而同期世界500强平均利润上升至62亿美元。例如，美国124家企业平均利润高达100.5亿美元，几乎接近中国上榜企业的2.5倍。中国上榜企业利润及其增速远低于美国和世界平均水平。从行业看，盈利能力强的主要是高新技术领域的企业，我国除金融领域外的央企（包括国企），更多偏向传统制造业领域，没有高新技术领域整体利润率高。从服务范围看，美国的很多企业是跨国公司，遍布全球，我国很多央企的业务范围主要还是局限在国内，在全球进行产业布局不够。目前，全球产业链正在重组，全球企业竞争规则也将重构，未来我国央企的国际化也将面临更严峻的挑战。建设世界一流企业任重而道远。

要以深化改革，加强体制机制创新推进世界一流企业建设。面对问题和挑战，建设世界一流企业，应充分发挥我们的基本经济制度优势，以公有制为主体、多种所有制经济共同发展。要加快央企布局优化和结构调整，加强国有资本在智能制造、生物健康等战略性新兴产业领域的布局和引领作用；同时通过推动和深化混合所有制改革，综合利用央企在资金、技术和人才等方面的要素优势和民营企业在经营管理方面的效率和活力优势，有效提升央企在关键技术领域攻关和战略性新兴产业发展中的竞争力、创新力和影响力。具体讲：一是坚持创新引领，强化中央企业创新核心地位，加快提升技术牵引和产业变革的创新力，在同行业全员劳动生产率、净资产收益率、经济增加值率等方面力争达到国际领先水平，打造产业链供应链核心竞争力。二是完善公司治理，加快转型升级，打造国际竞争新优势，着眼全球竞争和高端发展，加强中央企业品牌建设，提升国际产业发展话语权。三是分类施策梯次推进，优势企业先走一步，基础较好的企业加快提升，其他企业主动对标一流，努力争先创优。四是注重实效，创建世界一流企业，不能简单看规模、拼速度，要把做强做优实体经济作为主攻方向，集中精力做强做优主业。五是把人才强企放在更加突出位置，加快构建具有全球竞争力的人才制度体系，加强人才队伍建设，为创建世界一流企业提供一流人才支撑。

（根据2022年8月16日在湖南省长沙市举办的中央企业高管研修班上的专题讲座整理）

民营经济在推进中国式现代化过程中发挥着重要作用

中国式现代化是高质量发展的现代化,是全体人民共同富裕的现代化。40多年的改革实践证明,民营经济在促进经济发展,老百姓安居乐业、共同富裕等方面发挥着不可或缺的作用。这在以往的一些中央文件中得到肯定。特别是党的十八大以来,党的一些重要文件和习近平总书记的讲话都充分肯定了民营经济的重要作用。这也得到广大人民群众的认同。但是,当前也有一些否定民营经济的错误言论和做法,影响了民营经济的正常发展。因此,实现中国式现代化的当务之急是要正确认识民营经济,高度重视民营经济,大力激发民营经济活力,充分发挥民营经济的重要作用。

一 民营经济是推进中国式现代化的重要力量

民营经济是推进中国式现代化的生力军,是高质量发展的重要基础,是推动我国全面建设社会主义现代化国家、实现第二个百年奋斗目标的重要力量。

(一)民营经济的地位和作用举足轻重

改革开放45年来,我国经济发展能够创造举世瞩目的中国奇迹,我们能够打赢脱贫攻坚战、如期全面建成小康社会、实现第一个百年奋斗目标,民营经济和民营经济人士功不可没。我国民营经济从小到大、由弱到强,具有"56789"的特征,即贡献了50%以上的税收,60%以上的国内生产总值，70%以上的技术创新成果，80%以上的城镇劳动就业，90%以上的企业数量。比如税收，2012—2021年，民营企业占比从48%提升至59.6%。又如就业，2012—2022年，规模以上私营工业企业吸纳就业占比从32.1%提高至48.3%。[①] 民营经济作为我国经济制度的内在要素，始终是发展中国特色社会主义的重要经济基础。民营经济人士始终是我们党长期执政必须团结和依靠的重要力量。党的二十大重申坚持和完善社会主义基本经济制度，强调"两个毫不动摇"。发展民营经济有利于扩大内需。一是扩大就业，就业是民生之本，增加就业人员的收入，这是扩大内需最基本的先决条件。二是增加税收，有利于提高基本公共服务水平，解决人民群众不敢消费的后顾之忧，这也是扩大消费的必要条件。三是从投资需求来看，民间投资、民营经济的投资，是拉动投资的一个极为重要的力量。而整体上拉动了内需，这就解决了构建新发展格局，高质量发展长期向好的最关键的问题。民营经济自身的高质量发展，本身就是整个国民经济高质量发展的重要内容。可为高质量发展的大局增添新动能、新活力、新赛道。

（二）民营经济是重要市场主体

习近平总书记指出，民营经济是推进供给侧结构性改革、推动高质量发展、建设现代化经济体系的重要主体，这深刻揭示了民营经济在高质量发展这个首要任务中的重要地位。国家市场监管总局数据表明，按照《市场主体登记管理条例》统计，截至2022年年底，全国登记在册的市场主体为1.69亿户。其中企业5282.6万户，个体工商户1.1亿户，农民专业合作社223.6万户。根据国家市场监督管理局的数据，2012年至2023年5月，我国民营企业数量从1085.7万户增加至5092.76万户，在我国各类企业主体中的占比由79.4%提高到92.4%。在外贸上，民营企业从2019年起成为第一大外贸主体。据海关统计，2022年我国的民营外贸企业达51万家，其进出口总额为21.4万亿元，进出口规模年度占比超过一半，达到了50.9%，对我国外贸增长的贡献率达80.8%。2023年上半年，民营企业进出口同比增长8.9%，增速高于整体6.8个百分点，占

---

① 习近平：《在民营企业座谈会上的讲话》，《人民日报》2018年11月2日第2版。

进出口总值的比重提升至52.7%，拉动外贸整体增长4.4个百分点，成为外贸稳增长的主力军。数据显示，在2023年的《财富》世界500强榜单中，中国上榜企业数量再度位居世界第一，除了大量的国企和央企，民营企业也有不错的表现。如京东以1555亿美元（约合1.04万亿元人民币）的营收规模排名第52位。京东也是国内第一家营收突破1万亿元的民营企业。华为排名第111位，腾讯排名第147位。立讯精密、美团等也首次登上榜单。

（三）民营经济是共同富裕重要推动力

实现共同富裕首先得创造财富，发展壮大民营经济就是创造财富、实现共同富裕的有效途径。改革开放45年来，一部分人、一部分地区先富起来，很大程度上靠的是民营经济的发展。先富帮后富、先富带后富，最终实现共同富裕，还离不开民营经济发展壮大的作用。民营经济带动了无数普通中国人依靠勤劳致富，通过创新创业致富。不少民营企业家不仅实现了自己的财富梦想，也通过企业发展、解决就业、增加员工收入、承担社会责任等，推动了要素整合、经济繁荣。中国式现代化是全体人民共同富裕的现代化，发展壮大民营经济就是促进共同富裕的重要途径。与此同时，民营经济在推动普遍富裕，促进光彩事业、慈善事业蓬勃发展，积极履行社会责任等方面亦发挥了重要作用。由此可见，发展壮大民营经济是扎实推进共同富裕的基础。改革开放45年的实践表明，民营企业和民营经济在扩大内需、稳定增长、促进创新、增加就业、改善民生等方面的作用不可或缺，已然成为推动经济社会发展、促进共同富裕的重要力量。未来要实现共同富裕，民营企业、个体工商户必须发展壮大起来、活跃起来。习近平总书记指出，中国式现代化是全体人民共同富裕的现代化。无论是国有企业还是民营企业，都是促进共同富裕的重要力量，都必须担负促进共同富裕的社会责任。民营企业家要增强家国情怀，自觉践行以人民为中心的发展思想，增强先富带后富、促进共同富裕的责任感和使命感。民营企业要在企业内部积极构建和谐劳动关系，推动构建全体员工利益共同体，让企业发展成果更公平地惠及全体员工。民营企业和民营企业家要筑牢依法合规经营底线，弘扬优秀企业家精神，做爱国敬业、守法经营、创业创新、回报社会的典范。要继承和弘扬中华民族传统美德，积极参与和兴办社会公益慈善事业，做到富而有责、富而有义、富而有爱。

（四）民营经济是现代产业体系重要组成部分

构建现代化产业体系，坚持把发展经济的着力点放在实体经济上，推进新型工业化，加快建设制造强国、质量强国、航天强国、交通强国、网络强国、数字中国，都离不开具有国际竞争力的优秀民营企业的茁壮成长。目前，全国 4300 多家国家级专精特新"小巨人"企业中民营企业占比超过 80%。民营上市公司数量突破 3000 家。在世界 500 强企业中，我国民营企业由 2012 年的 5 家增加到 2022 年的 28 家。2022 年，"中国制造业 500 强"中民营企业占比超过 70%。光伏产业全球前 10 强中 8 家都是中国民营企业。我国民营科技企业占全国高新技术企业数量 50% 左右。目前，全国约 65% 的专利发明、约 70% 的技术创新和 80% 以上的新产品都来自民营企业。[①]

二 支持民营企业发展是党和国家的一贯方针

（一）习近平总书记高度重视民营经济发展

党的十八大以来，以习近平同志为核心的党中央坚持"两个毫不动摇"，对民营经济发展和民营企业家成长给予高度重视和亲切关怀。习近平总书记充分肯定我国民营经济的重要地位和作用，强调民营企业和民营企业家是我们自己人；民营经济是我们党长期执政、团结带领全国人民实现"两个一百年"奋斗目标和中华民族伟大复兴中国梦的重要力量；在全面建设社会主义现代化国家的新征程中，我国民营经济只能壮大、不能弱化，不仅不能"离场"，而且要走向更加广阔的舞台。习近平总书记先后就加强产权保护、弘扬企业家精神、优化营商环境、支持民营企业改革发展、构建亲清政商关系、加强民营经济统战工作等提出明确要求。2018 年 11 月 1 日，习近平总书记在民营企业座谈会上的重要讲话中指出，在我国经济发展进程中，要不断为民营经济营造更好发展环境，

[①]《正确引导民营经济健康发展高质量发展》，《人民日报》2023 年 3 月 7 日第 1 版。

帮助民营经济解决发展中的困难，变压力为动力，让民营经济创新源泉充分涌流，让民营经济创造活力充分迸发。2023年3月6日下午，习近平总书记看望参加全国政协十四届一次会议的民建、工商联界委员，在参加联组会听取意见和建议后强调，党中央始终坚持"两个毫不动摇""三个没有变""两个健康"，始终把民营企业和民营企业家当作"自己人"。要引导民营企业和民营企业家正确理解党中央的方针政策，增强信心、轻装上阵、大胆发展，实现民营经济健康发展、高质量发展。

（二）出台支持民营经济发展的政策措施

党的十八大以来，党中央国务院出台了一系列鼓励支持民营经济发展的意见。2020年国务院公报第1号就是《中共中央 国务院关于营造更好发展环境支持民营企业改革发展的意见》。党的二十大明确提出"优化民营企业发展环境，依法保护民营企业产权和企业家权益，促进民营经济发展壮大"，对民营经济工作提出了新要求。2023年7月19日颁布的《中共中央 国务院关于促进民营经济发展壮大的意见》对促进民营经济发展壮大作出了新的重大部署，意见指出，围绕持续优化民营经济发展环境、加大对民营经济政策支持力度、强化民营经济发展法治保障、着力推动民营经济实现高质量发展、促进民营经济人士健康成长等8个方面提出31条政策措施。同年8月1日，国家发改委等八部门联合发布《关于实施促进民营经济发展近期若干举措的通知》（以下简称《若干举措》），作为落实《关于促进民营经济发展壮大的意见》的配套政策举措。《若干举措》从5个方面提出28条具体举措。早在2020年10月国家发展改革委就发布《关于支持民营企业加快改革发展与转型升级的实施意见》，从降低企业成本、强化科技创新支撑、解决融资难题、巩固提升产业链水平、深入挖掘市场需求潜力等9个方面共38条支持民营企业加快改革发展与转型升级。2023年7月24日国家发展改革委发布《关于进一步抓好抓实促进民间投资工作 努力调动民间投资积极性的通知》，并以17条务实举措，以民间投资项目为抓手，系统全面推进民间投资工作，将能有效提升民间投资的积极性。出台这些政策措施，充分体现了新形势下党和国家对民营经济的高度重视和对民营经济人士的深切期望。对民营经济在中国式现代化的伟大进程中所肩负的使命和发挥的作用充满期待。

（三）部署建立与民营经济常态化的沟通机制

2023年7月6—24日，中共中央政治局常委、国务院总理李强先后召开了经济形势专家座谈会、平台企业座谈会。7月6日，要李强强调，建立健全政府与民营企业、外资企业等各类企业的常态化沟通交流机制；7月12日，李强指出，要建立健全与平台企业的常态化沟通交流机制；同年7月24日，中共中央政治局召开会议，分析研究当前经济形势，部署下半年经济工作时提到，"切实优化民营企业发展环境""要建立健全与企业的常态化沟通交流机制，鼓励企业敢闯、敢投、敢担风险，积极创造市场"。这也是中共中央政治局层面，首次提到政府要与民营经济建立常态化的沟通机制。

与此同时，国务院相关部委也分别召开了民营企业家座谈会。2023年7月3日、10日、17日，国家发展改革委在半个月内召开三场民营企业家座谈会，分别与三一集团、奥克斯集团、圆通速递、波司登、农夫山泉、百度集团、隆基绿能、济民可信药业、春秋旅游、驴肉曹餐饮、传化集团、方大集团、飞鹤乳业、卓立汉光14家民营企业负责人进行了深入讨论交流。受邀企业来自设备制造、钢铁冶炼、纺织服装、食品加工、新能源、邮政快递、互联网信息、餐饮等多个行业，兼顾了大、中、小型不同规模，覆盖了东、中、西部不同地区。在认真听取民营企业经营发展的真实情况、面临的困难问题和相关政策建议的同时，表示要坚持常态化召开民营企业家座谈会。同年7月5日，商务部召开外资企业圆桌会，表示要按照国务院部署，依托外贸外资协调服务机制，在现有常态化交流机制基础上，升级建立外资企业圆桌会议制度。同年7月6日、7日，工信部召开制造业企业座谈会、专精特新中小企业圆桌会议，表示根据国务院部署，要建立与制造业企业常态化沟通交流机制，与专精特新中小企业沟通交流机制。

三 深化体制机制改革激发民营经济活力

当前，激发民营经济发展活力，特别重要的任务是按照中央31条政策措施和八部门28条具体举措精神，通过深化体制机制改革创新，最大限度地激发民营经济的活力。

（一）全面落实公平竞争政策制度，促进民营经济公平准入

市场准入是民营经济从事市场活动的核心环节。近年来，在放宽民营企业准入方面，国家出台了不少政策，也取得了一定进展，但一些地方和部门仍然存在对民营企业设置不合理准入限制的情况，阻碍了民营经济健康发展。中央31条政策措施对"持续破除市场准入壁垒"提出了明确要求，就是要解决民营企业市场准入过程中遇到的各种不平等问题，在制度上行动上把市场准入各项要求落实好。不得以备案、注册、年检、认定、认证、指定、要求设立分公司等形式设定或变相设定准入障碍。因此，要进一步完善市场准入制度设计，将其作为一项重大改革任务推进。抓紧启动第五版市场准入负面清单修订，持续推动清单事项缩减。全面开展效能评估，在重点领域加快形成体系性准入安排。在破除市场准入壁垒方面，进一步加大典型案例排查、归集、通报、约谈、整改力度，切实解决民营企业准入难题，为民营经济健康发展营造更加公平的市场准入环境。要强化竞争政策基础地位，健全公平竞争制度框架和政策实施机制。在修订出台的新版市场准入负面清单中，必须对各类所有制企业一视同仁、平等对待，推动民营经济作为市场主体依法平等进入清单之外的行业、领域、业务。比如，在国家重大工程和补短板项目中，选取具有一定收益水平、条件相对成熟的项目，向民营企业集中发布项目信息，形成鼓励民营经济和民间资本参与的重大项目清单。推动符合条件的民间投资项目发行基础设施REITs。支持民营企业参与重大科技攻关，牵头承担工业软件、云计算、人工智能、工业互联网、基因和细胞医疗、新型储能等领域的攻关任务。提升民营企业在产业链供应链关键环节的供应能力，在全国县域范围内培育一批以民营企业为主体的特色产业集群。支持专精特新"小巨人"企业发展。提升民营企业质量技术创新能力。集中解决一批民营企业反映比较强烈的地方保护、所有制歧视等问题。

（二）坚持社会主义市场经济改革方向，强化对民营经济发展的要素政策支持

加快营造市场化、法治化、国际化一流营商环境，优化民营经济发

展环境，依法保护民营企业产权和企业家权益，全面构建新型政商关系，使民营经济依法平等使用土地、劳动力、资本、技术、数据等生产要素，公平参与市场竞争。引导民营企业通过自身改革发展、合规经营、转型升级不断提升发展质量，充分激发生机活力，做大做优做强。一是税收方面，推动落实惠及民营经济的各项税费支持政策。比如2023年上半年，包括小微企业和个体工商户在内的民营经济纳税人缴费人新增减税降费及退税缓费7049亿元，占比76%，就是政策支持的具体体现。二是金融方面，完善融资支持民营经济政策制度。健全银行、保险、担保、券商等多方共同参与的融资风险市场化分担机制。扩大民营企业信用贷款规模。完善拖欠账款常态化预防和清理机制。比如，延长普惠小微贷款支持工具期限，持续加大普惠金融支持力度，引导商业银行接入"信易贷"、地方征信平台等融资信用服务平台，强化跨部门信用信息联通。将民营企业债券央地合作增信新模式扩大至全部符合发行条件的各类民营企业，尽快形成更多示范案例等。三是用地方面，适应民营中小微企业用地需求，探索实行产业链供地，对产业链关联项目涉及的多宗土地实行整体供应。除法律法规和相关政策规定外，在城镇规划建设用地范围内，供水供气供电企业的投资界面免费延伸至企业建筑区划红线。四是人才支持方面，强化人才和用工需求保障。畅通人才向民营企业流动渠道，健全人事管理、档案管理、社会保障等接续的政策机制。赋予民营企业职称评审权，允许技术实力较强的规模以上民营企业单独或联合组建职称评审委员会，开展自主评审。

（三）加强法治保障，为民营经济发展营造良好稳定的预期

健全对各类所有制经济平等保护的法治环境，依法保护民营企业产权和企业家权益。清理废除有违平等保护各类所有制经济原则的规章、规范性文件，加强对民营经济发展的保护和支持。防止和纠正利用行政或刑事手段干预经济纠纷，以及执法司法中的地方保护主义。最大限度减少侦查办案对民营企业正常办公和合法生产经营的影响。完善涉企案件申诉、再审等机制，健全冤错案件有效防范和常态化纠正机制。根据《中华人民共和国行政处罚法》第33条，在城市管理、生态环保、市场监管等重点领域分别明确不予处罚具体情形。出台多部关于规范监督行

政罚款设定和实施的指导意见。开展行政法规和部门规章中罚款事项专项清理，清理结果对社会公布。构建民营企业源头防范和治理腐败的体制机制。

（四）加大涉企"放管服"改革力度，提升服务民营经济水平

2023 年 8 月 10 日，国家发改委发布《关于完善政府诚信履约机制优化民营经济发展环境的通知》，加强政府诚信履约机制建设，着力解决朝令夕改、新官不理旧账、损害市场公平交易、危害企业利益等政务失信行为，促进营商环境优化，增强民营企业投资信心，推动民营经济发展壮大。探索构建新型政商关系，高质量服务民营企业的方式方法，充分利用全国一体化政务服务平台等数字化手段提升惠企政策和服务效能，多措并举帮助民营企业解决问题和困难。建立涉企行政许可相关中介服务事项清单管理制度，未纳入清单的事项，一律不再作为行政审批的受理条件，今后确需新设的，依照法定程序设定并纳入清单管理。将中介服务事项纳入各级一体化政务服务平台，实现机构选择、费用支付、报告上传、服务评价等全流程线上办理，公开接受社会监督。加大对拖欠民营企业账款的清理力度，重点清理机关、事业单位、国有企业拖欠中小微企业账款。全面落实简易注销、普通注销制度，完善企业注销"一网服务"平台。完善歇业制度配套政策措施。涉企政策制定和修订应充分听取民营企业家的意见建议。

（五）确立正确舆论导向，营造关心促进民营经济发展壮大的良好社会氛围

引导全社会客观正确全面认识民营经济和民营经济人士。坚决抵制、及时批驳澄清质疑社会主义基本经济制度、否定和弱化民营经济的错误言论与做法，及时回应关切、打消顾虑，营造鼓励创新、宽容失败的舆论环境和时代氛围，对民营经济人士合法经营中出现的失误失败给予理解、包容、帮助。建立部门协作机制，依法严厉打击以负面舆情以及对民营企业和民营企业家要挟、勒索等行为。开展"打假治敲"等专项行动，依法打击蓄意炒作、造谣抹黑民营企业和民营企业家的"网络黑嘴"和"黑色产业链"。健全相关举报机制，降低企业维权成本。引导和支持民营经济履行社会责任，展现良好形象，更好与舆论互动，营造正确认识、充分尊重、积极关心民营经济的良好社会氛围。

（六）学习借鉴推广"晋江经验"，指导民营经济健康发展

"31条"的最后一条提到，要不断创新和发展"晋江经验"，及时总结推广各地好经验好做法，对行之有效的经验做法以适当形式予以固化。在中央文件里专门提到一地的经验和做法，尚不多见。2002年6月，时任福建省省长的习近平同志带着思考专程到晋江市调研。下企业、进社区、访农村、走基层。通过调研，习近平同志总结提出"晋江经验"并在《人民日报》《福建日报》发表署名文章。2019年，习近平总书记在参加第十三届全国人大二次会议福建代表团审议时肯定"'晋江经验'现在仍然有指导意义"。"晋江经验"就其内容包括"六个始终坚持"和"处理好五大关系"。即始终坚持以发展社会生产力为改革和发展的根本方向；始终坚持以市场为导向发展经济；始终坚持在顽强拼搏中取胜；始终坚持以诚信促进市场经济的健康发展；始终坚持立足本地优势和选择符合自身条件的最佳方式加快经济发展；始终坚持加强政府对市场经济的引导和服务。即处理好有形通道和无形通道的关系；处理好发展中小企业和大企业之间的关系；处理好发展高新技术产业和传统产业的关系；处理好工业化和城市化的关系；处理好发展市场经济与建设新型服务型政府之间的关系。"晋江经验"的核心内容，概括起来就是：以改革开放为动力，以市场为导向，大力发展民营经济，推动产业转型升级。在今天来看，依然具有重要的现实意义。

（根据2023年8月16日在第7届中国—南亚博览会"中国式现代化与沿边开放"论坛上的主题演讲整理）

推动城市治理现代化
实现城市高质量发展

城市是人类文明进步的象征，既是人类文明进步的产物，又是人类文明进步的重要推动力。城市治理是推进国家治理体系和治理能力现代化的重要内容。党的十九届四中全会通过的《中共中央关于坚持和完善中国特色社会主义制度、推进国家治理体系和治理能力现代化若干重大问题的决定》（以下简称《决定》），提出了"提高中心城市和城市群综合承载和资源优化配置能力""加快推进市域社会治理现代化"的目标和任务。下面就推动城市治理现代化谈以下五点意见。

一 城市治理，首要任务是根治"城市病"

"城市病"有哪些呢？不少城市尤其是大城市出现的人口膨胀、交通拥挤、住房困难、环境恶化、资源紧张、物价过高等"症状"。诸如城市的大气污染、水污染、垃圾污染、地面沉降、噪声污染；城市的基础设施落后、水资源短缺、能源紧张；城市的人口膨胀、交通拥挤、住宅短缺、土地紧张；城市的风景旅游资源被污染、名城特色被破坏；色情、毒品、偷盗、抢窃等社会治安和犯罪问题等。这些都严重阻碍了城市所具有的社会、经济和环境功能的正常发挥，甚至给居民的生活质量乃至身心健康带来很大的危害，使城市建设与城市发展处于失衡和无序状态，造成资源的巨大浪费、居民生活质量下降和经济发展成本提高，在一定程度上阻碍了城市的可持续发展。"城市病"几乎是所有国家城市化过程中曾经或正在面临的问题。

城市治理现代化，必须面对并花大力气正视和解决这些问题。解决的办法集中起来，可概括为四个词：改革、开放、创新与共享。

二 全面深化改革，推动城市治理发生"化学反应"

2019年11月26日召开的中央深改委第11次会议，进一步明确了全面深化改革的"主轴"和"主线"。强调推动各项改革向制度更加成熟更加定型靠拢，让各项改革相得益彰、发生"化学反应"。要注重同中国特色社会主义根本制度、基本制度、重要制度对标对表，厘清工作思路和工作抓手，结合四中全会部署的各项改革任务，一体推动、一体落实。改革已建立制度框架的，要对照党的四中全会精神继续巩固完善，建立长效机制；正在探索的要狠抓攻坚克难，实现突破，做好总结提炼，形成制度安排；有待谋划推出的，要大胆改革创新，及时研究制定方案。

上述精神是对党的十九届四中全会《决定》精神的进一步阐释。我们要认真学习、深刻领会、自觉对标对表。抓住守正与革新两个"牛鼻子"，深入推动城市治理体制机制改革，实现规划、建设、运行、管理一体化的全流程治理。所谓"化学反应"就是系统集成、协同高效。守正即坚持与巩固，不动并加固四梁八柱、"承重墙"。革新即完善发展，不破坏、不影响主体结构的革故鼎新。能破则破、能改则改、能"加建"则建。打造效率城市、协调城市、有序城市、集约城市。

（一）效率城市

效率城市就是充满创造力、竞争力、推动力的城市。集中体现在经济社会发展效率上，包括人力资源利用效率、科技发明和成果利用效率、资本利用效率、土地利用效率、交通通勤效率、公共服务提供效率、社区管理效率等。就是有活力的高质量发展的城市。

（二）协调城市

城市治理现代化无疑是要实现经济、环境与社会协同发展、可持续发展。城市治理需理顺经济发展、社会发展和资源环境保护的关系。对城市经济发展、社会发展和资源环境保护的发展设置可为与不可为边界，使城市经济发展、社会发展和资源环境保护三者相互协调。

（三）有序城市

城市治理某种程度上讲，就是理顺关系。主要理顺城区运行、执法和服务之间的关系，让城市有规则、按规则运行，对违规行为依法处置。要厘清规则、职责边界，管理方式科学，执法行为文明，服务意识浓厚等。认真治理相互扯皮、乱作为、胡作为和不作为的乱象。使城市各环节、各方面有条不紊运行。

（四）集约城市

城市治理十分棘手的难题，是解决城市扩张的"摊大饼"无序蔓延问题。必须科学划定城市开发边界，推动城市发展由外延扩张式向内涵提升式转变，使城市成为"肌肉型"紧凑城市，而不是"虚胖型"粗放城市。

三 全面扩大开放，增强城市治理"联动效应"

城市治理必须全面开放，是对内对外的全方位开放，是增强各项开放举措产生"联动效应"的更大规模、更宽领域、更深层次的开放。通过"联动效应"使城市成为包容城市、国际城市、人文城市、畅通城市。

（一）包容城市

开放的城市必然是包容的城市。就是外来人不仅可获得经济物质条件的满足感，还能迅速融入当地文化，融入当地生活圈子，安居立业，获得深层次满足感。城市的包容性既反映了城市对来自不同地域、不同语言、不同文化背景、不同价值观的人群的接纳程度，也反映了城市不断满足居民日益增长的生存和发展的要求，更反映了不同群体，特别是弱势群体能够分享城市发展成果的程度。

（二）国际城市

城市国际化不仅是指城市发展为有国际化因素并具有国际影响力的大或特大城市，而且包括建设有国际视野，与国际接轨，面向国际开放的中小城市。要强化城市特别是特大城市运用国内国外两个市场配置资源的功能，在世界范围内配置资金、信息、技术、人才、数字、物流等要素资源，以积极参与、融入"一带一路"建设为抓手，加快提高国际化程度。

（三）人文城市

一个城市的治理和发展，除了有高速发展的经济、完善的基础设施、领先的科学技术等之外，还必须有文化内涵，能保护和传承历史文化。习近平总书记视察上海时指出，文化是城市的灵魂。城市历史文化遗存是前人智慧的积淀，是城市内涵、品质、特色的重要标志。要像对待老人一样尊重和善待城市中的老建筑，延续城市历史文脉。

（四）畅通城市

城市"畅通"不仅是指交通畅通，更是指体制机制运行的畅通，人与人交往的畅通，信息、物流传输的畅通，等等。要大刀阔斧破除影响畅通的体制机制障碍，消除阻碍各类生产要素畅通流动的行政壁垒。

四 全面加强创新，激发城市治理"传导呼应"

党的十九大之后我们提的"新发展理念"，首要的就是创新。创新是引领发展的第一动力。抓创新就是抓发展，谋创新就是谋未来。2019年11月22日习近平主席会见2019年"创新经济论坛"外方代表时指出，创新是当今时代的一个重大命题。创新成果应惠及全球，而不应成为埋在山洞里的宝藏。

所谓"传导呼应"，就是各类城市治理要素通过创新相互呼应、传导互动，从而实现创新驱动。也即推动以科技创新为核心的全面创新，坚持需求导向和产业化方向，坚持企业在创新中的主体地位，发挥市场在资源配置中的决定性作用和社会主义制度优势，增强经济增长的科技含量，形成新的增长动力源泉，推动城市发展为信息城市、数字城市、智慧城市、低碳城市。[1]

（一）信息城市

建设信息城市对城市治理现代化至关重要。建设信息城市的核心是信息产业的发展，包括大力发展信息基础设施，提高全民的信息化水平，加快电子政务建设力度，推进企业信息化及电子商务，高度重视信息产业的发展等。

（二）数字城市

数字城市的基础是信息城市，但又不同于信息城市。建设数字城市会大大提升城市治理水平。包括加强数字信息基础设施的规划与建设，提高"数字覆盖率""数字分辨率""数字传输速率""数字鸿沟差异率"。要高度重视基础数据库建设，充分采集城市发展各类信息。发挥电子政府、数字政府的主导作用。建设全方位、多等级和虚拟化的电子商务系统。数字城市会使城市的自然资本、货币资本、人力资本、生产资本、社会资本和政治资本更加优化配置。

（三）智慧城市

智慧城市需要更高的治理水平，包括通过物联网基础设施、云计算基础设施、地理空间基础设施等新一代信息技术以及社交网络、综合集成法、网动全媒体融合通信终端等工具和方法的应用，在城市实现全面透彻的感知、宽带泛在的互联、智能融合的应用，以及以用户创新、开放创新、大众创新、协同创新为特征的可持续创新。通过价值创造，实现以人为本的经济、社会、环境的全面可持续发展，实现信息化、工业化与城镇化深度融合。

（四）低碳城市

建设低碳城市已成为世界各国的共同追求，很多国际大都市以建设

---

[1] 《加快实施创新驱动发展战略 加快推动经济发展方式转变》，《人民日报》2014 年 8 月 19 日第 1 版。

发展低碳城市为荣，关注和重视在经济发展过程中的代价最小化以及人与自然和谐相处、人性的舒缓包容。低碳城市已开始成为城市品牌的新高标。开发低碳新能源，清洁生产，绿色规划，绿色建筑，循环利用，等等，实现可持续发展。

五　全面推进共享，形成治理成效"连锁感应"

习近平总书记指出，城市是人民的城市，人民城市为人民。无论是城市规划还是城市建设，无论是新城区建设还是老城区改造，都要坚持以人民为中心，聚焦人民群众的需求，合理安排生产、生活、生态空间，走内涵式、集约型、绿色化的高质量发展路子，努力创造宜业、宜居、宜乐、宜游的良好环境，让人民有更多获得感，为人民创造更加幸福的美好生活。所谓"连锁感应"，就是综合的、整体的、相互之间有感应的治理成果的有机共享。通过"连锁感应"形成平安城市、生态城市、健康城市、和谐城市。

（一）平安城市

城市治理首要任务是解决好城市社会治安和社会公共安全问题。这种治理是一个特大型、综合性非常强的管理系统，涉及治安管理、城市管理、交通管理、应急指挥等需求，而且还涉及灾难事故预警处置、安全生产监控处置等诸多方面。概括讲，就是通过"三防"系统（技防系统、物防系统、人防系统）建设，保障城市居民的安全。

（二）生态城市

城市是以人为主体的生态系统，是一个由社会、经济和自然三个子系统构成的复合生态系统。一个符合生态规律的生态城市应该是结构合理、功能高效、关系协调的城市生态系统。这里所谓结构合理是指适度的人口密度、合理的土地利用、良好的环境质量、充足的绿地系统、完善的基础设施、有效的自然保护；功能高效是指资源的优化配置、物力的经济投入、人力的充分发挥、物流的畅通有序、信息流的快速便捷；

关系协调是指人和自然协调、社会关系协调、城乡协调、资源利用和资源更新协调、环境协调和环境承载力协调。

(三) 健康城市

城市治理，要从城市规划、建设到管理各个方面都充分满足居民对人的健康的基本需求，保障广大居民健康地生活和工作，包括生理和心理的健康；还包括饮水安全、食品安全、药品安全、垃圾分类处理、空气质量、疾病预防诊疗等。建设健康城市的主要任务有：创建有利于健康的支持性环境，提高居民的生活质量，满足居民基本的卫生需求，提高卫生服务的可及性等。

(四) 和谐城市

构建和谐城市，就是解决城市存在的不平衡不充分突出问题：一是推动空间或区域和谐，在城市公共空间规划建设、社区治理和服务等方面体现和谐。二是推动社会经济和谐，要解决城市内部不平等，如不同居民的收入不平等、就业不平等、教育不平等、医疗不平等以及其他本应享受的基本公共服务的不均衡等。三是推动人与自然、人与环境和谐，解决居民生活环境和工作环境与自然环境不协调等问题。

总之，城市治理现代化事关整个国家治理体制和治理能力现代化全局。城市居民衣食住行、教育就业、医疗养老、文化体育、生活环境、社会秩序等方面都体现着城市治理水平和治理质量。要深入学习贯彻党的十九届四中全会精神，提高城市治理现代化水平。用最管用的机制、最先进的技术、最有效的手段，推动治理机制现代化、治理手段智慧化、治理方式法治化，实现系统治理、依法治理、综合治理、源头治理，营造国际一流的营商环境、法治环境、政务环境，不但实现城市高质量发展，更让城市居民得到实实在在的好处，更有获得感、幸福感和安全感，实现人民群众对美好生活的向往。

（根据2019年11月30日在人民日报社举办的"2019中国城市大会"上的主题演讲整理）

深化改革践行好"人民城市"理念

人民城市人民建,人民城市为人民。这一重要理念,从2019年11月习近平总书记考察上海时在杨浦区的滨江大道的首次提出,到写入党的二十大报告,已经日益深入人心,成为新时代新征程我国城市改革开放、建设与发展的重要指导方针。上海市特别是杨浦区作为首提地积极践行"人民城市"理念,以改革创新推动"人民城市"建设,积累了许多好的经验和做法。这些经验和做法集中起来,就是要把深化体制机制改革作为动力,推动"人民城市"建设的具体实践。改革应该也必须是践行"人民城市"理念的关键一招。上海市杨浦区以创新开路特别是聚焦科技创新引领高质量发展践行"人民城市"理念的改革是如此,淄博的"有解思维"改革,坚持"万事有解",也是以改革推动践行"人民城市"理念的很有特点的基层创新性实践。下面就改革与践行"人民城市"理念,谈以下六点认识和体会。

一 以改革提升践行"人民城市"
理念的"高度"

人民城市必须是"有高度"的城市。这个高度就是中国式现代化。中国式现代化是14亿多人口共同富裕的现代化,是物质文明和精神文明相协调的现代化,是人与自然和谐共生的现代化,是走和平发展道路的现代化。[①] 推进中国式现代化,建设社会主义现代化国家,极大地丰富了

---

① 习近平:《中国式现代化是强国建设、民族复兴的康庄大道》,《求是》2023年第16期。

人民城市理念的思想内涵,为践行"人民城市"理念确立了更高的坐标定位体系。为新时代新征程我国城市建设与发展指明了方向,提供了基本遵循。要从中国式现代化的高度加深理解和认识人民城市建设的重要意义与深刻内涵。践行"人民城市"理念必须与推进中国式现代化对标对表,深刻回答建设什么样的城市、怎样建设城市的重大命题。践行"人民城市"理念也要考虑到以人为核心的城镇化,城乡统筹,考虑到14亿多人这个大的基数,考虑共同富裕;也要考虑城市人民的物质文明和精神文明相协调,城市的发展,一定是人与自然和谐共生的发展,城市也一定是和平、平安、宜居的场所。而且中国的城市现代化道路,既要体现中国特色,又要有世界性的意义,要成为世界特别是发展中国家城市现代化的示范。所以要通过体制机制的创新,从推进中国式现代化,全面建设社会主义现代化国家的高度更好地践行"人民城市"理念,对"人民城市人民建,人民城市为人民"的具体实践赋予更高、更有意义的内涵。

二 以改革增加践行"人民城市"理念的"温度"

人民城市必须是"有温度"的城市。践行"人民城市"理念必须坚持以人民为中心。以人民为中心,是践行"人民城市"理念的内在本质要求。以人民为中心,深刻回答了践行"人民城市"理念依靠谁、城市发展为了谁的根本问题。践行"人民城市"理念,最根本的立场是人民立场,出发点和落脚点都是为了让人民群众在城市里生活得更充实、更和谐、更美好、更幸福。践行"人民城市"理念,必须坚持人民至上,实现一切为了人民和紧紧依靠人民的有机统一,更加尊重人民主体地位,发挥基层首创精神,政府、社会、市民三大主体同心同力,充分激发"人民城市人民建"的真切动力,共建共治共享美好生活,达到城市让人民生活更美好、人民也让城市变得更美好的良性互动,全面彰显人民城市的鲜明本色。城市归根结底是人民的城市,人民对美好生活的向往,就是城市建设与发展的方向。习近平总书记指出,无论是城市规划还是城市建设,无论是新城区建设还是老城区改造,都要坚持以人民为中心,聚焦人民群众的需求，合理安排生产、生活、生态空间，走内涵式、集约型、绿色化的高质量发展路子，努力创造宜业、宜居、宜乐、宜游的良好环境，让人民有更多获得感，为人民创造更加幸福的美好生活。这一重要论述，深刻揭示了新时代我国城市建设的宗旨、主体、重心、目标，深刻阐明了我国城市建设的方向。这就是从本质上看，践行"人民城市"理念必须有的"温度"。

三 以改革打造践行"人民城市"理念的"厚度"

人民城市必须是"有厚度"的城市。这个厚度就是通过高质量发展所奠定的坚实的物质技术基础。因此，推动构建新发展格局，实现高质量发展，就是践行"人民城市"理念的首要任务。发展是党执政兴国的第一要务。高质量发展是全面建设社会主义现代化国家的首要任务。人民城市必须建立在高质量发展的坚实的物质基础之上。没有高质量的发展奠定的坚实的物质基础，人民城市就只能是海市蜃楼。因此践行"人民城市"理念，必须以改革为动力，通过体制机制改革，加快构建以国内大循环为主体、国内国际双循环相互促进的新发展格局，从而把实施扩大内需战略同深化供给侧结构性改革有机结合起来，增强国内大循环内生动力和可靠性，提升国际循环质量和水平，加快建设现代化经济体系，着力提高全要素生产率，着力提升产业链供应链韧性和安全水平，着力推进城乡融合和区域协调发展，推动城市经济实现质的有效提升和量的合理增长。[1] 同样要靠改革，推动城市经济发展的着力点放在实体经济上，推进城市新型工业化，改变粗放发展方式，推动产业转型升级，培育新的经济增长动力，提升城市功能品质。践行"人民城市"理念必须充分体现高质量发展。这就是践行"人民城市"理念必须有的"厚度"。

---

[1] 习近平：《高举中国特色社会主义伟大旗帜 为全面建设社会主义现代化国家而团结奋斗》，《人民日报》2022年10月26日第1版。

四 以改革增强践行"人民城市"理念的"深度"

践行"人民城市"理念必须有"深度"。这个"深度"就是创新。创新是践行"人民城市"理念的第一推动力。习近平总书记指出,创新是一个民族进步的灵魂,是一个国家兴旺发达的不竭动力,也是中华民族最深沉的民族禀赋。在激烈的国际竞争中,唯创新者进,唯创新者强,唯创新者胜。创新要靠体制机制改革。重在聚焦科技创新,把提升科技实力和水平作为创新的主攻方向。践行"人民城市"理念,要全面实施创新驱动发展战略,科教兴国战略和人才强国战略。要通过改革使创新成为人民城市建设与发展的内生动力和鲜明特征。通过改革创新推动新质生产力发展,引领城市的高质量发展。创新也要成为完善城市治理体系和治理结构、提升城市治理能力的推动力。践行"人民城市"理念必须通过改革创新建设一流的城市社区,提升社区治理水平。既要善于运用现代科技手段实现城市治理智能化,建设智慧城市,又要通过制度设计提高精细化管理水平,建设法治化的平安城市。还要通过生态建设体制机制改革创新,促进城市人与自然的和谐共生,建设绿色美丽宜居的城市。也要通过文化体制的改革创新,建设具有高度精神文明的城市。通过深化体制机制改革推动不断创新,用创新引领发展,这就是从内容上看,践行"人民城市"理念需要不断增进的"深度"。

五 以改革拓展践行"人民城市"理念的"宽度"

践行"人民城市"理念必须有"宽度"。"宽度"就是开放。要坚持扩大高水平开放,把人民城市建设为全方位、多层次的开放体系,形成良好的开放生态。开放是当代中国的鲜明标识。毫无疑问,也是人民城市建设的鲜明标识。人民城市的开放是一个多层次内容丰富的开放体系或"开放生态"。既包括对国外开放也包括国内城市间、区域间的开放,还包括城市内部各部门、各环节、各方面的开放。践行"人民城市"理念,建设人民城市,就是要使城市构建开放型经济新体制,在更大范围、更宽领域、更深层次上实行更高水平的开放。从对国外开放而言,要在商品、要素流动性开放的基础上,稳步扩大制度型开放,也就是规则、规制、管理和标准与国际社会的对接。不仅要继续对发达经济体开放,而且要通过高质量共建"一带一路"倡议,向广大参与共建的发展中国家开放。就国内开放而言,城市与城市之间,区域与区域之间,要打破行政垄断和地区封锁,要构建统一的大市场,生产要素要能够在城市、区域间自由流动,发展资源要能够互利共享。城市内部的开放,要拆除社区相互隔离的藩篱,破除部门各自为政的壁垒。比如一些单位的围墙可以打开,公用设施让社会公众共享;公园、展览馆、博物馆等也应向社会开放,让市民共享等。通过构建开放体系,打造开放生态,使城市充满活力,这就是从范围上看,践行"人民城市"理念,建设好人民城市的"宽度"。

六 以改革加大践行"人民城市"理念的"力度"

践行"人民城市"理念必须有"力度"。这个力度就是坚持党的领导。办好中国的事情,关键在党。践行"人民城市"理念,建设好人民城市,必须通过不断加强和改善党的领导,为人民城市建设提供强有力的保障。人民城市建设涉及城市发展的各个方面和各个环节,毫无疑问,会遇到许多矛盾困难和问题,迫切要求充分发挥党的组织优势,不断提升党的城市工作水平。城市基层党组织是党在城市全部工作和战斗力的基础。要加强和改进城市基层党建工作,构建区域统筹、条块协同、上下联动、共建共享的城市基层党建工作格局。城市建设的重心在社区。习近平总书记指出,社区是党委和政府联系群众、服务群众的神经末梢,要及时感知社区居民的操心事、烦心事、揪心事,一件一件加以解决。这要求不断改革党建工作机制和方式方法,把城市党建工作的重心下移、力量下沉,充分发挥基层党组织和党员干部的作用,着力解决好城市居民关心的就业、教育、医疗、养老等突出问题,不断提高基本公共服务水平和质量。同时,聚焦基层党建、城市管理、社区治理和公共服务等,整合审批、服务、执法等方面力量,把社区打造成为能充分体现党的基层领导的坚实支撑和稳固底盘。不断加强和改善党对城市建设的领导,这就是从保障上看,践行"人民城市"理念,建设好人民城市的"力度"。

总之,人民城市人民建,人民城市为人民。既是重要理念,又是创新性的实践。既是从理念到实践的系统工程,又是新时代新征程推进中国式现代化,全面建设社会主义现代化国家必须做好的大文章。践行"人民城市"理念,必须坚持全面深化改革。

(根据2023年11月12日"深入学习贯彻习近平新时代中国特色社会主义思想 以全面深化改革赋能中国式现代化——坚持'三个导向'推动地方改革落地落实暨淄博市强化'有解思维'创新实践现场会"上的主题演讲整理)

多措并举推进数据要素市场化改革

2020年4月9日《中共中央 国务院关于构建更加完善的要素市场化配置体制机制的意见》正式发布。在这份文件中，首次将数据与土地、劳动力、资本、技术等传统要素相并列，指出了五个要素领域的改革方向，明确了完善要素市场化配置的具体措施。数据要素市场化配置上升为国家政策，大数据作为推动经济高质量发展的新动能之一备受关注。其实，在党的十九届四中全会文件中，已首次将数据增列为生产要素。同年5月11日发布的《中共中央 国务院关于新时代加快完善社会主义市场经济体制的意见》再次强调要加快培育发展数据要素市场，建立数据资源清单管理体制。将数据与传统的土地、劳动力、资本、技术等要素并列，并加快市场化配置，是党的十九届四中全会精神的拓展与深化。

把数据要素列为要素市场化配置的重要内容之一，培育和发展数据要素市场，对释放数据红利、推动我国经济高质量发展具有重要意义。数据生产要素属性的提升，关系着经济增长的长期动力，关系着我国发展的未来。

数据对其他传统要素的效率具有倍增作用。数据作为要素，区别于传统要素的突出特点是，数据对其他要素资源具有乘数作用，可以放大劳动力、资本等要素的价值，加速数字经济催生的新业态、新模式和新优势的产生和发展。数字经济和实体经济融合发展，可推动制造业加速数字化、网络化、智能化。同时，大数据运用可提升国家治理现代化水平，如推行电子政务、建设智慧城市，构建全国信息资源共享体系等。利用大数据平台，还可分析经济社会发展面临的风险因素，提高感知、预测、防范能力，对"黑天鹅""灰犀牛"预做防范。此外，数据要素也是新基建的重要内容。开展5G、工业互联网、数据中心等新一代数字信息基础设施建设，为数据要素市场提供基础设施和数据资源，带来智能化应用的发展、新业态新模式的产生，这一切都以数据为基础。从这个意义上讲，可以说数据为王。

数据是新一轮国际竞争的重要战略资源。正因为大数据的重要性，当代世界各国都把推进经济数字化作为国家战略，在前沿技术研发、数据开放共享、隐私安全保护、人才培养等方面花费了大量心血，投入巨大精力，甚至不惜动用国家力量打压竞争对手。

要发挥好数据要素的作用，使其真正成为新动能，关键是市场化配置。有效推进数据要素的市场化配置，要不断优化营商环境，尤其是健全统一开放、竞争有序的数据要素交易市场，完善数据流动交换共享规则，探索开展数据审计、数据保险等新型业务。

一是培育竞争主体，做大做强数据企业。通过强有力的政策，支持数据领域的创业创新，打造一大批具有国际竞争力的优秀数据服务企业，加快形成数据应用服务产业。让企业通过技术创新、人才培养和市场竞争，提高对政府数据和各类社会数据（公权机构数据、法人私有数据和开源网络数据）的融合分析能力，为全社会提供高质量的数据应用服务，加快数据资产化进程，充分实现数据在经济社会发展中的资源价值。

二是有力保护竞争。鼓励开放共享、坚决反对垄断，推动数据资源市场化。现在大量数据掌握在一些政府部门、运营商及大型互联网公司手中，市场机制的作用还远远没有发挥出来。要通过市场化体制机制改革，让这些资源能够充分共享。要发挥行业协会商会作用，制定数据确权定价和流动交易的标准、规范和共识，推动多方安全计算、可信执行环境等数据隐私保护新技术新标准的应用，着力破除数据自由流动障碍瓶颈。

三是强化法律保障。建立健全相应法规和配套措施，通过立法保障数据确权、开放共享、自由流动、隐私安全等，构建数据治理监管体系。要使数据交易合规合法，不能无序竞争。在鼓励数据共享的同时，特别要立法数据安全保护，尤其是公民隐私保护。坚决打击非法采集、倒卖数据的行为，多种举措鼓励靠挖掘数据深层价值盈利的做法。

四是打造数据文化，包括数据政策宣介、数据知识普及、数据意识培育、开发数据文化产品等。

　　总之,大数据及云计算、互联网开启了一个新的时代。充分发挥数据要素作用,推进数据要素配置市场化改革,将是当前和"十四五"时期实现可持续高质量发展的重要任务。

　　(本文为 2020 年 6 月 17 日在"5G 时代的新基建分布式存储与边缘计算高峰论坛"上的演讲摘要)

加大体制机制创新力度推动
数字经济发展

人类已经进入数字化时代。随着信息技术和人类生产生活交汇融合，互联网快速普及，全球数据呈现爆发增长、海量集聚的特点，对经济发展、社会治理、国家管理、人民生活都产生了重大影响。世界各国都把推进经济数字化作为实现创新发展的重要动能，在前沿技术研发、数据开放共享、隐私安全保护、人才培养等方面做了前瞻性布局。[①] 世界经济数字化转型已成为大势所趋。数字化开始进入经济社会生活的方方面面。在我国，数字化、数字经济、数字化转型也已经迈出坚实步伐。迫切需要通过体制机制创新，推动数字经济快速、健康发展。

一　推动数字经济快速健康发展是
　　中央决策部署和国家大政方针

（一）习近平总书记高度重视数字经济发展

习近平总书记多次指出，要加快数字经济发展。2020年4月1日在浙江考察时习近平总书记再次强调，要善于化危为机，抓住产业数字化、数字产业化赋予的机遇，抓紧布局数字经济。

关于"大数据"。习近平总书记指出，大数据发展日新月异，我们应该审时度势、精心谋划、超前布局、力争主动，深入了解大数据发展现

[①] 《审时度势精心谋划超前布局力争主动 实施国家大数据战略加快建设数字中国》，《人民日报》2017年12月10日第1版。

状和趋势及其对经济社会发展的影响，分析我国大数据发展取得的成绩和存在的问题，推动实施国家大数据战略，加快完善数字基础设施，推进数据资源整合和开放共享，保障数据安全，加快建设数字中国，更好服务我国经济社会发展和人民生活改善。

关于"人工智能"。习近平总书记指出，人工智能是新一轮科技革命和产业变革的重要驱动力量，加快发展新一代人工智能是事关我国能否抓住新一轮科技革命和产业变革机遇的战略问题。要深刻认识加快发展新一代人工智能的重大意义，加强领导，做好规划，明确任务，夯实基础，促进其同经济社会发展深度融合，推动我国新一代人工智能健康发展。

关于"区块链"。习近平总书记指出，区块链技术的集成应用在新的技术革新和产业变革中起着重要作用。我们要把区块链作为核心技术自主创新的重要突破口，明确主攻方向，加大投入力度，着力攻克一批关键核心技术，加快推动区块链技术和产业创新发展。

关于"量子科技"。习近平总书记指出，当今世界正经历百年未有之大变局，科技创新是其中一个关键变量。我们要于危机中育先机、于变局中开新局，必须向科技创新要答案。要充分认识推动量子科技发展的重要性和紧迫性，加强量子科技发展战略谋划和系统布局，把握大趋势，下好先手棋。

2018年5月28日习近平总书记在中国科学院第十九次院士大会、中国工程院第十四次院士大会上指出，我国广大科技工作者要把握大势、抢占先机，直面问题、迎难而上，瞄准世界科技前沿，引领科技发展方向，肩负起历史赋予的重任，勇做新时代科技创新的排头兵。

（二）数字经济发展作为重要任务写入中央重要文件

在《中共中央关于制定国民经济和社会发展第十四个五年规划和二〇三五年远景目标的建议》（以下简称《建议》）中，强调要加快数字化发展。

在《建议》中"四、加快发展现代产业体系，推动经济体系优化升级"的"第15条加快数字化发展"中写道，发展数字经济，推进数字产业化和产业数字化，推动数字经济和实体经济深度融合，打造具有国际竞争力的数字产业集群。加强数字社会、数字政府建设，提升公共服务、社会治理等数字化智能化水平。建立数据资源产权、交易流通、跨境传输和安全保护等基础制度和标准规范，推动数据资源开发利用。扩大基础公共信息数据有序开放，建设国家数据统一共享开放平台。保障国家数据安全，加强个人信息保护。提升全民数字技能，实现信息服务全覆盖。积极参与数字领域国际规则和标准制定。

在2021年全国两会通过的《中华人民共和国国民经济和社会发展第十四个五年规划和2035年远景目标纲要》（共19篇65章）中，将"加快数字化发展，建设数字中国"独立成篇。第五篇分4章专门讲数字化和数字经济问题。其中第十五章分3节讲打造数字经济新优势；第十六章也是3节讲加快数字社会建设步伐；第十七章也是3节讲提高数字政府建设水平；第十八章共4节讲营造良好数字生态。

（三）中共中央政治局集体学习的重要主题

党的十九大以来，中共中央政治局集体学习已经有28次，其中有4次与数字经济有关。2017年12月8日第2次学习的主题是"实施国家大数据战略"；2018年10月31日第9次学习的主题是"人工智能发展现状和趋势"；2019年10月24日第18次学习的主题是"区块链技术发展现状和趋势"；2020年10月16日第24次学习的主题是"量子科技研究和应用前景"。

二 数字经济已成为经济社会变革的重要引擎

数字经济成为各方关注的重要话题之一。2021年3月5日，时任总理李克强在《政府工作报告》中提出，要加快数字化发展，打造数字经济新优势，协同推进数字产业化和产业数字化转型，加快数字社会建设步伐，提高数字政府建设水平，营造良好数字生态，建设数字中国。

数字技术及数字经济已成为百年未有之大变局的显著特征。以人工智能、大数据、云计算、量子科技、生物技术等新一代信息技术爆炸式发展带来的科技革命，以及由此引发的产业大变革，正在迅速改变世界，重塑增长和发展的版图。如果说由新技术带来的科技革命代表的是数字经济时代的先进生产力，那么，由智能手机、智能汽车等智能产品带来的数据驱动、软件定义、平台支撑、智能主导、价值共创的产业变革，则正在塑造数字经济时代的主要生产方式。

数字经济已成为推动经济增长、引领全球经济社会变革的重要引擎。2019年，全球数字经济规模达到31.8万亿美元，占全球经济总量比重已经达到41.5%；在经济合作与发展组织（OECD）36个成员国的商业研发投入中，用于数字经济研发投入的占比为33%，很多国家用于研发数字经济的投入已经超过了本国GDP的0.5%。我国数字经济规模已位居全球第二。[①] 据国家网信办2020年9月发布的《数字中国建设发展进程报告（2019年）》显示，2019年我国数字经济增加值规模达到35.8万亿元，占GDP的比重约为36.2%，对GDP增长的贡献率达到67.7%。大数据产业保持高速增长，2019年产业规模超过8100亿元，同比增长32%。数字经济结构持续优化升级，产业数字化增加值占数字经济比重达80.2%，从业人员约2亿。网民规模世界第一，约9亿人。我国已成为世界上最大的电子商务市场。

有效地防控新冠疫情彰显了数字经济的生命力。疫情发生后，广大中小微企业受到较大冲击，面临较大压力。与此同时，一些企业以抗击疫情为契机积极推进数字化转型，大数据、人工智能、云计算、工业互联网等数字科技在应对疫情、复工复产中大显身手，从流动人员健康监测，到疫情态势分析，再到机器人配送和红外人体温度快速筛检仪等，不仅刷新了人们对数字经济的认识，而且对企业复工复产、减少经营损失、降低运营成本、缓解裁员压力、提升管理效能发挥了极为重要的作用。线上配售、线上教育、视频会议、远程办公等以"云"运行、"云"服务为特征的新业态、新模式不断涌现，不仅保障了社会生产生活的正常运行，也大大丰富了数字经济的应用场景，有力地推动了大数据、人工智能、物联网、区块链等技术创新和产业化应用，有效对冲了经济下行压力。2020年，中国经济增长率达到2.3%，数字经济功不可没。

数据要素市场化配置已开始成为数字经济发展的强大动能。如果说农业经济和工业经济以土地、劳动力、资本为关键生产要素，数字经济则以数据为关键生产要素。党的十九届四中全会通过了《中共中央关于坚持和完善中国特色社会主义制度、推进国家治理体系和治理能力现代

[①] 《全球数字经济新图景》，《中国科技奖励》2020年第12期。

化若干重大问题的决定》并首次增列数据作为生产要素,党的十九届五中全会通过了《中共中央关于制定国民经济和社会发展第十四个五年规划和二〇三五年远景目标的建议》并进一步提出推进数据要素市场化改革、加快数字化发展。这为我国数字经济发展指明了方向、注入了动力。

数字经济发展必须加强数据基础设施建设。我国已推出一系列前瞻性的数字基础设施建设政策,特别是网络强国战略的全面实施,成功地将我国超大规模市场和人口红利转化为数据红利,探索出适合新兴市场发展环境、不同于西方发达国家的数字经济发展模式。这为构建以国内大循环为主体、国内国际双循环相互促进的新发展格局奠定了坚实基础。

产业数字化转型已成为共识并开始行动。2020年5月13日,国家发改委官网发布"数字化转型伙伴行动"倡议。该倡议提出,政府和社会各界联合起来,共同构建"政府引导—平台赋能—龙头引领—机构支撑—多元服务"的联合推进机制,以带动中小微企业数字化转型为重点,在更大范围、更深程度推行普惠性"上云用数赋智"服务,提升转型服务供给能力,加快打造数字化企业,构建数字化产业链,培育数字化生态,形成"数字引领、抗击疫情、携手创新、普惠共赢"的数字化生态共同体,支撑经济高质量发展。

三 数字经济发展面临与亟待解决的问题

数字经济发展重要的在于两个维度,一是数字产业化,二是产业数字化。在这两个方面面临的问题主要有以下五个方面。

(一) 产业链缺乏完整性

数字经济伴随消费互联网的兴起和发展,当前企业数字化改造整体呈现"偏消费端",即"偏产业链后端"的特点,面向消费的数字化转型走得比较靠前,但是产业数字化的转型还是滞后,而且服务贸易还有很大的发展空间,信息技术与实体经济的融合还存在很大差距。各产业间数字化协同的适配性还较差,数字产业链不完整,畅通经济循环还存在诸多难点和痛点。核心技术仍然受制于人,严重制约着国家数字经济的发展和安全。

（二）系统管理缺位

企业自发行动，各自为政，存在低层次重复建设问题。疫情加速了线下活动线上化，包括直播、网红带货等，给人们生活带来了巨大的便利，同时很多数字经济企业自发的生长也带来了无序扩张等问题。

（三）数据安全存在隐患

数据信息安全、数据过度采集或个人隐私泄露、大数据杀熟、算法歧视、技术歧视等问题，对数据治理提出了更高要求与能力挑战。例如，近期出现的 APP 非法过度收集用户信息、互联网平台售卖用户信息致使隐私泄露等问题，都表明了数据治理中面临的巨大风险以及建设安全文明数字治理环境的重要性和紧迫性。后疫情时代，整个社会全速重构，万物互联、"全在线"已经成为数字经济时代的新常态。数据安全问题将更为突出。

（四）人才严重缺乏

不仅大量缺乏数据科学家、数据工程师、数据分析师、算法工程师、数据产品管理者等传统技术人才，更缺乏跨行业、跨平台的复合型数字人才。

（五）法律法规滞后

特别是在数据产权方面，相关主体责权边界不清，其权益难以得到有效的法律保护。为此，国家要加大数据治理领域的立法工作，依法保护各类数字主体的数据权益，尊重用户"数据主权"。

这些问题归结起来，集中反映在体制机制的不匹配。迫切需要通过体制改革和机制创新加以解决。

四 大力发展数字经济的关键在于体制机制改革创新

"十四五"时期是数字经济发展极为关键的时期。按照党中央的决策部署，要迎接数字时代，激活数据要素潜能，推进网络强国建设，加快建设数字经济、数字社会、数字政府，以数字化转型整体驱动生产方式、生活方式和治理方式变革。大力发展数字经济，改革依然是关键一招。

（一）深化改革打造数字经济新优势

要充分发挥市场配置资源的关键性作用，利用海量数据和丰富应用场景优势，促进数字技术与实体经济深度融合，赋能传统产业转型升级，催生新产业新业态新模式，壮大经济发展新引擎。数字经济的重点产业，包括云计算、大数据、物联网、工业互联网、区块链、人工智能、虚拟现实和增强现实等。

一是加强关键数字技术创新应用。聚焦高端芯片、操作系统、人工智能关键算法、传感器等关键领域，加快推进基础理论、基础算法、装备材料等研发突破与迭代应用。加强通用处理器、云计算系统和软件核心技术一体化研发。加快布局量子计算、量子通信、神经芯片、DNA 存储等前沿技术，加强信息科学与生命科学、材料等基础学科的交叉创新，支持数字技术开源社区等创新联合体发展，完善开源知识产权和法律体系，鼓励企业开放软件源代码、硬件设计和应用服务。

二是加快推动数字产业化。培育壮大人工智能、大数据、区块链、云计算、网络安全等新兴数字产业，提升通信设备、核心电子元器件、关键软件等产业水平。构建基于 5G 的应用场景和产业生态，在智能交通、智慧物流、智慧能源、智慧医疗等重点领域开展试点示范。鼓励企业开放搜索、电商、社交等数据，发展第三方大数据服务产业。促进共享经济、平台经济健康发展。

三是推进产业数字化转型。实施"上云用数赋智"行动，推动数据赋能全产业链协同转型。在重点行业和区域建设若干国际水准的工业互联网平台和数字化转型促进中心，深化研发设计、生产制造、经营管理、市场服务等环节的数字化应用，培育发展个性定制、柔性制造等新模式，加快产业园区数字化改造。深入推进服务业数字化转型，培育众包设计、智慧物流、新零售等新增长点。加快发展智慧农业，推进农业生产经营和管理服务数字化改造。

（二）深化改革加快数字社会建设步伐

改革目前社会管理体制机制，适应数字技术全面融入社会交往和日常生活新趋势，促进公共服务和社会运行方式创新，构筑全民畅享的数字生活。数字化应用场景包括：智慧交通、智慧能源、智能制造、智慧农业及水利、智慧教育、智慧医疗、智慧文旅、智慧社区、智慧家居、智慧政务等。

一是提供智慧便捷的公共服务。聚焦教育、医疗、养老、抚幼、就业、文体、助残等重点领域，推动数字化服务普惠应用，持续提升群众获得感。推进学校、医院、养老院等公共服务机构资源数字化，加大开放共享和应用力度。推进线上线下公共服务共同发展、深度融合，积极发展在线课堂、互联网医院、智慧图书馆等，支持高水平公共服务机构对接基层、边远和欠发达地区，扩大优质公共服务资源辐射覆盖范围。加强智慧法院建设。鼓励社会力量参与"互联网＋公共服务"，创新提供服务模式和产品。

二是建设智慧城市和数字乡村。以数字化助推城乡发展和治理模式创新，全面提高运行效率和宜居度。分级分类推进新型智慧城市建设，将物联网感知设施、通信系统等纳入公共基础设施统一规划建设，推进市政公用设施、建筑等物联网应用和智能化改造。完善城市信息模型平台和运行管理服务平台，构建城市数据资源体系，推进城市数据大脑建设。探索建设数字孪生城市。加快推进数字乡村建设，构建面向农业农村的综合信息服务体系，建立涉农信息普惠服务机制，推动乡村管理服务数字化。

三是构筑美好数字生活新图景。推动购物消费、居家生活、旅游休闲、交通出行等各类场景数字化，打造智慧共享、和睦共治的新型数字生活。推进智慧社区建设，依托社区数字化平台和线下社区服务机构，建设便民惠民智慧服务圈，提供线上线下融合的社区生活服务、社区治理及公共服务、智能小区服务等。丰富数字生活体验，发展数字家庭。加强全民数字技能教育和培训，普及提升公民数字素养。加快信息无障碍建设，帮助老年人、残疾人等共享数字生活。

（三）加快政府职能转变提高数字政府建设水平

将数字技术广泛应用于政府管理服务，推动政府治理流程再造和模式优化，不断提高决策科学性和服务效率。

一是加强公共数据开放共享。建立健全国家公共数据资源体系，确保公共数据安全，推进数据跨部门、跨层级、跨地区汇聚融合和深度利用。健全数据资源目录和责任清单制度，提升国家数据共享交换平台功能，深化国家人口、法人、空间地理等基础信息资源共享利用。扩大基础公共信息数据安全有序开放，探索将公共数据服务纳入公共服务体系，构建统一的国家公共数据开放平台和开发利用端口，优先推动企业登记监管、卫生、交通、气象等高价值数据集向社会开放。开展政府数据授权运营试点，鼓励第三方深化对公共数据的挖掘利用。

二是推动政务信息化共建共用。加大政务信息化建设统筹力度，健全政务信息化项目清单，持续深化政务信息系统整合，布局建设执政能力、依法治国、经济治理、市场监管、公共安全、生态环境等重大信息系统，提升跨部门协同治理能力。完善国家电子政务网络，集约建设政务云平台和数据中心体系，推进政务信息系统云迁移。加强政务信息化建设快速迭代，增强政务信息系统快速部署能力和弹性扩展能力。

三是提高数字化政务服务效能。全面推进政府运行方式、业务流程和服务模式数字化智能化。深化"互联网+政务服务"，提升全流程一体化在线服务平台功能。加快构建数字技术辅助政府决策机制，提高基于高频大数据精准动态监测预测预警水平。强化数字技术在公共卫生、自然灾害、事故灾难、社会安全等突发公共事件应对中的运用，全面提升预警和应急处置能力。

（四）深化改革营造良好数字生态

坚持放管并重，推动数字管理体制机制变革，促进发展与规范管理相统一，构建数字规则体系，营造开放、健康、安全的数字生态。

一是推进数据要素市场化配置。统筹数据开发利用、隐私保护和公共安全，加快建立数据资源产权、交易流通、跨境传输和安全保护等基础制度和标准规范。建立健全数据产权交易和行业自律机制，培育规范的数据交易平台和市场主体，发展数据资产评估、登记结算、交易撮合、争议仲裁等市场运营体系。加强涉及国家利益、商业秘密、个人隐私的数据保护，加快推进数据安全、个人信息保护等领域基础性立法，强化数据资源全生命周期安全保护。完善适用于大数据环境下的数据分类分级保护制度。加强数据安全评估，推动数据跨境安全有序流动。

二是构建与数字经济发展相适应的政策法规体系。健全共享经济、平台经济和新个体经济管理规范，清理不合理的行政许可、资质资格事项，支持平台企业创新发展，营造规范有序的政策环境，增强国际竞争力。依法依规加强互联网平台经济监管，明确平台企业定位和监管规则，完善垄断认定法律规范，打击垄断和不正当竞争行为。探索建立无人驾驶、在线医疗、金融科技、智能配送等监管框架，完善相关法律法规和伦理审查规则，健全数字经济统计监测体系。

三是建立健全制度规则加强网络安全保护。健全国家网络安全法律法规和制度标准，加强重要领域数据资源、重要网络和信息系统安全保障。建立健全关键信息基础设施保护体系，提升安全防护和维护政治安全能力。加强网络安全风险评估和审查。加强网络安全基础设施建设，强化跨领域网络安全信息共享和工作协同，提升网络安全威胁发现、监测预警、应急指挥、攻击溯源能力。加强网络安全关键技术研发，加快人工智能安全技术创新，提升网络安全产业综合竞争力。加强网络安全宣传教育和人才培养。

四是加大开放力度推动构建网络空间命运共同体。推进网络空间国际交流与合作，推动以联合国为主渠道、以联合国宪章为基本原则制定数字和网络空间国际规则。推动建立多边、民主、透明的全球互联网治理体系，建立更加公平合理的网络基础设施和资源治理机制。积极参与数据安全、数字货币、数字税等国际规则和数字技术标准制定。推动全球网络安全保障合作机制建设，构建保护数据要素、处置网络安全事件、打击网络犯罪的国际协调合作机制。向欠发达国家提供技术、设备、服务等数字援助，使各国共享数字时代红利，积极推进网络文化交流互鉴。

（根据 2021 年 3 月 28 日在"数字经济发展研讨会"上的主旨演讲整理）

第二章
高水平对外开放与中国式现代化

实行更高水平开放促进更深层次改革

开放是基本国策，改革是关键一招。对外开放是国家繁荣发展的必由之路。改革是决定当代中国命运的关键一招。当前，新冠疫情全球大流行使百年未有之大变局加速演进，我国发展面临许多前所未有的挑战。构建新发展格局，必须推动更深层次改革，实行更高水平开放。

以开放促改革、促发展，是我国现代化建设不断取得新成就的重要法宝，也是改革开放40多年的宝贵经验。通过更高水平开放促进更深层次改革，是推动国内经济高质量发展、打造国际合作和竞争新优势的强大动力。以开放促改革，就是要通过更大范围、更宽领域、更深层次的开放倒逼改革，推动改革的系统集成、协同高效，推动用好用足改革这个关键的一招，使得改革拿出更大的勇气、更多的举措破除深层次体制机制障碍，坚持和完善中国特色社会主义制度，推进国家治理体系和治理能力现代化。开放要促进改革的守正创新、开拓创新，解放思想、大胆探索。要坚持和完善社会主义基本经济制度，使市场在资源配置中真正起到决定性作用，更好发挥政府作用，营造长期稳定可预期的制度环境。要加强产权和知识产权保护，建设高标准市场体系，完善公平竞争制度，激发市场主体发展活力。开放促改革，重点是以下五个方面。

第一，继续扩大市场开放必须深化改革。我国市场规模大，但扩大市场开放，必须深化体制机制改革。现有的不少法规、政策需要根据扩大市场开放的要求加快"废改立"的步伐。比如，通过改革进一步降低关税和制度性成本，培育一批有竞争力的进出口贸易企业和产业，扩大对各国高质量产品和服务的进出口。

第二，继续完善开放格局必须深化改革。实行高水平贸易和投资自由化便利化政策，推动形成陆海内外联动、东西双向互济开放格局，必须深化外贸和进出口体制机制改革。自由贸易试验区、海南自由贸易港建设离不开体制机制的创新，推动京津冀协同发展、长江经济带发展、长三角区域一体化发展、粤港澳大湾区建设、黄河流域生态保护和高质量发展等国家战略的实施同样需要深化区域发展体制机制改革。对凡是愿意同我们合作的国家、地区和企业，包括美国的州、地方和企业，积极开展合作，形成全方位、多层次、多元化的开放合作格局，没有强有力的改革举措是不行的。

第三，继续优化营商环境必须深化改革。扩大开放，必须具有良好的营商环境。营造良好的营商环境，必须针对制约开放的突出矛盾，在关键环节和重要领域加快改革步伐，以国家治理体系和治理能力现代化为高水平开放提供制度保障。要深化政府"放管服"改革，不断完善市场化、法治化、国际化的政策措施，放宽外资市场准入，继续缩减负面清单，完善投资促进和保护、信息报告等制度，完善知识产权保护法律体系等。

第四，继续深化多双边合作必须深化改革。支持和参与世界贸易组织的必要改革，增强多边贸易体制的权威性和有效性，需要我们加大制度开放的力度。制度开放涉及一系列的改革。希望区域全面经济伙伴关系协定签署生效，同更多国家商签高标准自由贸易协定，加快中欧投资协定、中日韩自由贸易协定、中国—海合会自由贸易协定谈判进程等都需要深化相关体制机制的改革。[1]

第五，继续推进共建"一带一路"倡议必须深化改革。共建"一带一路"倡议是形成全面开放新格局的重点。推动共建"一带一路"倡议高质量发展，秉持共商共建共享原则，坚持开放、绿色、廉洁理念，把高标准、惠民生、可持续作为目标。共商共建共享必须建立在制度开放的基础之上。开放、绿色、廉洁必须有相应的体制机制作保障。高标准、惠民生、可持续同样离不开一定的体制机制。因此，深化"一带一路"建设必须深化改革。

开放带来生机和活力，开放催生改革联动效应。过去40多年中国经

---

[1] 习近平：《开放合作 命运与共》，《人民日报》2019年11月6日第3版。

济持续快速发展的一个重要动力就是对外开放，开放促改革。改革开放以来，正是因为坚持对外开放基本国策，打开国门搞建设，不断开放促改革，我们实现了从封闭、半封闭到全方位开放的巨大变化，体制机制由僵化到充满活力的巨大变革，成为世界第二大经济体、制造业第一大国、货物贸易第一大国、商品消费第二大国、外资流入第二大国、外汇储备第一大国。现在，我们正在谋划"十四五"发展和2035年远景目标，未来发展也必须实行更高水平的开放并更有力度地促进更深层次的改革才行。

当前，经济全球化遭遇逆流，单边主义、保护主义抬头，我们要坚定不移扩大对外开放，全面提高对外开放水平，建设更高水平开放型经济新体制，以高水平对外开放打造国际合作和竞争新优势，推动解决全球治理体系中不适应、不匹配的问题。统筹发展和安全，全面防范风险挑战。推进对外贸易体制机制创新，要落实好新发展理念，紧紧围绕构建国内循环为主题、国内国际双循环相互促进新发展格局，以供给侧结构性改革为主线，深化相应的科技创新、制度创新、业态和模式创新，加快提升贸易质量，稳定产业链供应链，培育外贸新动能，深入推进贸易便利化，优化外贸发展环境，使国内市场和国际市场实现更顺畅的互联互通。

（根据2020年9月24日在"2020国是论坛"上的演讲整理）

以更高水平开放促进更高质量发展

全球不确定、不稳定因素带来的挑战与风险前所未有。新冠疫情使百年未有之大变局加速演进。国内发展中不平衡、不充分的诸多问题十分突出。如何有效应对风险和挑战，推动国内经济更高质量地发展？以高水平开放打造国际合作和竞争新优势，就具有更加非同寻常的意义。把增长动力从要素驱动转向创新驱动，从投资拉动转向消费投资双拉动，从两头在外转向自主与开放兼容，实现质量变革、效率变革和动力变革，除了改革、创新，还必须继续扩大开放。开放与改革、创新构成高质量发展的三大支撑，三足鼎立，缺一不可。

党的十九届四中全会提出，建设更高水平开放型经济新体制，就是要实施更大范围、更宽领域、更深层次的全面开放。习近平总书记多次强调，要进一步扩大开放。在2020年8月24日中央召开的经济社会领域专家座谈会，同年9月1日召开的中央全面深化改革委员会第十五次会议，22日在第75届联合国大会一般性辩论上发表讲话，23日晚以视频方式会见联合国秘书长古特雷斯，同年10月14日在深圳经济特区建立40周年庆祝大会等场合，习近平总书记从不同角度、用不同的表述，阐述了实行更高水平开放的有关问题。下面谈四点认识和体会。

一 高质量发展需要在更大范围开放上做文章

党的十九大提出要推动形成陆海内外联动、东西双向互济的开放格局。实施更大范围的开放，就是要优化开放的空间布局，包括加快各类开发区、新区、自贸试验区、自贸港等开放高地建设。

在开放空间布局方面，我国改革开放 40 多年经历了一个不断完善的过程。一是 1979 年对广东、福建实行"特殊政策、灵活措施"。二是设立经济特区。1980 年将前一年设立的深圳等 4 个"出口特区"改为"经济特区"，1988 年将海南全省设为经济特区，2010 年设立新疆霍尔果斯、喀什经济特区。三是开放沿海城市。1984 年开放大连等 14 个沿海城市。四是设立开发区。1984 年开始设立首批国家级开发区，到目前共 552 家，其中经济技术开发区 219 家，高新技术产业开发区 156 家，海关特殊监管区 135 家，跨境合作开发区 19 家，其他类型 23 家。五是设立新区。1992 年设立上海浦东新区，目前已发展为 19 个，还有多个城市已申报正在待批。六是设立自贸试验区。随着 2020 年 9 月底北京、湖南、安徽 3 个自贸试验区的揭牌，中国自贸试验区增加到 21 个。

自贸试验区从 2013 年在上海首次设立，历经五次扩围，用了短短 7 年时间，从点到线，由线到面，已形成覆盖全国东西南北中，沿海成片、内陆连线的全方位布局，还实现了与京津冀协同发展、长江经济带发展、长三角区域一体化发展、粤港澳大湾区建设、黄河流域生态保护和高质量发展、成渝双城经济圈等国家区域发展战略的覆盖或叠加。形成一大批可复制可推广的经验和做法，例如，可向全国复制推广的 260 多项制度创新成果，发布全国首张外商投资负面清单，建立首个国际贸易"单一窗口"，创立首个自由贸易账户，率先实现"证照分离"，等等，为高质量发展提供了示范和样板。

除了自贸试验区，还增设了上海自贸试验区临港新片区、深圳中国特色社会主义先行示范区，在海南全岛建设中国特色自由贸易港等。

开放范围的不断扩容，开放空间布局的不断优化，释放出了推动高质量发展的强劲动力。推动高质量发展，构建以国内大循环为主体、国内国际双循环相互促进的新发展格局客观上需要进一步扩大开放范围，进一步优化开放的空间布局。

二 高质量发展需要在更宽领域开放上下功夫

更高质量的发展需要更加开放的市场。开放市场就是拓宽开放的领域。拓宽开放领域需要大幅度放宽外资准入限制。

《鼓励外商投资产业目录》是明确我国鼓励外商投资行业、领域和区域的重要政策性文件,一直发挥着积极引导外资投向、促进我国产业结构升级和促进区域协调发展的重要作用。从1995年第一版开始历经过8次修订,2020年根据高质量发展的要求又进行第9次修订。这次修订,既有应对疫情、稳外资的现实需要,更有推动高质量发展的长远考虑:一是聚焦促进制造业高质量发展,鼓励外商向国内存在短板的产业链、供应链投资,巩固我国产业链、供应链优势;二是聚焦提升中西部地区和东北地区承接产业转移的能力,促进东部地区一些受到成本上升因素影响的外资在我国梯度转移,促进形成高质量发展需要的区域规划布局;三是聚焦国内消费升级的需要,通过鼓励外商投资促进供给侧结构性改革,更好满足人民群众的消费需求。

近年来,中国开放的领域越开越大,开放的步伐越走越快。从2018年11月开始,上海进口商品博览会已经成功举办两届,2020年将于11月举办第三届。在前两次进口博览会的开幕主旨演讲中,习近平总书记都反复强调,要在更广领域扩大外资市场准入。中国已实施准入前国民待遇加负面清单管理模式,将大幅缩减负面清单,不仅要推动现代服务业、制造业、农业全方位对外开放,而且要在更多领域包括金融、电信、医疗、教育、养老等领域允许外资进入,允许外资控股或独资经营等。

这些年,我们在扩大市场开放,允许外资准入方面已经采取了许多措施。以自贸试验区外商投资负面清单为例,2013年长达190条的清单,2020年删减为30多条,减少了80%。越来越短的清单,折射出中国不断扩大开放领域的努力。

更宽领域的开放对高质量发展的带动作用,也突出反映在外商直接投资的增长上。从我国2020年前三季度情况看,尽管受全球疫情蔓延、世界经济低迷、产业链供应链面临冲击等不确定性因素影响,但我国实际使用外资首次实现人民币、美元累计指标"双转正"。根据2020年10月16日商务部发布的数据显示,1月至9月,全国实际使用外资7188.1亿元人民币,同比增长5.2%(折合1032.6亿美元,同比增长2.5%)。分行业看,1月至9月,服务业实际使用外资5596.8亿元人民币,同比增长15%;高技术服务业同比增长26.4%,其中电子商务服务、专业技术服务、研发与设计服务、科技成果转化服务同比分别增长18.5%、

92.5%、72.8%、31.2%。

三 高质量发展需要在更深层次开放上再发力

更深层次开放，就是深化开放体制机制改革。加大力度降低关税和制度性成本，健全外商投资准入前国民待遇加负面清单管理等制度，继续缩减外商投资负面清单，充分发挥自由贸易试验区的制度创新作用，推动从商品和要素流动型开放向制度型开放转变，强化与国际通行规则的对接，推动构建公正、合理、透明的国际经贸规则体系，推动对世界贸易组织进行必要改革，推动贸易和投资更加自由化便利化。

更深层次开放必须继续优化营商环境。扩大开放，必须具有良好的营商环境。营造良好的营商环境，必须针对制约开放的突出矛盾，在关键环节和重要领域加快改革步伐，以国家治理体系和治理能力现代化为深层次开放提供制度保障。要深化政府"放管服"改革，不断完善市场化、法治化、国际化的政策措施，完善投资促进和保护、信息报告等制度，完善知识产权保护法律体系等。[1]

更深层次开放包括继续深化多、双边合作。支持和参与世界贸易组织的必要改革，增强多边贸易体制的权威性和有效性。需要推动区域全面经济伙伴关系协定早日签署生效，需要同更多国家商签高标准自由贸易协定，加快中欧投资协定、中日韩自由贸易协定、中国—海合会自由贸易协定等谈判进程。[2]

更深层次开放必须继续推进共建"一带一路"倡议。截至2020年11月，已有138个国家和31个国际组织与中国签署了201份共建"一带一路"倡议政府间合作协议。地域范围由亚欧地区延伸至非洲、拉美、南太、西欧等；国别范围由发展中国家扩展到发达国家如意大利。共建"一带一路"倡议是形成全面开放新格局的重点。推动共建"一带一路"高质量发展，需要秉持共商共建共享原则，坚持开放、绿色、廉洁理念，把高标准、惠民生、可持续作为目标。

---

[1] 习近平：《开放合作 命运与共》，《人民日报》2019年11月6日第3版。
[2] 习近平：《开放合作 命运与共》，《人民日报》2019年11月6日第3版。

四　高质量发展需要在开放倒逼改革上出新招

开放是基本国策，改革是关键一招。对外开放是国家繁荣发展的必由之路。改革是决定当代中国命运的关键一招。推动更高质量发展，必须将更高水平开放和更深层次改革有机结合。通过更高水平开放促进更深层次改革，是推动国内经济高质量发展、打造国际合作和竞争新优势的强大动力。

以开放促改革、促发展，是我国现代化建设不断取得新成就的重要法宝，也是改革开放40多年的宝贵经验。改革开放以来，正是因为坚持改革开放相互促进，打开国门搞建设，我们实现了从封闭半封闭到全方位开放的伟大历史转折，成为世界第二大经济体、制造业第一大国、货物贸易第一大国、商品消费第二大国、外资流入第二大国、外汇储备第一大国。现在，我们正在谋划"十四五"发展和2035年远景目标，未来发展也必须实行更高水平开放和更深层次改革相互促进、相辅相成才行。

以开放促改革，就是要通过开放倒逼改革，用好用足改革这个关键的一招，加快各项改革举措的系统集成、协同高效。开放要推进国家治理体系和治理能力现代化。开放要促进改革的守正创新、开拓创新，解放思想、大胆探索。开放要推动市场在资源配置中真正起到决定性作用，同时更好发挥政府作用，营造长期稳定可预期的制度环境。开放要加强产权和知识产权保护，建设高标准市场体系，完善公平竞争制度，激发市场主体发展活力。

开放促改革，要对复杂严峻的国内国际形势保持清醒的认识。经济全球化逆流尚无转机迹象，单边主义、保护主义还在抬头。全球治理体系中不适应、不匹配的问题依然严重。统筹发展和安全，全面防范风险挑战，仍然是摆在我们面前的巨大难题，长期积累的结构性、体制性、周期性问题交织，不平衡不充分的突出矛盾仍未解决。

因此，以更高水平开放推动更高质量发展，必须紧紧围绕构建国内循环为主体、国内国际两个循环相互促进的新发展格局，继续坚持新发展理念，继续坚持稳中求进工作总基调，继续以供给侧结构性改革为主线，深化科技创新、制度创新、业态和模式创新，加快提升开放质量，稳定产业链供应链，培育开放新动能，优化开放发展环境，使国内市场和国际市场实现更顺畅的互联互通，真正能在更高起点、更高层次、更高目标上实现更高质量的发展。

（根据2020年10月25日在"新时代体制机制创新引领高质量发展暨'滨州实践'高层研讨会"上所作的主题演讲整理）

制度型开放的本质是构建
开放型经济新体制

党的二十大报告把稳步扩大制度型开放作为扩大高水平对外开放的重要任务。怎么扩大制度型开放,就其本质看,要靠深化改革,推动构建开放型经济新体制。

一 制度型开放一直在路上

制度型开放是相对于传统国际经贸规则下的商品与要素的流动型开放而言的。虽然"制度型开放"是2018年中央经济工作会提出的,但自从党的十一届三中全会后我国实施改革开放以来,制度型开放就已经开始了。商品和要素流动型开放过程中与国际经贸规则对接的一系列改革和政策措施,都包含着制度型开放的内容。我国加入世界贸易组织,全面履行入世承诺,大幅度削减和降低关税和非关税壁垒,加入《区域全面经济伙伴关系协定》(RCEP),已签署并生效的19个自由贸易协定(FTA),在接受现行国际经贸规则体系的同时,就开始了制度型开放。

对外开放的更大范围、更宽领域、更深层次也是不断推进制度型开放的过程。构建面向全球的高标准自由贸易试验区网络,持续打造市场化、法治化、国际化营商环境等,就是面向全球的制度型开放。

设立21个自由贸易试验区,不断大幅度消减外商投资准入负面清单,设立海南自由贸易港,实施新的外商投资法,不断修订并发布《鼓励外商投资产业目录》,举办国际进口博览会、广交会、服贸会、消博会,等等,也都是在进行制度对接型的开放。

提出并推进共建"一带一路"倡议更是积极主动的制度型开放。坚持"共商共建共享"原则，政策沟通、设施联通、贸易畅通、货币融通、民心相通，都包含着制度型开放的内容。

加快建设贸易强国，有序推进人民币国际化，也都是制度型开放的典型体现。

所以说，改革开放以来，在推动商品要素流动型开放，走出去，引进来，加入国际贸易组织、国际贸易协定的过程中，事实上都在不同程度地推动制度型开放。因此，制度型开放一直在路上。不仅过去有，而且今天更为重要。

二 扩大制度型开放意义重大

扩大制度型开放，扩大至关重要。把稳步扩大制度型开放作为扩大高水平对外开放重要任务，具有重要现实意义。与应对世界之变、时代之变、历史之变，推进中国式现代化，全面建设社会主义现代化国家息息相关。构建新发展格局，推动高质量发展，对开放，尤其是制度型开放提出了新的要求，即要求版本升级。扩大，就是推动升级。稳步，就是稳字当头，稳中求进。

应对外部风险和挑战，维护国家经济安全，必须扩大制度型开放。现在我们面临的地缘政治格局和经济全球化走势出现了诸多变化，和平与发展很难说依然是时代主题，政治上对抗与经济上冲突的矛盾凸显。全球疫情影响产业链供应链"掉链""断链"险象环生。全球极端气候变化更增加了世界经济的不确定性。因此，我国全面建设社会主义现代化国家，推进中国式现代化的外部环境更为复杂，挑战更加尖锐，安全风险更加严峻。有效应对风险和挑战，不可能关起门来躲避。正确选择就是主动识变、应变、求变。只能是进一步深入开放，在规则、规制、管理、标准等方面，扩大与国际的对接，进一步深度融入国际经济贸易体系，推动国际经济治理体系和治理格局的变革。

从国内看，加快构建新发展格局，着力推动高质量发展，缓解面临的矛盾和压力必须扩大制度型开放。新形势下，发展的问题和矛盾也前所未有的突出。虽然我们经常讲韧性大、活力强，长期向好基本面没变。

但事实上，不平衡不充分矛盾更加突出。需求收缩、供给冲击、预期转弱的状况并未根本好转。稳大盘一直都是沉重压力。对此，2022年的中央经济工作会做了全面分析，我们在现实生活中感触更为强烈。怎么稳住大盘，使经济从影响中尽快复苏，对产业链供应链"稳链""固链"，扩大制度型开放是个重要推动力。扩大制度型开放，更大范围、更宽领域、更深层次地融入国际经济贸易体系，有利于更加充分地利用国内国际两个市场、两种资源，促进国际循环和国内循环相互促进，实现高质量发展。

因此，以扩大制度型开放为突破口或抓手，促深化改革、促构建新发展格局、促高质量发展，比过去任何时候都显得更为重要，更为迫切。

也正因此，2018年以来，"扩大制度型开放"得到越来越强烈的重视。在党的十九届四中全会、浦东开发开放30周年庆祝大会、第三次"一带一路"建设座谈会等重要会议和《政府工作报告》《中华人民共和国国民经济和社会发展第十四个五年规划和2035年远景目标纲要》等重要文件中被多次提及，形成并做出全面且深入的阐述。在党的二十大报告中，"扩大制度型开放"更是被首次写入，凸显其重要性。党的二十大后，首次中央经济工作会议再次强调，坚持推进高水平对外开放，稳步扩大规则、规制、管理、标准等制度型开放。习近平总书记考察深圳和上海浦东新区时，在博鳌亚洲论坛、进博会等场合多次强调要加快推动制度型开放。这都表明扩大制度型开放已成为党中央重大决策部署。既然是重大决策部署，那就事关全局了。

三 如何扩大制度型开放

2023年，我国改革开放进入第45个年头。45年来，改革与开放密不可分，相互促进，改变了中国的前途和命运，也改变了以和平与发展为主题的国际地缘政治和经济全球化的版图。改革是决定当代中国前途和命运的关键一招，开放是国家繁荣发展的必由之路。习近平总书记多次强调，对外开放是中国的基本国策，是当代中国的鲜明标识。

扩大制度型开放，关键在于全面深化改革，就是坚持市场化改革方向，构建开放型经济新体制。党的十八届三中全会明确提出"构建开放型经济新体制"。2015年5月通过了《中共中央 国务院关于构建开放型经济新体制的若干意见》。之后党的十九大、党的十九届四中全会、党的十九届五中全会，中共中央政治局集体学习、中央深改委会议等重要会议都强调要加快构建开放型经济新体制。从深化市场指向改革的角度看，扩大制度型开放必须深化以下四个方面的改革。

一是规则改革，加强与国际通行规则对接。规则就是国际惯例，是通过协商、谈判达成或约定俗成的共同遵守和维护的行为规范。改革规则，就是改变行为规范，按国际惯例办事。一方面是国际规则中国化，根据国际规则不断调整国内经贸政策和行为规范，加强与国际贸易投资规则相衔接。另一方面是中国规则国际化，为国际惯例提供"中国方案"、讲好"中国故事"，积极参与全球治理体系变革，提高规则变革中的话语权，通过谈判和斗争，使国内经验和规则被国际接受，变为国际规则。

二是规制改革。规制与规则一字之差，内容完全不同。如果说规则是条款，规制就是法律法规。规则可以谈判协商，约定俗成，规制则是带有强制性的政府立法。根据国际贸易规制，改革我国现有与国际规制不一致甚至冲突的相关经贸法律法规，加强与国际规制对接，可有效提升我国在国际经济治理体系中的融入度和发言权，提高贸易效率和效益。受多种因素影响，目前国际经贸规制正在重构，美国等西方发达国家开始重新"拉群""建群"，制定对其更有利，而对于我国更严苛的国际规制合作框架，在《欧盟—加拿大综合经济贸易协定》《美国—墨西哥—加拿大协议》《全面与进步跨太平洋伙伴关系协定》等自由贸易协定中都包含了新的有利于西方发达国家的国际规制合作条款。因此，我国必须把握好国际规制变化与合作的新趋势，通过体制机制改革，既保持我们的独立自主性，又在规制上与国际接好轨。

三是管理改革。加快行政管理体制机制改革，推动政府职能转变，打造市场化、法制化、国际化的营商环境。管理的开放和与国际接轨，就是营商环境的改革开放。世界银行自2003年开始，每年发布《全球营商环境报告》，就是从它的角度找寻一种管理方面制度对接的共同语言。该报告显示，由于大力推进改革议程，中国曾连续几年跻身全球营商环境改善最大的经济体排名前十，并且在总排名中连续获得大幅提升。近年来，我国不断削减外资准入负面清单，特别是21个自贸区削减幅度相当大。在海南自贸港，不仅缩短负面清单，而且让外资准入的力度更大。因此要构建开放型的政府行政管理体制机制，"放管服"改革按照国际惯例办事，依法办事，推动形成国际化的公平竞争的良好市场环境。营商环境也要与国际接轨，就是管理制度的开放。

四是标准改革。国际贸易是有标准的。联合国制定的《国际贸易标准分类》（以下简称"SITC"）自1951年颁布实施以后，进行了数次修订，除门类框架不动以外，其他类目随着层次的变动也相应扩大。SITC采用经济分类标准，即按原料、半制品、制成品分类并反映商品的产业部门来源和加工程度。该标准目录使用5位数字表示，第1位数字表示类，前两位数字表示章，前3位数字表示组，前4位数字表示分组。联合国已经公布了SITC（Rev.4）。然而，SITC在我国却较少使用。因此，要不断改革国内行业标准并与SITC接轨。同时，加快中国标准"走出去"的步伐，特别是制定符合国际惯例的中国标准至关重要也是当务之急。制定国内行业标准可以对照SITC，体现中国特色。积极将国内标准推向国际，让更多的中国行业标准被国际标准化组织（ISO）认可和接纳，也可以在修订SITC时，不断增加中国标准元素。

此外，扩大制度型开放的改革，要更加重视民营经济的地位和作用。要让民营企业在扩大制度型开放的市场主体中扮演更重要的角色。构建开放型经济新体制的改革，重在处理好政府和市场的关系。市场是个抽象概念，市场由一个个市场主体的供需活动组成，市场主体主要是企业，我国目前拥有1.6亿家企业。企业又主要由国有企业和民营企业构成。"两个毫不动摇"主要指这两个方面。政府和市场的关系，说白了就是政府和这两类市场主体的关系。国企是政府的，和政府的关系好处理。难处理的是政府和民营企业的关系。这么多年的改革，许多事情反反复复，就反复在政府和民营企业的关系上。所以深化改革，集中到一点就是如何深化处理好政府和民营企业的关系。改革开放45年的实践表明，什么时候民营企业的权益保障好了，作用发挥好了，什么时候经济的活力就强。反之亦然。因此扩大制度型开放，构建开放型经济新体制，一定要十分重视民营企业的作用和发展。

（根据在"第十九届中国改革论坛"上的发言整理）

深化中欧经贸合作中企业和企业家的使命

中欧经贸合作非常重要。作为当今世界最大发展中国家和最大发达国家联合体,中欧两大经济体、两大市场经贸关系如何,不仅对中欧双方经济发展至关重要,而且直接影响全球经济稳定、繁荣和发展。但近年来,一个不容回避的严峻问题是,中欧经贸合作正面临近几十年来前所未有的挑战,甚至是危机。如何应对挑战、化危为机,中欧企业和企业家应有使命担当,发挥重要作用。

一 中欧经贸合作具有较强的韧性和活力

中国实行改革开放以来,特别是加入世界贸易组织后,中欧经贸合作取得了双赢的巨大成就。几十年来,虽然问题不少,摩擦时有发生,但中欧双方坚持对话沟通,增进互信,求同存异,管控分歧,共同推动中欧经贸合作不断走深走实,总体趋势和基本面一直看好。《中欧全面投资协定》谈判如期完成之后,虽受种种原因影响,谈成的大事未开花结果,但由于双方经济互补性较强,互为重要贸易伙伴,多年经贸往来密切,经贸合作潜力大、前景看好,因此2021年以来,中欧经济关系在挑战中实现新发展,中欧贸易合作在困难中取得新成果。

从经贸总量看,中欧经贸合作互为"大户"。过去15年,欧盟一直是中国第一大贸易伙伴,中国则是欧盟的第二大贸易伙伴。2021年,中欧货物贸易额达8281亿美元,创历史新高。海关统计数据显示,2022年一季度中国与欧盟进出口1.31万亿元,增长10.2%,占同期中国外贸总值的13.9%。其中，出口8649.3亿元，增长21%；进口4474.2亿元，下降6%。

从贸易结构看，中欧经贸合作持续优化。航空航天、生物、光电、电子、材料等领域的贸易增速超过了30%。中国对欧盟出口机电产品占比提高。2022年一季度，中国对欧盟出口机电产品5456.2亿元，增长16.6%，占对欧盟出口的63.1%。其中，出口电动载人汽车、太阳能电池和锂离子蓄电池等新能源产品分别增长3.8倍、1.4倍和66.2%。同期，对欧盟出口劳动密集型产品1422.5亿元，增长10.2%。中国自欧盟进口部分消费品保持增长态势，2022年一季度，美容化妆品及洗护用品、箱包、乘用车和服装等进口分别增长11.9%、6.6%、4.6%和3.6%。

从国别情况看，中欧经贸合作增势良好。多年来，德国一直是中国在欧盟内的第一大贸易国，2022年一季度中国与德国进出口3553.4亿元，增长3.5%，占与欧盟贸易规模的27.1%。一季度中国与荷兰、法国、意大利进出口规模均超过1000亿元。从增速上看，一季度中国与西班牙、希腊等14个欧盟成员国进出口同比增速超过两位数。

从双向投资看，中欧经贸合作稳中有进。中欧双向投资规模累计超过2700亿美元，在金融、疫苗研发、新能源、电动汽车、物流等领域投资合作非常活跃。中国对欧投资保持逆势增长。中国欧盟商会调查显示，60%的受访企业计划扩大在华业务，近一半的受访企业在华利润高于全球的平均水平。2021年10月，中国欧盟商会主席表示，普遍看好中国市场和中国的未来前景，表示还要继续加大在有关领域的投资。

二　中欧经贸合作遇到前所未有的挑战

面对百年变局特别是俄乌冲突、全球疫情蔓延、极端气候特别是频发的自然灾害影响，等等，中欧经贸合作受诸多不确定、不稳定因素的影响，遇到了严峻挑战。

一是当今世界主题正在发生变化。多年来，中国一向认为，和平与发展是当今世界的时代主题。这也是分析国际经济政治大势，制定改革开放大政方针乃至处理中欧经贸关系的总体决策依据。"和平"是对国际政治关系特别是地缘政治平衡的基本判断，"发展"是对国际经济关系特别是经济全球化的基本判断。面对地缘政治冲突特别是大国博弈加速演进，全球疫情持续蔓延特别是对产业链、供应链的冲击，极端气候特别是自然灾害多地频发、可能出现的粮食危机等，需要认真思考、研究一个重大问题，即当今世界的时代主题有没有变化，若有变化，应该是什么。这个问题直接影响对当前世界经济政治格局的基本判断，也直接影响到中欧经贸合作的基本走向。从全球视野观察和分析，一系列问题表明，和平与发展，这个多年的时代主题已悄悄发生了变化。现在的主题变成什么样了呢，或许可表述为冲突与脱钩。政治上特别是地缘政治冲突，新冷战主义抬头，选边站结盟，改变了整体和平局面。经济上特别是单边主义、保守主义，制裁、遏制、脱钩已越来越明显，经济多极化、全球化出现了危机。经济安全、可持续发展问题比过去任何时候都尖锐地摆在世界各大经济体面前，需要深度研判。特别是俄乌冲突对现有世界经济体系的冲击，要严防把国际经贸关系政治化、工具化、武器化，从而引发世界金融、贸易、能源、科技、粮食、产业链、供应链等领域严重危机。

二是中欧经贸关系出现政治化倾向。中欧在政治、经济体制上存在差异是客观事实，但不至于影响经贸往来和合作互利，更不应成为双方经贸合作的障碍。受中美地缘政治关系和经贸摩擦的影响，近年来，欧盟在处理中欧关系过程中鹰派主张占了上风，导致欧洲议会出现对中国的不满情绪，意识形态偏见加重，甚至在正常经贸往来中拿所谓"新疆问题""人权问题"说事，中欧经贸问题开始政治化。《中欧全面投资协定》停摆实际上也是中欧关系变化的直接反映，这从欧盟方面愈加强调价值观问题可以看得出来。此外，以反倾销、反补贴名义设置的贸易壁垒问题日益严重。在市场准入、技术转让、贸易投资环境、劳动力标准和透明度等方向对中国的偏见、怀疑、不信任也在增长。事实上，中国的发展对欧盟来说是机遇，而不是挑战，更不是有些人鼓噪的"威胁"。中欧经贸关系存在分歧、矛盾并不奇怪。中欧是合作伙伴而不是竞争对手。为改善中欧经贸合作的营商环境，中国多年来一直在努力并取得明显成效。目前正在进一步加大改革开放力度，落实外商投资准入前国民待遇加负面清单管理制度，大幅度减少负面清单条目，扩大服务业等领域的开放，加快由商品要素流动型开放向规则、规制、标准、管理等制度型开放转变,等等,为中欧深化经贸合作打造了越来越好的基础与条件。因此,中欧经贸发展,需要增进共识和互信,从战略的高度牢牢把握中欧经贸关系大方向和主基调,防止陷入政治化的泥潭。

三是受新冠疫情的影响。首先,新冠疫情最为直接的影响是中欧线下正常经贸活动受到阻滞。近年来,中欧高层出国互访基本停止,有限的几次对话只能线上视频进行。交谈的重点也由通常的解决和处理经贸问题转到应对疫情上。原本频繁的商务往来断崖式中断,没有高层商务人员来华,也没有合作伙伴去欧洲,这意味着双方的交流了解减少,共识互信趋难,本来可有的经贸活动被推迟甚至搁置或取消。其次,受疫情影响,中欧航班减少,不仅重创旅游业、服务业,而且产业链、供应链会"掉链"。中欧两大市场经多年对接,已形成相互较强的依赖性。但受新冠疫情影响,这种依赖性出现裂痕。有的欧洲企业开始将供应链从中国转移到离欧洲更近的地方,中国企业对欧洲市场的依赖风险也陡增。最后,疫情令中国企业赴欧投资难度加大。2020年欧洲《外国直接投资审查条例》生效,在某种程度上意味着中国企业对欧投资特别是在技术领域的跨境投资难度将更大。欧洲市场对中国投资的监管和保护力度因疫情得到增强。

三 中欧班列为深化中欧经贸合作带来生机与希望

从2011年中欧班列开行到2021年,中欧班列已累计开行超过5万列,运输货物近500万标箱,货值2400多亿美元。2011年开行时只有17列。从2016年统一品牌时的1700多列发展到2021年的1.5万列,增长了9倍,年均增长55%。单月开行量连续23个月保持千列以上,月行千列成为常态。从重箱率看,2021年中欧班列去回程综合重箱率高位企稳,全年达到98.1%,其中,去程重箱率100%,回程重箱率95.7%。曾经存在的"空箱"问题基本解决。从平衡性看,2021年中欧班列回程去程比达到81.5%,同比提高3.8个百分点,去程、回程不平衡的问题得到进一步改善。从运输时效看,疫情条件下中欧班列平均运行时间20—25天,较海运具有更强的竞争力。

受新冠疫情频频反弹、海运价格高企、空运运力不足、公路口岸不畅等因素影响，海运、空运和公路运输货物持续向铁路转移，中欧班列运输市场订单大幅增长，大量货物"涌向"中欧班列。2021年，中欧班列运送货物和货值同比分别增长29%、36%。中欧班列将中国生产的防疫物资源源不断地运抵欧洲国家。2021年全年运送防疫物资423万件、2.9万吨，历年累计运送防疫物资1362万件、10.5万吨，在中欧之间架起了一座防疫抗疫的"生命桥梁"。

2022年一季度，中欧班列已开行3630列、运送35万标箱，同比分别增长7%、9%，综合重箱率97.7%，有效保障了国际产业链供应链稳定。中欧班列以稳定、可靠、高效的物流服务有力畅通亚欧供应链，展现出强大发展韧性。当然，受地缘政治冲突和目前国际供应链、产业链遇到的不确定因素的干扰，中欧班列的稳定运行的确存在不少风险和隐忧。需要中欧双方共同努力，防控化解风险，转危为机。

中欧班列已通达欧洲23个国家的180个城市。2021年较2020年增加2个国家和88个城市，通达城市数量增长了96%。中国国内开行中欧班列的城市已达68个。作为稳定国际供应链的重要支撑，中欧班列已成为国际贸易和运输体系不可或缺的重要组成部分。

在全球环境与气候治理以及各国绿色发展的带动下，中欧班列依托节能环保优势在绿色供应链中体现的生态价值和社会效益，也将使其得到更多客户的青睐。应疫情防控常态化需要，中欧班列仍将承接相当数量的防疫物资。此外，疫情影响下的"宅经济"、跨境电商等领域仍将保持快速发展态势，进一步扩大生活快消品、汽车零配件等中欧班列传统优势货类的规模。

总的看，中欧班列推动中欧经贸合作与发展的作用与重要性越来越明显。已成为越来越受沿线国家和企业欢迎的国际物流大通道。只要中欧继续共同努力，中欧班列将成为连接中欧两大经济体、繁荣中欧两大市场的高速班列、绿色班列、数字班列、智能班列和平安班列。

四　企业和企业家在深化中欧经贸合作中的角色至关重要

在复杂多变的全球不确定性、不稳定性因素陡增的形势下，巩固、维护、加强、深化中欧经贸合作，政府、政策、政治家的作用固然重要，但企业、企业行为、企业家的作用尤为重要。中欧企业、企业活动、企业家应该增进互信，在经贸活动中共同维护供应链、产业链安全稳定。中欧经贸关系的走向某种程度上直接取决于双方企业和企业家未来的共同努力。

企业和企业家在推动中欧经贸合作中要发挥好作用，关键在于定好位。首先，企业不是政府，不能越位，充当政府角色，发挥政府作用。企业是市场主体，其创造财富、推动社会繁荣发展、造福各国人民的作用，是任何政府和任何社会组织都无法替代的。其次，企业行为不能错位，企业活动就是经贸往来，不能政治化，带上政治色彩。企业开展经贸往来和交易，按市场规则办事，不能掺杂非经济因素。最后，企业家就是企业家，在经贸活动中不能缺位，不是政府官员，不能扮演官员角色，应守好本分，维护供应链、产业链安全稳定责无旁贷。企业和企业家除了做好生产经营，创造更多物质财富，在依法纳税、解决就业等方面做出更大贡献外，还应重视 ESG 投资，在绿色发展、社会责任和公司治理等方面积极努力。要防止和警惕企业和企业家的行为政治化。

中欧企业要肩负起后疫情时代中欧经贸复苏、发展的重任。后疫情时代中欧复工复产，重建产业链、供应链的任务十分紧迫和艰巨。中欧企业要发挥互补优势，联手推动复苏，不断拓展中欧经贸合作广度和深度，包括共同维护产业链、供应链稳定，携手建立开放包容的商业环境，深化中欧第三方市场合作，挖掘新兴产业领域合作潜力，推动中欧经济社会可持续发展。近年来，在欧中企在推动双边经贸合作上不断发挥主力军作用。在欧中企普遍认为中欧经贸合作潜力巨大，对进一步加强双方合作充满期待。目前，中国企业涉及欧洲基建、运输、能源等多个领域，在推动中欧经贸合作和当地经济社会发展、携手抗击新冠疫情和助力复工复产等方面发挥了重要作用。

中欧企业家们要扮演好重要角色。中国加入世贸组织 20 多年了，20 多年来，中欧经济深度融合，共抓发展机遇，共享合作成果，在这个过程中，中欧企业家功不可没。应对中欧经贸合作面临的严峻挑战，推动中欧经贸合作行稳致远，中欧企业家使命光荣，要有情怀、有责任、有担当，继续做经济全球化的支持者、中欧经贸关系发展的推动者、全球产业链供应链的维护者、创新合作的引领者、绿色发展的践行者，为推动中欧经贸合作出现新局面做出新贡献。中欧企业家在推动共建"一带一路"同欧盟提出的"全球门户"战略对接中可以大有作为。可以在抗疫、绿色、数字、金融、科技等方面开展务实合作。可推进中欧投资协定批准生效进程，为中欧经贸合作，乃至为整个世界经济复苏和产业链、供应链的"稳链""续链""强链"，持续注入稳定剂和黏合剂。

（根据在"博鳌亚洲论坛2022年年会"及有关场合的演讲整理）

沿边开放要把握好新形势新任务新要求

推动沿边地区开放是我国构建高水平全面开放新格局的重要组成部分，是事关全国改革开放和现代化建设大局的重要举措。在新发展阶段搞好沿边开放，必须把握好新形势、新任务、新要求。

一 新形势：更高水平开放推动更高质量发展

推动沿边地区开放必须充分认识我国开放全局，准确把握全国开放面临的新形势。当今世界很不太平。百年变局、世纪疫情、极端气候交织叠加。经济逆全球化、单边主义、保护主义思潮暗流涌动。中国发展的外部环境更加复杂，挑战更为严峻。面对不确定、不稳定因素空前增多的局面，我们坚定维护和推动经济全球化，实行了更加积极主动的开放战略，发展更高层次的开放型经济，使中国开放的大门越开越大。

新时代我国对外开放做出重大部署，推出重大举措。党的十九届六中全会作出的《中共中央关于党的百年奋斗重大成就和历史经验的决议》，从两个方面概括了新时代我国对外开放的重大部署和重大举措：一是坚持共商共建共享，推动共建"一带一路"倡议高质量发展，推进一大批关系沿线国家经济发展、民生改善的合作项目，建设和平之路、繁荣之路、开放之路、绿色之路、创新之路、文明之路，使共建"一带一路"倡议成为当今世界深受欢迎的国际公共产品和国际合作平台。二是坚持对内对外开放相互促进、"引进来"和"走出去"更好结合，推动贸易和投资自由化便利化，构建面向全球的高标准自由贸易区网络，建设自由贸易试验区和海南自由贸易港,推动从商品要素流动型开放向规则、规制、管理、标准对接等制度型开放转变,形成更大范围、更宽领域、更深层次的开放新格局,推动构建互利共赢、多元平衡、安全高效的开放型经济新体系,大大增强了我国国际经济合作和竞争新优势。①

向国际社会持续反复表明坚定不移扩大开放的立场。2021年是我国加入世贸组织20周年。习近平总书记在多个重要场合持续向世界传递中国扩大开放的坚定决心。在2021年初的世界经济论坛"达沃斯议程"对话会上,强调继续实施互利共赢的开放战略;在2021年4月举办的博鳌亚洲论坛年会上,倡议构建开放型世界经济;在上海合作组织、金砖国家、亚太经济合作组织、二十国集团等重要峰会上多次表示,中国将坚持对外开放的基本国策,着力推动规则、规制、管理、标准等制度型开放;在2021年11月举办的第四届进博会上,强调开放仍是中国的鲜明标识,有三个"不会变",即中国扩大高水平开放的决心不会变,同世界分享发展机遇的决心不会变,推动经济全球化朝着更加开放、包容、普惠、平衡、共赢方向发展的决心不会变。

以开放促改革、促发展取得明显成效。2021年,面对复杂多变的国际环境和国内压力,我们以高水平开放推动高质量发展,外贸外资规模双双创下同期历史最好水平,共建"一带一路"倡议高质量发展势头良好,开放型经济新体制更加完善。中国"开放的春风"温暖了疫情阴霾下艰难前行的世界经济。

一是开放领域进一步拓宽。缩减外资准入负面清单,有序扩大电信、医疗等服务业领域开放,首家外商独资保险资产管理公司、首家外商独资货币经纪公司获批。继续修订《鼓励外商投资产业目录》,引导更多外资投向先进制造业、现代服务业等领域。2021年1月至10月,我国服务贸易总额达41980.3亿元,同比增长12.7%,服务贸易大国地位进一步巩固。

二是吸引外资直接投资保持强劲势头。根据2021年12月16日商务部公布的数据显示,2021年1月至11个月,全国实际使用外资金额

---

① 习近平:《中共中央关于党的百年奋斗重大成就和历史经验的决议》,《求是》2021年23期。

10422亿元，同比增长15.9%。其中，服务业实际使用外资同比增长17%。高技术产业实际使用外资同比增长19.3%。从来源地看，共建"一带一路"沿线国家和东盟实际投资同比分别增长24.7%和23.7%（含通过自由港投资数据）。

三是制度型开放稳步推进。浦东、深圳更高水平开放先行先试步伐加快。21个自贸试验区改革自主权进一步加大，已累计在国家层面推出278项制度创新成果。海南自由贸易港推动制度对接的跨境服务贸易负面清单出台，服务贸易管理模式实现重大突破。

四是开放合作"朋友圈"不断扩大。共建"一带一路"倡议已取得实打实、沉甸甸的成就，推动了基础设施"硬联通"、规则标准"软联通"、人文交流"心联通"。全球最大的自贸区协定《区域全面经济伙伴关系协定》（RCEP）于2022年1月1日生效。目前已与26个国家和地区签署了19个自由贸易协定，自贸伙伴占我国外贸比重已从2012年的12.3%提高到现在的35%。

五是参与全球经济治理体系改革更为深入。我国坚定维护多边贸易体制，推动全球共同开放。已参加几乎所有普遍性政府间国际组织，认真履行相关条约义务。在应对世界经济衰退、气候变化、重大传染性疾病、恐怖主义等全球性挑战中，我们坚定维护和践行多边主义，积极推动构建人类命运共同体，为完善全球治理体系贡献中国力量。[①]

二　新任务：深度融入高质量共建"一带一路"

新形势下扩大沿边开放，要做的事情很多，如促进区域协调发展、推动共同富裕、民族团结、稳边固边等都很重要。但从开放全局看，深度融入共建"一带一路"倡议无疑是最重要、最主要任务。我国陆地边境线总长2.28万千米，同14个国家接壤。沿边地区接壤国家基本都是丝绸之路经济带沿线国家。在共建"一带一路"倡议的推动下，近年来沿边地区与周边"一带一路"沿线国家的合作交流不断拓展，在互联互通、

---

① 习近平：《在中华人民共和国恢复联合国合法席位50周年纪念会议上的讲话》，《人民日报》2021年10月26日第2版。

投资贸易、口岸通关、文化旅游、科教文卫、边境管理等领域的务实合作日益深入，在推动构建周边命运共同体方面的成效逐年显现。

共建"一带一路"倡议成就明显。共建"一带一路"倡议从2013年秋提出到现在，走过了不平凡的历程，取得了实打实、沉甸甸的成就，实现了同共建国家互利共赢。到2021年，已有145个国家、30多个国际组织与我国签订政府间共建"一带一路"合作协议210多份。已与日本、意大利等14国签署"一带一路"第三方市场合作文件。有关合作理念和主张写入联合国、二十国集团、亚太经济合作组织、上海合作组织等重要国际机制的成果文件。推进共建"一带一路"倡议同联合国《2030年可持续发展议程》有效对接。共建"一带一路"倡议已成为推动全球开放合作、改善全球经济治理体系、促进全球共同发展繁荣、推动构建人类命运共同体的中国方案、公共产品和重要实践平台。

共建"一带一路"倡议是新阶段我国高水平开发的重要内容。由我国主导已于2017年5月、2019年4月在北京举办两次"一带一路"国际合作高峰论坛。并于2016年8月、2018年8月、2021年11月召开三次推进"一带一路"工作座谈会。截至2021年9月，中国与共建国家货物贸易额累计达到10.4万亿美元，对共建国家非金融类直接投资超过1400亿美元。特别是在基础设施建设和国际产能合作方面建成、正在建设一大批世界瞩目的重大项目。2021年12月3日，连接昆明和万象，全长1000多千米，全线采用中国标准的中老铁路全线开通运营，结束了老挝"陆锁国"历史。中国已向110多个国家和国际组织提供了超过17亿剂新冠疫苗，其中多数是共建"一带一路"国家。前不久又宣布向非洲国家再提供10亿剂疫苗。同30多个国家发起"一带一路"疫苗合作伙伴关系倡议。

在构建高水平全面开放新格局的新形势下，共建"一带一路"进入高质量发展新阶段。党的十九届六中全会以及第三次推进"一带一路"工作座谈会对推进"一带一路"高质量发展进一步做出部署。下一步，将统筹考虑和谋划构建新发展格局、高水平开放与共建"一带一路"倡议。完整、准确、全面贯彻新发展理念，以高标准、可持续、惠民生为目标，巩固互联互通合作基础，拓展国际合作新空间，扎牢风险防控网络。要加强抗疫国际合作，继续向共建国家提供力所能及的帮助。要保持战略定力，抓住战略机遇，统筹发展和安全、统筹国内和国际、统筹合作和斗争、统筹存量和增量、统筹整体和重点，积极应对挑战，趋利避害，努力实现更高合作水平、更高投入效益、更高供给质量、更高发展韧性，推动共建"一带一路"高质量发展不断取得新成效。[1]

共建"一带一路"倡议能够有力带动沿边地区进一步扩大开放。共建"一带一路"的中蒙俄经济走廊、新亚欧大陆桥走廊、中亚西亚经济走廊、中巴经济走廊、孟中印缅经济走廊和中国中南半岛经济走廊"六廊"都通过沿边地区向外辐射。如东北三省和内蒙古沿边地区是向东北亚开放、建设中蒙俄经济走廊的重要枢纽。新疆沿边地区是向西开放，建设新亚欧大陆桥走廊、中亚西亚经济走廊、中巴经济走廊的核心区。云南、西藏沿边地区是向南亚开放，建设孟中印缅经济走廊的重要桥头堡。广西则是面向东南亚开放，与东盟加强合作，建设中国中南半岛经济走廊的重要节点。共建"一带一路"基础设施互联互通，可有力带动沿边地区国际综合运输通道建设。共建"一带一路"国际产能合作，能有力推动沿边地区的特色优势产业发展，有利于沿边地区产业体系转型升级。共建"一带一路"体制机制创新，有利于沿边地区建立健全开放的制度体系。共建"一带一路"人文交流，全面加强教育、卫生、文化、旅游、环保等领域的交流合作，有利于夯实沿边地区对外合作的民心基础。因此，新形势下沿边地区扩大开放的主要任务或最重要的着力点，就是深度融入高质量共建"一带一路"倡议。

三 新要求：完整准确全面贯彻新发展理念统筹推进开放

国家启动沿边地区开放靠的是解放思想、实事求是。从1992年开始，国务院先后批准丹东等14个城市为边境开放城市，设立了黑河等15个边境经济合作区，开放120多个口岸和临时过货点，其中陆路一类口岸60多个，形成铁路、公路、航空、水运、光纤电缆以及管道运输等基础设

---

[1] 《以高标准可持续惠民生为目标 继续推动共建"一带一路"高质量发展》，《人民日报》2021年11月20日第1版。

施互联互通的立体开放格局。西部大开发、振兴东北等老工业基地重大发展战略,兴边富民、脱贫攻坚、乡村振兴等行动,有力地推动了沿边地区开放进程。国家历年陆续出台一系列政策措施,支持沿边重点开发开放试验区、国家级口岸、边境城市、边境经济合作区和跨境经济合作区等沿边重点地区加快扩大开放步伐。历经近30年的努力,我国沿边地区对外开放的力度逐渐增大,沿边开放已成为我国深化与周边国家和地区合作的重要平台,边境贸易、周边投资合作等成为沿边地区开放型经济的重要组成部分。

进一步扩大沿边开放必须牢固树立、完整、准确、全面贯彻新发展理念,统筹考虑沿边、沿海、内陆既不沿边也不沿海地区的开放,系统推进全面更高水平的开放。新形势下,沿边开放要深度融入高质量共建"一带一路"倡议,服务于国家高水平对外开放,服务于国内国际相互促进的"双循环"新发展格局,必须牢固树立并切实贯彻创新、协调、绿色、开放、共享的新发展理念。

一要坚持创新。不断增强创新意识,推出新思路新举措。创新是一个民族、一个国家的灵魂,也是沿边地区进一步扩大开放的不竭动力。构建新发展格局需要创新意识,扩大开放也要靠创新。创新意识、创新举措、创新实践,应贯穿新形势下沿边开放的各个方面和各个环节。首先,思路要不断创新。思路创新必须坚持解放思想、实事求是。面对百年变局和全球疫情,沿边开放面对的形势错综复杂,挑战与考验层出不穷。唯有进一步解放思想,牢固树立创新意识,才能不断破除旧观念,克服旧习惯,打破藩篱,产生新思路,解决新问题,开拓新局面。其次,举措要不断创新。扩大沿边开放,光有思路还不行,必须有实实在在的举措。党的十八大以来中央就全面深化改革进行了一系列部署,推出一系列新举措。要认真分析、看清各种影响和阻碍扩大沿边开放的矛盾症结所在,找准突破的方向和着力点,制定并实施有针对性、可操作、能见实效的创新性的举措。最后,实践要不断创新。沿边开放近30年的实践一直是不断创新的过程。新形势下的进一步开放,依然必须继续推进实践创新。融入共建"一带一路"倡议,服务构建新发展格局、实现更高水平开放,每一项任务的落实,每一项工作的推进,都是实践创新的过程。此外,还应坚持开放体制机制创新,建设有中国特色的沿边开放新体制。

二要加强协调。沿边开放不仅仅是单纯的经贸往来、人文交流，也不仅仅是简单的招商引资、项目合作，涉及共建"一带一路"倡议、区域协调发展、共同富裕、民族团结、边疆稳定等方方面面。因此，必须坚持系统思维、统筹兼顾、综合施策，处理好各种复杂关系。首先，要注重沿边开放涉及各种问题的"全面"性。凡事要周全，就得协调。"全面"不是自然形成的，而是协调出来的。协调就是统筹兼顾、注重平衡。只有牢固树立协调发展理念，坚持协调发展，才能在沿边开放中妥善处理各种矛盾，化解可能的冲突。其次，要注重沿边开放涉及各种问题的"整体"性。协调与整体关系密切。协调的范围是整体，协调的方式是发挥整体效能，协调的目的是增强发展的整体性。整体考虑问题就是着力解决扩大开放中遇到的各种不平衡问题。最后，要注重沿边开放涉及各种问题的"规律"性。认识规律、尊重规律、把握规律，按规律办事。

三要注重绿色。沿边开放必须充分考虑生态环保要求，把绿色开放作为重要理念。建设"绿色丝绸之路"，已成为高质量共建"一带一路"的国际共识和鲜明主题。毫无疑问也应是沿边开放的鲜明主题和重点任务。要充分考虑与开放周边国家在应对气候变化、海洋保护、生物多样性保护、荒漠化防治、生态环境治理等领域的交流合作，推动绿色低碳、可持续增长。近年来，我国把建设"绿色丝绸之路"放在共建"一带一路"倡议突出的重要位置。除了在国际社会大力呼吁，在国内制定政策、采取措施身体力行外，还积极推动国际绿色合作。签订了多个国际多边和双边绿色发展协议。如2021年6月，在"一带一路"亚太区域国际合作高级别会议期间，中国与28个与会国家共同发起"一带一路"绿色发展伙伴关系倡议，呼吁开展国际合作以实现绿色和可持续经济复苏，促进疫情后的低碳、有韧性和包容性经济增长。2021年10月18日，在第二届"一带一路"能源部长会议上，通过了《"一带一路"绿色能源合作伙伴关系章程》，并发布了《"一带一路"绿色能源合作青岛倡议》，呼吁各方采取一致行动，支持发展中国家能源绿色低碳发展等。

四要推动共享。共享就是要让沿边地区人民群众从开放中得到实实在在的好处。过去我们提"兴边富民"，现在提"共同富裕"。我国目前的不平衡、不充分问题也突出表现在人民收入水平的区域差距上。扩大沿边地区开放，一个重要目标就是通过开放促发展，提高边境、边疆地区各族群众的收入水平和生活水准。与内地群众一道走共同富裕之路。党的十九届五中全会对推进共同富裕做出重大部署，提出2035年"全体人民共同富裕取得更为明显的实质性进展"的远景目标，这在我们党的全会上是首次提出的。2021年6月10日《中共中央 国务院关于支持浙江高质量发展建设共同富裕示范区的意见》，围绕构建有利于共同富裕的体制机制和政策体系，提出6方面、20条重大举措。2021年8月17日中央财经委员会第十次会议上专门研究扎实促进共同富裕的问题。扩大沿边开放，实现可持续发展，追求共同富裕，缩小边疆和内地贫富差距应该是重要的目标。

总之，在立足新发展阶段、贯彻新发展理念、构建新发展格局、实现高质量发展、推动共同富裕的新形势下，继续扩大沿边开放，既是一个老问题，又是一个新课题。推动沿边开放出现新局面，既是经济问题，也是政治问题，还是国家安全问题，需要高度重视，各方面共同努力。

[根据2021年12月25日在"第二届新时代沿边开放论坛（2021）"上的主题演讲整理]

加大改革开放力度　推动长三角创新创业协同发展

加强长江三角洲区域各双创示范基地和其他创新区域间的跨区域协同联动，合力构建长三角协同创新共同体，对全面贯彻创新驱动发展战略，推动长三角一体化发展，增强长三角地区创新能力和竞争能力，具有举足轻重的地位和作用。进一步讲，长三角一体化发展，对于提高经济集聚度、区域连接性和政策协同效率，对构建新发展格局，引领全国高质量发展，推动中国式现代化，建设社会主义现代化经济体系具有重要意义。而推动长三角创新创业乃至整个一体化发展，关键在于深化体制机制改革。下面就包括创新创业发展在内的长三角一体化发展已取得的进展与成就、已做的主要工作与举措、下一步的任务与重点及创新创业联盟的作用谈以下四点看法。

一　取得的进展和成就

2018 年 11 月，习近平总书记在首届中国国际进口博览会上宣布，支持长江三角洲区域（沪苏浙皖一市三省）的一体化发展并上升为国家战略，2019 年 12 月，中共中央、国务院印发《长江三角洲区域一体化发展规划纲要》并开始实施。2020 年 8 月，习近平总书记在合肥主持召开扎实推进长三角一体化发展座谈会，对长三角一体化作出明确部署。2021 年 6 月，推动长三角一体化发展领导小组办公室印发了《长三角一体化发展规划"十四五"实施方案》。4 年多来，长三角一体化通过加大改革开放力度及其探索试验，不断增强政策协同、深化分工合作、凝聚共建合力，在服务构建新发展格局、推进创新驱动发展战略和区域协调发展战略中做表率、走在前，长三角一体化发展取得丰硕成果。

（一）打开创新共建新局面

一市三省坚持创新共建，推动科技创新与产业发展深度融合，促进人才流动和科研资源共享，整合区域创新资源，联合开展"卡脖子"关键核心技术攻关，打造区域创新共同体，共同完善技术创新链，开始形成区域联动、分工协作、协同推进的技术创新体系。科技协同创新与产业体系建设融合发展的堵点卡点逐步破除，"科创＋产业"的发展模式，对促进创新链与产业链的融合发挥了积极的推动作用。G60科创走廊、沿沪宁产业创新带建设稳步推进。企业、高校和科研院所间的协同合作不断加强，以科创中心建设为引领，正在协同打造产业升级版和实体经济发展高地，在全球价值链中的位势得到提升，为高质量一体化发展注入强劲动能。

（二）形成协调共进新格局

一市三省坚持协调共进，着眼于一盘棋整体谋划，充分发挥上海龙头带动作用，苏浙皖各扬所长，推动城乡区域融合发展和跨界区域合作，提升区域整体竞争力，开始形成分工合理、优势互补、各具特色、全域集成推进的一体化协调发展格局。比如，成立长三角创新创业发展联盟，开展创新创业跨区域协同联动。沪苏浙8市（区）结对合作帮扶皖北8市加力推进，皖北承接产业集聚区建设进展顺利。轨道上的长三角、水上长三角建设加快推进。

（三）实现绿色共保新突破

一市三省坚持绿色共保，践行绿水青山就是金山银山的理念，贯彻山水林田湖草是生命共同体的思想，不破行政隶属，但打破行政边界，实现绿色经济、高品质生活、可持续发展有机统一，推进生态环境共保联治，共同打造绿色低碳发展底色，探索经济发展和生态环境保护相辅相成、相得益彰的新路子。长三角生态绿色一体化发展示范区先行探索，已成为长三角一体化发展战略的先手棋和突破口。走出一条跨行政区域共建共享、生态文明与经济社会发展相得益彰的新路径。全国生态绿色一体化，环境高标准保护和高质量发展，环境污染联防联治制度体系初步形成，2022年594个地表水考核断面中优良水质断面比例达92.1%、同比增长3个百分点，生活垃圾无害化处理率达到100%。太湖、新安江—千岛湖流域等跨界横向生态补偿机制逐步建立。①

（四）打造开放共赢新优势

一市三省坚持开放共赢，打造高水平开放平台，对接国际通行的投资贸易规则，放大改革创新叠加效应，培育国际合作和竞争新优势，营造市场统一开放、规则标准互认、要素自由流动的发展环境，构建互惠互利、求同存异、合作共赢的开放发展新体制。上海自贸试验区临港新片区以"五自由一便利"为主要内容的制度型开放体系总体形成。虹桥国际开放枢纽加快建设，虹桥国际中央商务区"一核"辐射带动北南向"两带"，同时"两带"支撑服务"一核"的协同开放格局加快构建。

（五）探索民生共享新路径

一市三省坚持民生共享，探索走共同富裕之路，增加优质公共服务供给，扩大配置范围，不断保障和改善民生，使改革发展成果更加普惠便利，让长三角居民在一体化发展中有更多获得感、幸福感、安全感，促进人的全面发展和人民共同富裕。浙江共同富裕先行区建设稳步推进。公共服务领域、项目、保障范围等跨省协同有序开展。一批国家区域医疗中心加快建设。长三角全域实现医保"一卡通"，异地就医门诊费用直接结算41城市全覆盖，政务服务"一网通办"服务事项进一步增加，长三角人民群众异地享有公共服务更加便捷。

二 已做的主要工作及举措

根据《长江三角洲区域一体化发展规划纲要》的要求和部署，2019

---

① 刘志强：《高质量发展调研行 推动长三角一体化发展不断取得新成效——访国家发展改革委有关负责同志》，《人民日报》2023年6月16日6版。

年以来，国家发展改革委等国家有关部委会同沪苏浙皖四省（市）和有关部门，围绕长三角地区"一极三区一高地"战略定位，紧扣"一体化"和"高质量"两个关键，聚焦率先构建新发展格局、拓宽科技创新和产业升级领域，打造改革开放新高地。重点开展了以下五方面的工作。

（一）加强顶层设计

制定出台了一批规划政策。出台长三角科技创新共同体建设、交通运输更高质量一体化、生态环境共同保护、公共服务便利共享等8个重点领域专项规划，制订一体化示范区、上海自贸试验区临港新片区2个重点区域总体方案，针对虹桥国际开放枢纽、G60科创走廊、沿沪宁产业创新带、宁杭生态经济带等跨界区域制定出台一系列建设方案，基本搭建起战略实施的"四梁八柱"。

（二）抓大事办要事

聚焦重点难点，努力办成一批大事要事。推动建立长三角科技创新共同体联合攻关合作机制，推进长三角国家技术创新中心实体化运作，支持浦东新区高水平改革开放，打造社会主义现代化建设引领区，支持上海自贸试验区临港新片区积极打造与国际通行规则相衔接的特殊经济功能区，推动健全太湖治理协调机制，指导建立沪苏浙城市结对合作帮扶皖北城市机制，支持皖北等相对欠发达地区高质量发展。

（三）示范带动引领

复制推广一批制度创新经验。复制推广长三角生态绿色一体化发展示范区38项制度创新经验，总结上海"五个中心"建设、浦东新区开发开放、浙江省嘉善县盘活存量土地的经验做法，不少经验已经在长三角乃至全国重点区域落地生根、开花结果。

（四）强弱项补短板

瞄准短板弱项，组织实施一批重大项目。建立长三角一体化发展规划"十四五"实施方案重大项目库并实施"挂图作战"，安排中央预算内投资、地方政府债券加大资金支持力度，强化重点项目用地用海用能等要素保障，加快建成一批标志性工程。

（五）建机制抓落实

围绕形成合力，加大统筹协调工作力度。印发实施长三角一体化发展规划"十四五"实施方案，制定年度重点工作安排，建立健全重点政策文件落实工作机制，强化重点工作任务协调推动和督促检查。

三　下一步的任务与重点

党的二十大对新时代新征程长三角一体化发展指明了方向。长三角一体化发展，作为我国区域协调发展的重大战略之一，进入了一个极为重要的高质量推进阶段。新时代新征程上，推动长三角一体化发展，特别是创新创业发展，要坚持以习近平新时代中国特色社会主义思想为指导，坚持党的领导，坚持按照规划纲要部署抓落实、一张蓝图绘到底，坚持进一步解放思想、实事求是，坚持深化改革开放、体制机制创新。以扩大长三角"朋友圈"、奏响高质量"协同曲"为目标，以营造长三角跨区域融通创新的良好生态氛围为突破口，联盟成员单位要进一步集聚创新资源，依托"长三角创业一件事"创业服务平台推动项目对接，以一站式链接创新成果、产业资本、区域政府等资源，为创业者当好接力起航的"店小二"和"护花使者"，提供高效率的优质服务。进一步提升长三角创新创业能力、整体实力和综合竞争力。

（一）构建协同创新产业体系

以打造长三角创新创业共同体为目标，深入实施长三角科技创新联合攻关计划，促进G60科创走廊、沿沪宁产业创新带协同联动，促进传统产业升级转移，加强城市间优势互补和上下游协同，全面提升长三角产业链供应链韧性和安全水平。

（二）加强基础设施互联互通

以优化基础设施布局、结构、功能和系统集成为目标，加快建设沪苏湖铁路、通苏嘉甬铁路，高效推进轨道上的长三角建设。统筹跨区域能源基础设施建设，完善区域水利发展布局，建设长三角智慧物流体系。

（三）提升区域幸福宜居水平

以建设幸福宜居长三角为目标，强化生态环境共保联治，实施新一轮太湖流域水环境综合治理。完善生态产品价值实现、跨流域跨区域生态补偿机制，加强湿地等重要生态空间保护。健全共建共治共享的社会治理制度，提高数字化、精细化、协同化治理水平，提高长三角居民异地工作生活保障能力。

（四）推进更高水平协同开放

以协同联动和扩大制度型开放为目标，更好发挥上海龙头带动作用，加快建设国际经济、金融、贸易、航运、科技创新"五个中心"。深入推进中国（上海）自由贸易试验区及临港新片区建设，促进长三角自由贸易试验区协同发展，进一步提升虹桥国际开放枢纽能级。推进区域联动的制度型开放，加快规则、规制、管理、标准与国际接轨。深度参与共建"一带一路"高质量发展。

（五）深化体制机制改革创新

以充分发挥市场配置资源的决定性作用为目标，创新一体化发展体制机制。进一步打破区域封锁和行政垄断，破除一体化发展，特别是统一大市场形成的各种障碍。持续深化长三角生态绿色一体化发展示范区制度建设。推进浙江嘉善县域高质量发展示范点建设，打造全国县域高质量发展典范。加快建设皖北承接产业转移集聚区，深化沪苏浙城市与皖北城市结对合作。

四　充分发挥创新创业联盟作用

长三角创新创业发展联盟是推进长三角一体化的重要平台和载体。经过联盟各成员单位的共同努力，已成为推动长三角一体化的重要品牌。其作用和影响力越来越大。要进一步对标中央精神，密切结合长三角一体化发展的实际，在目前已有基础上，充分调动联盟内外各方面的积极性，统筹整合各方面资源，以体制机制改革创新为动力，把工作进一步做细做实。

（一）充分激发创新创业市场主体活力

2023年4月21日召开的第二十届中央深改委第一次会议审议通过《关于强化企业科技创新主体地位的意见》强调，强化企业科技创新主体地位，是深化科技体制改革、推动实现高水平科技自立自强的关键举措。要坚持系统观念，围绕"为谁创新、谁来创新、创新什么、如何创新"，从制度建设着眼，对技术创新决策、研发投入、科研组织、成果转化全链条整体部署，对政策、资金、项目、平台、人才等关键创新资源系统布局，一体推进科技创新、产业创新和体制机制创新，推动形成企业为主体、产学研高效协同深度融合的创新体系。要聚焦国家战略和产业发展重大需求，加大对企业创新支持力度，积极鼓励、有效引导民营企业参与国家重大创新，推动企业在关键核心技术创新和重大原创技术突破中发挥作用。

（二）深入推进区域协同创新创业共同体建设

发挥长三角双创示范基地联盟作用，加强跨区域"双创"合作，前瞻布局和资源共享。集中突破一批"卡脖子"关键核心技术，联手营造有利于提升自主创新能力的创新生态，打造全国原始创新策源地。加强清华长三角研究院、上海张江、安徽合肥综合性国家科学中心等创新平台建设。建立健全开放共享合作机制。推动硬X射线自由电子激光装置、未来网络试验设施、超重力离心模拟与实验装置、高效低碳燃气轮机试验装置、聚变堆主机关键系统综合研究设施等重大科技基础设施集群化发展。抓好国家布局的科技重大专项，共同实施国际大科学计划和国际大科学工程。充分发挥市场和政府作用，打通原始创新向现实生产力转化通道，推动科技成果跨区域转化。加快科技资源共享服务平台优化升级，推动重大科研基础设施、大型科研仪器、科技文献、科学数据等科技资源合理流动与开放共享。发挥长三角技术交易市场联盟作用，推动技术交易市场互联互通。依托现有国家科技成果转移转化示范区，建立健全协同联动机制，共建科技成果转移转化高地。

(三) 加强创新链与产业链跨区域协同

依托创新链提升产业链，围绕产业链优化创新链，促进产业链与创新链精准对接，打造产业链为基础、创新链为引领的产业升级版。聚焦关键共性技术、前沿引领技术、应用型技术，建立政学产研多方参与机制，开展跨学科跨领域协作攻关，形成基础研究、技术开发、成果转化和产业创新全流程创新产业链。支持龙头企业跨区域整合科研院所研究力量，鼓励科研人员深度参与产业创新活动。成立区域产业联盟。综合运用政府采购、技术标准等政策工具，加快科研成果从样品到产品、从产品到商品的转化。到 2025 年，研发投入强度达到 3% 以上，科技进步贡献率达到 65%，高技术产业产值占规模以上工业总产值比重达到 18%。

(四) 共同打造数字长三角

要协同建设新一代信息基础设施，推动信息基础设施达到世界先进水平，建设高速泛在信息网络，加快构建新一代信息基础设施。加快推进 5G 网络建设，支持电信运营、制造、IT 等行业龙头企业协同开展技术、设备、产品研发、服务创新及综合应用示范。深入推进 IPv6 规模部署，加快网络和应用升级改造，打造下一代互联网产业生态。统筹规划长三角数据中心，推进区域信息枢纽港建设，实现数据中心和存算资源协同布局。加快量子通信产业发展，开展量子通信应用试点。共同推动重点领域智慧应用。加快长三角政务数据资源共享共用，提高政府公共服务水平。合力建设长三角工业互联网。积极推进以"互联网+先进制造业"为特色的工业互联网发展，加快建设以跨行业跨领域跨区域平台为主体、企业级平台为支撑的工业互联网平台体系。全面建立工业互联网安全保障体系，遴选推广一批创新实用的网络安全试点示范项目。

(五) 强化协同创新政策支撑

加大政策支持力度，形成推动协同创新的强大合力。研究制定覆盖长三角全域的全面创新改革试验方案。建立一体化人才保障服务标准，实行人才评价标准互认制度，允许地方高校按照国家有关规定自主开展人才引进和职称评定。加强长三角知识产权联合保护。支持地方探索建立区域创新收益共享机制，鼓励设立产业投资、创业投资、股权投资、科技创新、科技成果转化引导基金。在上海证券交易所设立科创板并试点注册制，鼓励长三角地区高成长的创新型企业到科创板上市融资。

（根据 2023 年 8 月 30 日在"2023 年长三角创新创业发展联盟全体大会"上的演讲整理）

保障和改善民生是沿边开放
实现共同富裕的大文章

沿边开放是篇大文章，沿边地区实现共同富裕也是篇大文章。而沿边开放和共同富裕是篇更大的文章，做好这篇文章要做的事情很多。其中一项重要的内容就是在发展中增进沿边地区民生福祉，切实保障和改善民生。党的二十大报告强调，必须坚持在发展中保障和改善民生，鼓励共同奋斗创造美好生活，不断实现人民对美好生活的向往。党的二十大报告还指出，支持革命老区、民族地区加快发展，加强边疆地区建设，推进兴边富民、稳边固边。就学习领会党的二十大关于增进民生福祉、保障和改善民生的有关精神，从沿边地区开放和实现共同富裕的角度，谈以下三点认识和体会。

一 保障和改善民生是治国安邦大问题

保障和改善民生、维护社会公平正义，是增进人民福祉、提高人民生活品质的基本制度保障，是促进经济社会发展、实现广大人民群众共享改革发展成果、走向共同富裕的重要制度安排。

（一）我们党历来高度重视民生改善和社会保障

党的十八大以来，党中央把加强社会保障和改善民生体系建设摆上更加突出的位置。2021年2月习近平总书记在中共中央政治局第二十八次集体学习时强调，社会保障是治国安邦的大问题。2013年11月党的十八届三中全会作出的《关于全面深化改革若干重大问题的决定》60条中的第 2 条中提出，要紧紧围绕更好保障和改善民生、促进社会公平正义深化社会体制改革。2017 年 10 月党的十九大报告中"关于新时代坚持和发展中国特色社会主义的基本方略"14 条的第 8 条强调，要坚持在发展中保障和改善民生，在发展中补齐民生短板，促进社会公平正义。2022 年 7 月 28 日，中共中央政治局会议分析研究当前经济形势、部署下半年经济工作时强调，要扎实做好民生保障工作，要着力保障困难群众基本生活，做好高校毕业生等重点群体就业工作。

（二）党的十八大以来，我国在保障和改善民生方面取得很大成就

社会建设和社会体制改革顺应人民对高品质生活的期待，适应人的全面发展和全体人民共同富裕的进程。幼有所育、学有所教、劳有所得、病有所医、老有所养、住有所居、弱有所扶取得明显进展。在社会保障方面，统一城乡居民基本养老保险制度，实现机关事业单位和企业养老保险制度并轨，建立企业职工基本养老保险基金中央调剂制度。整合城乡居民基本医疗保险制度，全面实施城乡居民大病保险，组建国家医疗保障局。推进全民参保计划，降低社会保险费率，划转部分国有资本充实社保基金。积极发展养老、托幼、助残等福利事业，年老、疾病、失业、工伤、残疾、贫困等风险时都有了相应制度保障。目前我国已基本建成以社会保险为主体，包括社会救助、社会福利、社会优抚等制度在内，功能完备的世界上规模最大的社会保障体系，基本医疗保险覆盖 13.6 亿人，基本养老保险覆盖近 10 亿人。

（三）更好保障和改善民生，是"十四五"重点任务

2020 年 10 月党的十九届五中全会通过《中共中央关于制定国民经济和社会发展第十四个五年规划和二〇三五年远景目标的建议》第十二部分"改善人民生活品质，提高社会建设水平"中第 42—48 条，重点就是坚持把实现好、维护好、发展好最广大人民根本利益作为发展的出发点和落脚点，尽力而为、量力而行，健全基本公共服务体系，完善共建共治共享的社会治理制度，扎实推动共同富裕，不断增强人民群众获得感、幸福感、安全感，促进人的全面发展和社会全面进步。2021 年 3 月《中华人民共和国国民经济和社会发展第十四个五年规划和 2035 年远景目标纲要》第十三篇"提升国民素质，促进人的全面发展"中第43—45章，第十四篇"增进民生福祉，提升共建共治共享水平"中第46—51章，共9章的篇幅，部署了涉及教育、医疗医药医保、养老扶幼、健康、基本公共服务、就业、收入分配、社保、慈善、基层社会治理等方面的重点任务。强调要加强普惠性、基础性、兜底性民生建设，完善共建共治共享的社会治理制度，制定促进共同富裕行动纲要，自觉主动缩小地区、城乡和收入差距，让发展成果更多更公平惠及全体人民。

（四）坚持在发展中保障和改善民生是党的二十大的重大部署

民生既是"小"事情，又是大问题。保障和改善民生，应该说"作于细"而"成其大"。这个问题直接连着"两头"。一头是人民群众美好生活的具体需求，能够解决民生领域许多老百姓反映强烈的烦心事、操心事、揪心事，也就是急难愁盼问题，可增强基本公共服务的均衡性和可及性，扎实推进共同富裕；另一头是经济社会发展大局，事关全面建设社会主义现代化国家、实现第二个百年奋斗目标全局，可有力推动构建新发展格局和实现高质量发展。

（五）保障和改善民生是扎实推进共同富裕的当务之急

多年来，特别是党的十八大以来，尽管我们在保障和改善民生方面做了大量的工作，成绩也可圈可点，但不无遗憾的是，由于我国现阶段发展中的不平衡、不充分问题仍然突出，民生和社会保障领域依然存在大量亟待解决的矛盾和问题。正如党的二十大报告提到的，城乡发展和收入分配差距仍然较大，群众在就业、教育、医疗、托育、养老、住房等方面面临不少难题。这都成为影响实现共同富裕的短板。在沿边地区问题更加突出。如果分析沿边地区和内地的发展差距，除了经济发展水平的差距，民生问题方面的差距更大。因此，沿边地区补齐民生差距短板，是提高人民生活品质、扎实推进共同富裕的重要任务和当务之急。沿边要更好地保障和改善民生，既需要通过加快发展，特别是高质量的发展做大蛋糕，更需要通过深化社会体制机制改革切好蛋糕。

二 保障和改善民生必须深化民生领域体制机制改革

民生问题，如前所述是治国安邦大问题。保障和改善民生，触及经济社会多方面权力利益及其格局的调整。正如党的二十大报告指出的，推进改革发展、调整利益关系往往牵一发而动全身。因此，必须破除体制机制障碍，才能从根本上补齐民生领域短板，缩小民生领域的城乡差距、区域差距，特别是沿边和内地的差距。

（一）深化收入分配制度改革

目前，我国城乡、区域、不同群体之间的居民收入差距依然较大，基尼系数居高不下，始终位于 0.4 的警戒线之上，在 0.47 左右。提高人民收入水平，推动共同富裕，任务艰巨。党的二十大报告指出，要完善分配制度，分配制度是促进共同富裕的基础性制度。要构建初次分配、再分配、第三次分配协调配套的制度体系。具体讲，一是完善工资制度，健全工资合理增长机制。坚持按劳分配为主体、多种分配方式并存，提高劳动报酬在初次分配中的比重，提高低收入群体收入，扩大中等收入群体规模。二是完善按要素分配政策制度，健全各类生产要素由市场决定报酬的机制。探索通过土地、资本等要素使用权、收益权增加中低收入群体要素收入。多渠道增加城乡居民财产性收入。三是完善个人所得税制度。规范收入分配秩序，规范财富积累机制。保护合法收入，加大税收、社保、转移支付等调节力度和精准性，调节过高收入，取缔非法收入。四是完善第三次分配机制。发展公益慈善事业，改善收入和财富分配格局。

（二）深化国家公共服务制度改革

经国务院批复同意，由国家发展改革委联合 20 个部门印发的《国家基本公共服务标准（2021 年版）》明确了幼有所育、学有所教、劳有所得、病有所医、老有所养、住有所居、弱有所扶、优军服务保障、文体服务保障 9 个方面、22 大类、80 个服务项目都属于国家确定的基本公共服务范围。主要意图就是补齐基本公共服务短板，提升公共服务质量和水平。党的二十大报告指出，要健全基本公共服务体系，提高公共服务水平，增强均衡性和可及性。因此，一是要建立健全基本公共服务标准体系及动态调整机制。围绕公共教育、就业创业、社会保险、医疗卫生、社会服务、住房保障、公共文化体育、优抚安置、残疾人服务等领域，推动标准水平城乡区域间衔接平衡，提高基本公共服务均等化水平。二是创新公共服务提供机制。突出政府在基本公共服务供给保障中的主体地位，推动非基本公共服务提供主体多元化、提供方式多样化。发挥社会力量积极作用。三是完善公共服务政策保障体系。优化财政支出结构，优先保障基本公共服务补短板，加大中央和省级财政对基层政府提供基本公共服务的财力支持。

（三）深化就业促进机制改革

就业是最基本的民生。目前，多因素叠加导致就业压力"山大"，出现摩擦性失业困境。2022年我国16—24岁城镇青年失业率一度高达19.3%。2022年我国高校毕业生规模将达1076万人，比上一年增加167万人，规模和增量都创历史新高，就业难度陡增。党的二十大报告强调，要实施就业优先战略，强化就业优先政策，健全就业促进机制，促进高质量充分就业。健全就业促进机制，一是健全就业目标责任考核机制和就业影响评估机制。完善高校毕业生、退役军人、农民工等重点群体就业支持体系。二是建立促进创业带动就业、多渠道灵活就业机制。全面清理各类限制性政策，增强劳动力市场包容性。三是健全覆盖城乡的就业公共服务体系。加强基层公共就业创业服务平台建设，提供就业免费优质服务。四是构建常态化援企稳岗帮扶机制，统筹用好就业补助资金和失业保险基金。五是健全劳务输入集中区域与劳务输出省份对接协调机制，加强劳动力跨区域精准对接。六是健全劳动合同制度和劳动关系协调机制，加强劳动者权益保障。七是健全终身职业技能培训制度，全面提升劳动者就业创业能力。八是健全就业需求调查和失业监测预警机制。

(四) 深化教育领域综合改革

目前教育领域问题不少，突出表现在：学生负担太重，课多、作业多、考试多；教师压力大，任务、指标、升学率；优质教育资源分布不均衡，导致教育不公平；收费过高；素质教育实施举步维艰；等等。党的二十大报告强调，要办好人民满意的教育，深化教育领域综合改革。要建设高质量教育体系。一是深化新时代教育评价改革，建立健全教育评价制度和机制。发展素质教育，增强学生文明素养、社会责任意识、爱国情怀、创新精神和健康人格培养，培养德智体美劳全面发展的社会主义建设者和接班人。二是健全学校家庭社会协同育人机制。建立高水平现代教师教育体系，提升教师教书育人能力素质。三是推进基本公共教育均等化。巩固义务教育基本均衡成果，完善办学标准，推动义务教育优质均衡发展和城乡一体化。四是完善普惠性学前教育和特殊教育、专门教育保障机制。鼓励高中阶段学校多样化发展。五是完善职业技术教育。加大人力资本投入，增强职业技术教育适应性，深化职普融通、产教融合、校企合作，探索中国特色学徒制，大力培养技术技能人才。六是推进高等教育分类管理和高等学校综合改革。构建更加多元的高等教育体系，提高高等教育质量，分类建设一流大学和一流学科，加快培养理工农医类专业紧缺人才。此外，要提高民族地区教育质量和水平，加大国家通用语言文字的推广力度。支持和规范民办教育发展，规范校外培训机构。发挥在线教育优势，完善终身学习体系，建设学习型社会。

(五) 深化社会保障体系改革

党的二十大报告指出，社会保障体系是人民生活的安全网和社会运行的稳定器，要健全覆盖全民、统筹城乡、公平统一、安全规范、可持续的多层次社会保障体系。健全社会保障体系，一是推进社保转移接续，健全基本养老、基本医疗保险筹资和待遇调整机制。实现基本养老保险全国统筹，实施渐进式延迟法定退休年龄。发展多层次、多支柱养老保险体系。二是推动基本医疗保险、失业保险、工伤保险省级统筹，健全重大疾病医疗保险和救助制度。落实异地就医结算制度，稳步建立长期护理保险制度，积极发展商业医疗保险。三是健全灵活就业人员社保制度。四是健全退役军人工作体系和保障制度。五是健全分层分类的社会救助体系。坚持男女平等基本国策，保障妇女儿童合法权益。健全老年人、残疾人关爱服务体系和设施，完善帮扶残疾人、孤儿等社会福利制度。六是完善全国统一的社会保险公共服务平台。

（六）深化医药卫生体制改革

看病难、看病贵、医疗资源分配不平衡等是长期困扰老百姓的问题。党的二十大报告指出，要推进健康中国建设，把保障人民健康放在优先发展的战略位置，完善人民健康促进政策，深化医药卫生体制改革。因此，一是要改革疾病预防控制体系。强化监测预警、风险评估、流行病学调查、检验检测、应急处置等职能。二是建立稳定的公共卫生事业投入机制。加强人才队伍建设，改善疾控基础条件，完善公共卫生服务项目，强化基层公共卫生体系。三是创新医防协同机制。落实医疗机构公共卫生责任。四是完善突发公共卫生事件监测预警处置机制。健全医疗救治、科技支撑、物质保障体系，提高应对突发公共卫生事件能力。五是完善基本医疗卫生事业公益属性机制。加快优质医疗资源扩容和区域均衡布局。此外，通过体制机制创新，支持社会办医，推广远程医疗；坚持中西医并举，大力发展中医药事业；深入开展爱国卫生运动，促进全民养成文明健康生活方式；完善全民健身公共服务体系；加快发展健康产业。

（七）深化生育、养老体制改革

2021年我国全年出生人口为1062万人，净增48万人，创下了近60年来（1962年以来）的新低。2021年人口出生率为7.18‰，连续两年跌破1%，也是近72年来（1950年以来）的新低。在出生人口持续下降的同时，我国的老龄化程度也在不断加深。国家统计局的数据显示，2021年我国60岁及以上人口为26736万人，占全国人口的18.9%，其中65岁及以上人口20056万人，占全国人口的14.2%。按国际通行标准（14%），已进入到深度老龄化社会。党的二十大报告指出，要优化人口发展战略，建立生育支持政策体系，降低生育、养育、教育成本，实施积极应对人口老龄化国家战略，发展养老事业和养老产业。推动生育、养老体制改革，一是健全人口与发展综合决策机制。深化人口发展战略研究，发展普惠托育服务体系，降低生育、养育、教育成本，促进人口长期均衡发展，提高人口素质。二是建立开发老龄人力资源机制。发展银发经济，推动养老事业和养老产业协同发展。三是健全基本养老服务体系。发展普惠型养老服务和互助性养老，支持家庭承担养老功能，培育养老新业态，构建居家社区机构相协调、医养康养相结合的养老服务体系，健全养老服务综合监管制度。

（八）深化社会治理改革

党的二十大报告指出，要完善社会治理体系，健全共建共治共享的社会治理制度，提升社会治理效能，在社会基层坚持和发展新时代"枫桥经验"，完善正确处理新形势下人民内部矛盾机制。因此，一是要完善城乡基层社会治理制度。健全党组织领导的自治、法治、德治相结合的城乡基层治理体系。二是完善基层民主协商制度。实现政府治理同社会调节、居民自治良性互动，建设人人有责、人人尽责、人人享有的社会治理共同体。三是健全社区管理和服务机制。发挥群团组织和社会组织在社会治理中的作用，畅通和规范市场主体、新社会阶层、社会工作者和志愿者等参与社会治理的途径。四是加强基层群众自治机制建设。健全村（居）民参与社会治理的组织形式和制度化渠道，推动社会治理重心向城乡基层下移，夯实基层社会治理基础，积极引导社会力量参与基层治理。

三 贯彻新发展理念推动沿边民生领域体制机制改革

完整、准确、全面贯彻新发展理念，是全面深化改革的基本遵循，也是深化民生领域体制机制改革的指导方针。要坚持人民至上，坚持共同富裕，把增进民生福祉、促进社会公平作为沿边地区保障和改善民生的根本出发点和落脚点，使改革发展成果更多更公平惠及沿边地区各族人民。

（一）坚持系统观念推进改革

党的二十大报告在提到继续推进实践基础上的理论创新时，指出必须坚持系统观念。坚持系统观念是"十四五"时期经济社会发展要遵循的五个原则之一。在民生领域深化体制机制改革，要系统把握新发展阶段、新发展理念、新发展格局提出的新要求，在统筹推进"五位一体"总体布局、协调推进"四个全面"战略布局中统筹思考改革任务，系统谋划更好保障和改善民生目标。促使改革任务与民生目标有机统一、改革举措与依法治国相辅相成、改革实践与党的领导协同推进。强化全局视野和系统思维，对增强民生领域体制机制改革的系统性、协调性至关重要。

（二）坚持系统集成推进改革

全面深化改革正处于加强系统集成、协同高效的重要阶段。巩固和深化这些年来我们在解决体制性障碍、机制性梗阻、政策性创新方面取得的改革成果，做好成果梳理对接，着力点就是改革系统集成。深化民生领域体制机制改革也必须坚持系统集成，统筹推进各项改革任务。要加强改革前瞻性思考、全局性谋划、战略性布局和整体性推进。要与全面深化改革的其他领域的改革，特别是经济体制改革有机结合，统筹保障和改善民生与经济社会发展水平及其支撑能力。系统集成，重在增强改革的系统性、整体性、协同性，使涉民生领域的体制机制各项改革举措产生联动效应。这也是民生领域体制机制改革的特点。深化民生领域体制机制改革事关民生领域方方面面，不是某个领域某个方面的单项改革，要统筹推进各领域改革，不能零敲碎打地调整，更不能碎片化地修修补补，而是全面的、系统的、联动的和集成的。

（三）坚持辩证思维推进改革

深化民生领域体制机制改革，面对各种十分复杂的利益关系，解决错综复杂的矛盾问题，离不开辩证思维。只有增强辩证思维能力，才能提高驾驭复杂局面、处理复杂问题的本领，才能真正做好民生领域各项改革工作。要正视问题、分析问题、解决问题，善于抓住关键、找准重点。就要求在深化民生领域体制机制改革中善于处理局部和全局、当前和长远、重点和非重点的关系，特别是处理尽力而为和量力而行的关系，把提高民生保障水平建立在经济和财力可持续增长的基础之上，不脱离实际、超越阶段。在权衡利弊中趋利避害、在辩证分析中做出最为有利的抉择。立足社会建设、民生各领域体制机制改革的耦合性制定配套措施，使各项改革措施在政策取向上相互配合、在实施过程中相互促进、在实际成效上相得益彰。

（四）坚持探索创新推进改革

深化民生领域体制机制改革要坚持创新。把创新意识、创新举措、创新实践，贯穿改革的各个方面和各个环节。通过创新不断推出保障和改善民生的新思路、新举措、新办法。一要不断创新思路。坚持解放思想、实事求是，注重学习借鉴国外保障和改善民生有益经验，不断破除旧观念，克服旧习惯，打破藩篱，产生新思路，解决新问题，开拓新局面。二要不断创新举措。根据中央精神，密切结合沿边地区实际，针对矛盾症结所在，找准突破方向和着力点，推出有沿边特色的新举措，能贴近实践，指导实际工作。三要不断创新实践。在保障和改善民生的实际工作特别是基层工作中，创造可复制可推广的先进经验和做法，形成有特色的案例，供沿边地区面上参考、借鉴和推广。此外，要积极探索民生领域数字化转型，推进智能化服务创新。

（五）坚持真抓实干推进改革

深化民生领域体制机制改革，更好保障和改善民生，推动改革举措任务落地见效，重在脚踏实地、真抓实干。一要加强协同配合。改革重大举措落实，往往涉及民生领域多个方面、多个部门、多个环节，必须增强任务落实的系统性、灵活性、协调性和配套性，解决问题，既要积极又要稳妥，做到蹄疾步稳。二要坚持不懈、持之以恒。拿出抓铁有痕、踏石留印的韧劲，通过扎扎实实努力，把改革的各项部署和任务落到实处，力戒形式主义、官僚主义。三要不计得失，不在乎名利。要有"功成不必在我，功成一定有我"的境界，一步一个脚印，一茬一茬接着干，只要对增进民生福祉、实现共同富裕有利，增强人民群众获得感、幸福感、安全感有利，就都是成绩，都有功劳。

（根据2022年11月19日在"新思路、新举措、新篇章——沿边开放和共同富裕"第三届新时代沿边开放论坛上的主题演讲整理）

第三章
共建"一带一路"倡议与中国式现代化

中国式现代化与共建"一带一路"倡议

2023年是习近平总书记提出共建"一带一路"倡议十周年，也是贯彻党的二十大精神，开启推进中国式现代化，全面建设社会主义现代化国家新征程的开局之年。中国式现代化有着深刻的历史、实践和理论逻辑，必将为全球经济复苏特别是共建"一带一路"高质量发展注入强劲动能，为"一带一路"倡议各国的共同发展开辟更广阔路径，开创更美好前景。

一 以中国式现代化推动共建"一带一路" 高质量发展面对新的时代主题

（一）研判时代主题很重要

我们分析国际经济政治大势，制定改革开放大政方针乃至处理国际经济政治关系的总体决策依据，就是对世界时代主题的基本判断。推进中国式现代化是如此，10年前提出共建"一带一路"倡议是如此，在新时代新征程深化"一带一路"国际合作也是如此。多年来，我们一向认为，"和平与发展"是当今世界的时代主题。现在理论界、学术界不少人好像依然持这种观点。"和平"是对国际政治关系特别是地缘政治平衡的基本判断，"发展"是对国际经济关系特别是经济全球化的基本判断。

（二）时代主题正在发生变化

党的二十大报告指出，当前，世界之变、时代之变、历史之变正以前所未有的方式展开。和平赤字、发展赤字、安全赤字、治理赤字加重，人类社会面临前所未有的挑战，世界又一次站在历史的十字路口。在十字路口，时代主题有无变化？如果有变化，新的时代主题应该是什么？这个问题直接影响对当前世界经济政治格局的基本判断，也直接影响到共建"一带一路"倡议今后的基本思路和基本走向。从全球视野观察和分析，一系列问题表明，和平与发展这个多年的时代主题已悄悄发生了变化。地缘政治冲突特别是大国博弈加速演进，新冷战抬头，选边站结盟；过去三年新冠疫情全球持续蔓延特别是对产业链、供应链的冲击；极端气候特别是自然灾害多地频发；能源、原材料等大宗商品价格全球性剧烈波动，发达经济体通货膨胀加剧，可能出现的能源危机、粮食危机；等等，尖锐地摆在世界各国，也包括共建"一带一路"倡议国家的面前。

（三）新的时代主题

新时代主题或许可表述为"冲突与脱钩"。地缘政治冲突明显加剧。虽然尚未爆发世界大战，但俄乌冲突对现有世界经济政治体系的冲击及其连锁反应，全球整体和平局面已经改变。经济上脱钩愈演愈烈。单边主义、保守主义已不仅仅是抬头，制裁、遏制、脱钩已白热化，经济多极化、全球化出现了危机。经济安全、可持续发展等问题比过去几年的任何时候都客观地摆在共建"一带一路"国家面前。如果时代主题已经或正在由"和平与发展"演化为"冲突与脱钩"，共建"一带一路"倡议如何应变，在挑战与考验中化危为机，于变局、乱局中开新局、胜局，需要深度思考并进行新的战略考量。

2023年9月19日，第78届联合国大会一般性辩论在位于纽约的联合国总部拉开序幕。辩论一开始就遭到了"雷击"，也就是联合国秘书长古特雷斯的震撼性发言。他在开幕式讲话中再次警告"我们的世界岌岌可危"。他表示，目前地缘政治紧张局势正在加剧，全球挑战日益严峻。虽然世界正在迅速走向多元化，但全球治理却陷入了困境，分歧在各个领域都在加深。

（四）科技革命也是时代主题

除了战争与和平、革命与发展，这些内容是时代的主题，还有一个更重要的主题，这就是科技革命。换一个角度看，地缘政治格局的变化，经济全球化的走向，从深层次讲，都与科技进步、科技革命有直接的关系。这就不能不提到人工智能。要高度重视科技革命特别是人工智能突破性变革对中国式现代化、对共建"一带一路"倡议带来的冲击，是挑战更是机遇。在我们还没有完全弄明白区块链、元宇宙的时候，Chat GPT的GPT4横空出世了。美国Open AI人工智能公司推出的Chat GPT不仅是人工智能领域的一个巨大的飞跃，而且或将在全世界引起影响广泛而深刻的经济社会系统性变革。这种变革带给地缘政治变化，带给经济全球化，包括共建"一带一路"倡议的巨大影响可能会超出我们的想象。不能不从战略上高度重视这个问题。同时要考虑控制风险。Open AI正在开发一款比Chat GPT4更强大的Chat GPT5。据悉，该系统已经完成了对人类网络上所有视频的学习，可以瞬间标记出所有它看过的视频中的一切声光信息，并且能够准确预测任何一个人的未来行为和寿命。最近，习近平总书记提出"新质生产力"，核心内容就是科技革命作为时代主题给全球生产力发展和生产方式变化带来的变革和提升。用马克思主义的观点来说，即生产力决定生产关系，存在决定意识，经济基础决定上层建筑，"新质生产力"的形成和发展，也必然给全球政治、经济治理格局带来深刻影响。世界之变、时代之变、历史之变，首先是科技革命之变。

二 中国式现代化为共建"一带一路"发展中国家探索自主现代化道路提供了示范

（一）凝聚了广泛共识和认同

中国式现代化是巨大人口规模的现代化（我国14亿多人口整体迈进现代化社会，规模超过现有发达国家人口的总和），是全体人民共同富裕的现代化，是物质文明和精神文明相协调的现代化，是人与自然和谐共生的现代化，是走和平发展道路的现代化。中国式现代化的核心要义是为了人民，这就顺应了各国人民对物质富裕与文明进步的渴望，能够引发广大"一带一路"倡议中发展中国家的广泛认同与信任，凝聚起"一带一路"倡议中发展中国家乃至全球发展共识,将大大提振"一带一路"倡议中发展中国家追求和实现现代化的信心。正如2023年5月18日,习近平主席在西安举办的中国—中亚峰会上所讲的,我们愿同中亚国家加强现代化理念和实践交流,推进发展战略对接,为合作创造更多机遇,协力推动六国现代化进程。

(二)揭示了相同的底层逻辑

中国式现代化的本质要求也包括推动构建人类命运共同体,创造人类文明新形态。正如习近平总书记提出的全球文明倡议,从人类文明的高度,为人类现代化道路的多样性、自主性、可持续性、共生性等提供了底层逻辑的指引。人类文明的丰富多样性厚植于现代化道路的多样性。共建"一带一路"倡议中的发展中国家,大多有着丰富多彩、历史渊源的文化积淀。从尊重世界文明形态多样性、尊重各国文化差异性的底层逻辑出发,各国人民在各国现代化道路的方向选择上最具有发言权,契合人权要义。

(三)提供了美好愿景和动力

中国式现代化为共建"一带一路"倡议、为各参与国家推进自主现代化提供了框架基础。共建"一带一路"倡议国家,大多资源丰富,旧工业化水平偏低。通过共建"一带一路"倡议,推进基础设施互联互通,畅通贸易投资渠道,共建工业园区和经济特区等投资合作模式,能够大大提高内生增长动力,推进工业化进程。2023年4月21日,习近平主席向在上海"世界会客厅"举办的"中国式现代化与世界"蓝厅论坛致贺信时指出,实现现代化是近代以来中国人民的不懈追求,也是世界各国人民的共同追求。一个国家走向现代化,既要遵循现代化的一般规律,更要符合本国实际、具有本国特色。中国共产党团结带领全国各族人民,经过长期艰辛探索找到了符合中国国情的发展道路,正在以中国式现代化全面推进强国建设、民族复兴。中方愿同各国一道,努力以中国式现代化新成就为世界发展提供新机遇,为人类探索现代化道路和更好社会制度提供新助力，推动构建人类命运共同体。①

三 以中国式现代化推进共建"一带一路"高质量发展迫切需要打造"信任丝绸之路"

（一）信任是丝路之魂

"一带一路"倡议应该也必须是"信任之路"。我们常说，要把"一带一路"倡议建设成为和平之路、繁荣之路、开放之路、绿色之路、创新之路、文明之路。为抗击新冠疫情，我们又提出要把"一带一路"倡议打造成团结应对挑战的合作之路、维护人民健康安全的健康之路、促进经济社会恢复的复苏之路、释放发展潜力的增长之路。还提出"减贫之路""数字之路""廉洁之路"，等等，都非常具有针对性。但所有这些"路"都不能缺少信任，都必须是"信任之路"。离了信任，任何"路"都难建、难行。特别是面对时代主题之变，应对各种冲击、挑战和考验，维护"共商、共建、共享"的稳定性，保持"五通"持续畅通，增强构建人类命运共同体的凝聚力，"信任"就更为重要。当今世界，信任是比黄金还要贵重的稀缺资源和奢侈品。正如习近平主席强调的，信任是"国际关系中最好的黏合剂"，只有在信任的基础上才能构建起命运与共的全球伙伴关系。

（二）破解"信任赤字"是当务之急

"信任赤字"是目前全球治理存在的突出问题。2019年3月26日，习近平主席在巴黎出席中法全球治理论坛闭幕式发表重要讲话时，首次提出要"坚持互商互谅，破解信任赤字"。同年11月14日，习近平主席在金砖国家领导人巴西利亚会晤公开会议上发表重要讲话中指出，令人担忧的是，保护主义、单边主义愈演愈烈，治理赤字、发展赤字、信任赤字有增无减，世界经济中不稳定、不确定因素明显上升。在2021年博鳌亚洲论坛开幕式主旨演讲中习近平主席再次强调，人类社会面临的治

---

① 《习近平向"中国式现代化与世界"蓝厅论坛致贺信》，《人民日报》2023年4月22日第1版。

理赤字、信任赤字、发展赤字、和平赤字有增无减,实现普遍安全、促进共同发展依然任重道远,再次提到信任赤字问题。从哲学角度看,由于意识形态差异、社会制度不同和利益矛盾纠葛等,不信任是绝对的,信任是相对的。但要和平、要发展,信任又必须是绝对的。和平与发展的大厦不可能建立在不信任的"信任赤字"地基上。破解、消除信任赤字,关键在于尊重,尊重关切、管控分歧、凝聚共识、求同存异。信任的基础是尊重,只有在尊重的前提下才有可能减少猜疑,赢得信任。那种唯我独尊、赢者通吃、霸权主义和强权政治的做法,只会破坏信任。共建"一带一路"倡议就是秉持尊重各国人民自主选择的权利,不干涉别国内政,不以强凌弱,不搞强加于人。

(三) 立规矩、建机制是根本保障

立规矩、建机制就是言而有信,言出必行,建立并坚守"言必信、行必果"的行为准则。敬畏规则,恪守规则,以诚相待,信守承诺。多年来,我国积极践行在国际社会上做出的每项承诺,认真兑现与国际组织和他国缔结的各种合约条款,对非洲的援助、对联合国的承诺、对欠发达地区的帮助、对共建"一带一路"倡议沿线国家的支援等,在国际上树立起负责任大国的形象。如果言而无信、出尔反尔,必然不会赢得信任。有的国家频频发生撕毁合约等破坏信任的事情,不但降低了自己的可信度,破坏各个国家之间的信任基础,而且加剧全球"信任赤字"。中国尊重联合国的崇高地位,严格按照《联合国宪章》的原则和宗旨办事,遵守国际法和国际规则。主动参与国际规则制定,在国际规则上主持公道,反对无端的欺凌和压榨,尽力保护小国、弱国的权利和利益,坚决维护公平正义的国际秩序,赢得了世界多数国家的尊敬和信任。[①]

(四) 求同从异、包容沟通是桥梁纽带

打造"信任之路",重在包容。包容需要沟通交流、加强对话并形成机制。交流是理解的基础,沟通是共识的桥梁,增进信任必须加强彼此沟通理解。以交流、交往破解对抗,以交心、理解增进互信。世界上有

[①] 王珊珊:《以中国智慧破解全球"信任赤字"》,《红旗文稿》2019 年第 24 期。

200多个国家和地区，共建"一带一路"倡议国家已超过150个。每个国家不同的历史背景孕育出不同的历史、文化、风俗和文明。每一种文明都有其独特魅力和深厚底蕴，都是人类的精神瑰宝。如何做到相互理解、相互信任，关键是在相互包容、和而不同。文明因交流而多彩，文明因互鉴而丰富。文明交流互鉴是增进互信的基石。因此，新形势下，面对挑战和考验，要继续通过多种方式，建立多渠道对话交往机制和平台，加强沟通、交流、协商、减少分歧，消除误会，增进互信，建设更紧密的开放包容伙伴关系。丝路精神的表述就是：和平合作，开放包容，互学互鉴，互利共赢。

四 以中国式现代化推进共建"一带一路"高质量发展关键在于深化务实合作

以中国式现代化推进共建"一带一路"倡议，需要谋划和实施的工作很多，但千头万绪，重点还是深化务实合作。深化务实合作，要以习近平新时代中国特色社会主义思想为指导，认真贯彻习近平总书记关于共建"一带一路"倡议的重要论述、指示和批示精神，继续坚持共商共建共享原则，秉持开放绿色廉洁理念，追求高标准惠民生可持续目标。既深化互联互通合作的"硬联通"，又提升规则、规制、标准、对接等的"软联通"，也要推动人文交流的"心相通"。要把探索远亲近邻共同发展的新办法，开拓造福各国、惠及世界的"幸福路"作为共建"一带一路"倡议深化务实合作的根本出发点和落脚点。

（一）务实合作取得实打实、沉甸甸的成果

我国与"一带一路"倡议国家贸易和投资规模稳步扩大，基础设施互联互通不断加强，产业链供应链合作水平持续提升。正如党的二十大报告指出的，共建"一带一路"倡议成为深受欢迎的国际公共产品和国际合作平台。

一是在投资和工程建设方面。"一带一路"倡议拉动近万亿美元投资规模，形成3000多个合作项目。2013—2022年，中国对"一带一路"倡议国家直接投资额累计达1800多亿美元，共建国家对华投资累计达到

800多亿美元，中国与共建国家双向投资累计超过2700亿美元。在工程建设方面，2013—2022年，中国在共建国家承包工程新签合同额、完成营业额累计分别超过1.2万亿美元和8000亿美元，占对外承包工程总额的比重超过了一半。

二是在基础设施互联互通方面。共建"一带一路"倡议重点是"陆、海、天、网"四位一体的互联互通。即聚焦关键通道、关键节点、关键项目，着力推进公路、铁路、港口、航空、航天、油气管道、电力、网络通信等领域合作。蒙内铁路、亚吉铁路、中老铁路、中泰铁路、匈塞铁路、雅万高铁等，以这些合作项目为重点的区际、洲际铁路网络建设；巴基斯坦瓜达尔港、希腊比雷埃夫斯港、斯里兰卡汉班托塔港、阿联酋哈利法港等，以这些港口建设为重点的"丝路海运"建设，都取得重大进展。蒙内铁路拉动当地经济增长超过2个百分点。中老铁路助力老挝从"陆锁国"变成"陆联国"，从2021年12月3日开通运营以来，到目前为止已稳定运行超过20个月，全线累计发送货物突破2300万吨，发送货物品类达到2000余种，发送旅客超2000万人次。作为共建"一带一路"倡议的旗舰项目和明星品牌，中欧班列已铺画运行线路84条，通达欧洲25个国家的217个城市，从2013年开行之初的80列快速发展，截至2023年9月，中欧班列累计开行突破7.7万列，运输货物超731万标箱，货值3400亿美元。成为沿途国家促进互联互通、提升经贸合作水平的"钢铁驼队"。西部陆海新通道，铁海联运班列已覆盖我国中西部18个省（区、市），货物流向通达全球100多个国家的300多个港口。

三是在经贸合作方面。2022年，我国对共建国家和地区的货物贸易进出口总额达到2.07万亿美元，较2013年翻了一番。占贸易总值的比重，从2013年的20%升至2022年的32.9%。2023年上半年对共建国家的货物贸易额6.89万亿元，同比增长9.8%，高于货物贸易的整体增速7.7个百分点，贸易结构不断优化，其中新能源汽车、机床和家用电器对共建国家的出口分别增长163.3%、49.7%和26.2%。世界银行的报告也显示，共建"一带一路"倡议的十年，使参与方贸易增加4.1%，外资增加5%，使低收入国家GDP增加3.4%。受益于"一带一路"建设，2012—2021年，新兴与发展中经济体GDP占全球份额提高3.6个百分点。世界银行测算，到2030年，共建"一带一路"倡议每年将为全球产生

1.6万亿美元收益，占全球 GDP 的 1.3%。

四是在境外经贸合作区建设方面。在沿线 24 个国家建设 82 个合作区，如中白工业园、中国—阿联酋产能合作园区、中埃·泰达苏伊士经贸合作区、埃塞俄比亚东方工业园、中印综合产业园区青山园区、马中关丹产业园、泰中罗勇工业园、西哈努克港经济特区等。截至 2022 年年底，我国企业在共建国家建设的境外经贸合作区累计投资达 571.3 亿美元，为当地创造了 42.1 万个就业岗位。让将近 4000 万人摆脱贫困。

（二）继续做好"五通"这篇大文章

一要深化政治互信合作，继续加强政策沟通，探索建立更多合作对接机制，下大气力落实好已签署的合作文件，聚焦重点区域、重点国家、重点项目，统筹资源、精准发力，推动把政治共识转化为具体行动、把理念认同转化为务实成果。二要深化项目合作，继续推动设施联通，不断完善陆、海、天、网"四位一体"互联互通布局，深化传统基础设施项目合作，推进新型基础设施项目合作，巩固稳定提升中欧班列发展水平，提升规则规制标准等"软联通"水平。三要深化经贸合作，继续促进贸易畅通，扩大同共建国家贸易规模，鼓励进口更多优质商品，提高贸易和投资自由化便利化水平，深化国际产能合作和第三方市场合作，扩大双向贸易和投资，构筑互利共赢的产业链供应链合作体系。四要深化金融合作，继续保障资金融通，吸引多边开发机构、发达国家金融机构参与，进一步健全多元化投融资体系。五要深化人文合作，继续增进民心相通，深入开展各领域人文交流，加强议会、政党、民间组织往来，关注妇女、青年、残疾人等群体发展，加快打造一批接地气、聚人心的"小而美"民生工程，夯实共建"一带一路"倡议民心民意根基，形成多元互动的人文交流大格局。[①]

（三）不断拓展合作新领域新空间

习近平总书记强调，要稳妥开展健康、绿色、数字、创新等新领域

---

① 《以高标准可持续惠民生为目标 继续推动共建"一带一路"高质量发展》，《人民日报》2021 年 11 月 20 日第 1 版。

合作，培育合作新增长点。一要积极推动"健康丝绸之路"建设，构建人类卫生健康共同体，加强全球公共卫生安全合作，推进传染病联防联控合作，促进中医药合作。二要深入推进"绿色丝绸之路"建设，不断加强绿色基建、绿色能源、绿色交通、绿色金融等领域务实合作，推进绿色低碳发展信息共享和能力建设，深化生态环境和气候治理合作。三要加快"数字丝绸之路"建设，培育数字领域合作新业态新模式，深化与共建国家在智慧城市、物联网、人工智能、大数据、云计算等领域务实合作，加快建设数据互通和设施互联的数字枢纽，推动电子商务、移动支付等数字经济模式"走出去"，提升"丝路电商"国际影响力竞争力。四要打造"创新丝绸之路"，激发创新领域合作潜力，继续实施好"一带一路"科技创新行动计划，加强知识产权保护国际合作，营造开放、公平、公正、非歧视的科技发展环境。

（四）以深化改革开放为动力

面对严峻复杂的外部环境，我国实行了更加积极主动的开放战略，发展更高层次的开放型经济。深化"一带一路"倡议务实合作，必须以体制机制改革为动力，坚持以企业为主体，以市场为导向，充分发挥市场在资源配置中的决定性作用，更好发挥政府作用，推动有效市场和有为政府更好结合。推动与共建国家之间的商品要素流动型开放向规则、规制、管理、标准对接等制度型开放转变，融入更大范围、更宽领域、更深层次的开放新格局，推动构建互利共赢、多元平衡、安全高效的开放型经济新体系。不断增强我国国际经济合作和竞争新优势。同时，要统筹考虑和谋划构建新发展格局和共建"一带一路"倡议，畅通安全的陆上通道，优化海上合作布局，着力构筑互利共赢的产业链供应链合作体系，推动资源共享多元化。深化与区域重大战略、区域协调发展战略融合发展。推动"丝路海运"和"一带一路"核心区更好发挥带动作用。

五 以中国式现代化推进共建"一带一路"高质量发展必须统筹考虑风险与安全

如前所述，当今世界时代主题发生了深刻变化。深化"一带一路"

务实合作，面临的国际国内形势更加错综复杂。当前，世界发展已进入一个新旧交替的变革调整期，国际环境中不确定、不稳定、不可控、不可预测因素明显增多。因此，以中国式现代化推进共建"一带一路"高质量发展，必须充分考虑安全因素，加强安全保障，扎牢风险防控网络，尤其是强化境外项目风险防控，遵循国际惯例和债务可持续原则，健全多元化投融资体系。

一是高度重视产业链供应链安全。一个时期以来，大国博弈更趋激烈，局部冲突和动荡频发，全球性问题加剧，和平赤字、发展赤字、安全赤字、治理赤字加重。特别是个别国家以"去风险"之名行脱钩断链之实，导致全球产业链加速重构，呈现收缩化、本土化、区域化等趋势，给国际产业链供应链安全稳定造成威胁。

二是对全球经济复苏保持清醒认识。目前，经济全球化遭遇"逆风逆流"，单边主义、保护主义明显上升，经贸投资合作持续承压，国际市场需求持续不振。发达经济体宏观政策调整的外溢效应影响增大，国际金融市场大幅波动风险明显上升。共建"一带一路"倡议国家实体经济面临不少困难，金融体系内在脆弱性越发凸显，经济发展面临的各类风险隐患交织叠加，资本外流、货币贬值风险加大，外债成本持续上升，主权债务风险攀升。

三是有效应对传统安全与非传统安全风险。目前地缘政治风险加剧，地区热点问题频发，部分国家政局动荡不安，合作不确定性上升；社会治安形势有所恶化，绑架抢劫、非法武装袭击、恐怖主义袭击等问题凸显，气候变化、网络安全、生物安全、粮食安全、能源安全等问题不断浦现。

四是对国内矛盾和问题带来的影响有足够的估计。目前我国发展不平衡不充分问题仍然突出，改革发展稳定面临不少深层次矛盾躲不开、绕不过，需求不足、供给冲击、预期转弱等问题依然存在，推进高质量发展还有许多卡点瓶颈，科技创新能力还不强，确保粮食、能源、产业链供应链可靠安全和防范金融风险还须解决许多重大问题，我国发展进入战略机遇和风险挑战并存、不确定难预料因素增多的时期，各种"黑天鹅""灰犀牛"事件随时可能发生。

正因如此，习近平总书记高度重视，反复强调要全面强化风险防控，落实风险防控制度。因此，以中国式现代化推进共建"一带一路"高质量发展，要做好内外统筹、协同发力，加强与共建国家协同动作，加强风险防控领域多双边合作，帮助共建国家提升风险防控能力，共同细化完善安全保障措施。建立健全风险防控机制，引导境外项目和企业增强风险防控意识和能力，切实做好项目合作前的风险综合评估，规范海外经营行为，加强风险源头管控，前置风险防控关口，做到防患于未然。

总之，以中国式现代化推动"一带一路"高质量发展，要深化认识，提高站位，保持战略定力，抓住战略机遇，统筹发展和安全、统筹国内和国际、统筹合作和斗争、统筹存量和增量、统筹整体和重点，积极应对挑战，趋利避害，努力实现更高合作水平、更高投入效益、更高供给质量、更高发展韧性，使其真正成为造福共建国家的"发展带"，惠及沿线人民的"幸福路"。

（根据 2023 年 9 月 22 日在"第三届沪江公共外交论坛"上的主旨演讲整理）

"梦联通"——共建"一带一路"倡议是推进中国式现代化的重要内容

"一带一路"高质量发展需要"硬联通""软联通""心联通"。其实，还有一个"联通"，这就是"梦联通"。这个梦就是现代化，是几代中国人的不懈追求，也是共建"一带一路"发展中国家的共同追求。中国式现代化有着深刻的历史、理论、实践和国际逻辑，与共建"一带一路"高质量发展有着内在的必然联系。正像习近平主席在第三届"一带一路"国际合作高峰论坛开幕式主旨演讲中指出，我们追求的不是中国独善其身的现代化，而是期待同广大发展中国家在内的各国一道，共同实现现代化。中方愿同各方深化"一带一路"合作伙伴关系，推动共建"一带一路"进入高质量发展的新阶段，为实现世界各国的现代化做出不懈努力。下面就推进中国式现代化与高质量共建"一带一路"的"梦联通"谈两点看法。

中国式现代化与高质量共建"一带一路"存在内在必然联系

(一) 中国式现代化为高质量共建"一带一路"倡议提供了底层逻辑指引

中国式现代化是14亿多人口共同富裕的现代化，是物质文明和精神文明相协调的现代化，是人与自然和谐共生的现代化，是走和平发展道路的现代化。中国式现代化的出发点和终极目标是以人民为中心。共建"一带一路"倡议聚焦消除贫困、增加就业、改善民生，让合作成果更好惠及全体人民，也是坚持以人民为中心。以人民为中心，这就是现代化的底层逻辑指引。坚持以人民为中心，继续提高人民生活水平，使中等收入群体在未来15年超过8亿，推动超大规模市场不断发展。全体中国人民创造活力不断释放、生活水平不断提高的历史进程，必将是中国为全球发展做出更大贡献的历史进程。坚持以人民为中心的现代化，顺应了广大"一带一路"倡议沿线发展中国家对物质富裕与文明进步的渴望，激发了广大"一带一路"倡议沿线发展中国家的高度认同，凝聚起"一带一路"倡议沿线发展中国家乃至全球发展广泛共识。习近平主席在第三届国际合作高峰论坛开幕式主旨演讲中指出，世界现代化应该是和平发展的现代化、互利合作的现代化、共同繁荣的现代化。共建"一带一路"倡议坚持共商共建共享，跨越不同文明、文化、社会制度、发展阶段差异，开辟了各国交往的新路径，搭建起国际合作的新框架，汇集着人类共同发展的最大公约数。

（二）中国式现代化的本质要求与高质量共建"一带一路"倡议追求的目标理念完全契合

推动构建人类命运共同体，创造人类文明新形态，在党的二十大报告里，写入中国式现代化的本质要求中。构建人类命运共同体，正是高质量共建"一带一路"倡议的重要理念和追求。2013年3月23日，在莫斯科国际关系学院，习近平主席深刻把握时代潮流大势，首次提出人类命运共同体的重要理念。2015年9月28日，在纽约联合国总部第七十届联合国大会一般性辩论上，习近平主席在重要讲话中，从伙伴关系、安全格局、发展前景、文明交流、生态体系五个方面系统阐释了人类命运共同体的主要内涵。2017年1月18日，习近平主席在日内瓦万国宫"共商共筑人类命运共同体"高级别会议上发表主旨演讲，又从现实角度系统勾勒构建人类命运共同体的实践路径。十年来，人类命运共同体理念持续深入人心，先后写入《中国共产党章程》《中华人民共和国宪法》，也陆续写入联合国、上海合作组织等多边机制重要文件，深远影响着中国和世界的发展。联合国秘书长古特雷斯表示，中国已成为多边主义的重要支柱，而我们践行多边主义的目的，就是要建立人类命运共同体。习近平总书记深刻指出，推动构建人类命运共同体，不是以一种制度代替另一种制度，不是以一种文明代替另一种文明，而是不同社会制度、不同意识形态、不同历史文化、不同发展水平的国家在国际事务中利益共生、权利共享、责任共担，形成共建美好世界的最大公约数。推动构建人类命运共同体，创造人类文明新形态，体现了中国式现代化与高质量共建"一带一路"倡议的高度一致性。"一带一路"倡议提出11年来，不断走深走实，已成为构建人类命运共同体的重要实践平台。正像2023年4月21日习近平主席向在上海"世界会客厅"举办的"中国式现代化与世界"蓝厅论坛致贺信时指出的，实现现代化是近代以来中国人民的不懈追求，也是世界各国人民的共同追求。中方愿同各国一道，努力以中国式现代化新成就为世界发展提供新机遇，为人类探索现代化道路和更好社会制度提供新助力，推动构建人类命运共同体。中方愿同各方深化"一带一路"合作伙伴关系，推动共建"一带一路"倡议进入高质量发展的新阶段，为实现世界各国的现代化做出不懈努力。

（三）中国式现代化将大大提振"一带一路"倡议沿线发展中国家追求和探索实现自主现代化的信心

中国式现代化对共建"一带一路"倡议国家的现代化进程，乃至世界现代化进程都会产生深远影响。中国式现代化既切合中国实际，体现社会主义建设规律，也体现人类社会发展规律。在新中国成立特别是改革开放以来的长期探索和实践基础上，经过党的十八大以来在理论和实践上的创新突破，我们成功推进和拓展了中国式现代化，使中国成为"世界现代化的增长极"，深刻影响现代化的世界版图，对破解人类社会发展难题、推进人类现代化进程产生了重要影响。中国式现代化的中国特色，彰显我们的道路自信、理论自信、制度自信、文化自信，同时也在理论和实践上克服了西方现代化的缺陷。西方资本主义国家的现代化先天性地包含着资本主义制度本身无法克服的局限性。这种以资本为驱动的现代化在带来经济社会发展的同时，也造成了贫富悬殊、两极分化、文明撕裂等一系列问题。中国式现代化坚持以人民为中心，把促进全体人民共同富裕作为目标，既促进物的全面丰富，也促进人的全面发展。这体现社会主义的本质要求，超越了资本主义现代化的局限性。中国式现代化是对世界现代化理论和实践的重大创新，是对人类文明进步的重大贡献，为人类和平与发展事业贡献了中国智慧、中国方案。中国式现代化打破了"现代化＝西方化"的迷信，展现了现代化的另一幅图景，拓展了发展中国家走向现代化的路径选择，给世界上那些既希望加快发展又希望保持自身独立性的共建"一带一路"倡议国家和民族以极大鼓舞和启示。为人类现代化道路的多样性、自主性、可持续性、共生性等提供了示范性的指引。人类文明的丰富多样性厚植现代化道路的多样性。共建"一带一路"倡议沿线发展中国家，大多有着丰富多彩、历史渊源的文化积淀。完全可以从各自的实际出发，选择符合各自文明形态的现代化道路和方向。

二 以中国式现代化推进共建"一带一路"高质量发展关键在于深化务实合作的行动

以中国式现代化推进共建"一带一路"倡议，需要谋划和实施的工作很多，但千头万绪，重点还是深化务实合作。深化务实合作，要以习近平新时代中国特色社会主义思想为指导，认真贯彻习近平总书记关于共建"一带一路"倡议的重要论述、指示和批示精神，继续坚持共商共建共享原则，秉持开放绿色廉洁理念，追求高标准惠民生可持续目标。既深化互联互通合作的"硬联通"，又提升规则、规制、标准、对接等的"软联通"，也要推动人文交流的"心相通"。要把探索远亲近邻共同发展的新办法，开拓造福各国、惠及世界的"幸福路"作为共建"一带一路"深化务实合作的根本出发点和落脚点。

过去10年来，"一带一路"国际合作从无到有，蓬勃发展，取得丰硕成果。"一带一路"合作从亚欧大陆延伸到非洲和拉美，150多个国家、30多个国际组织签署共建"一带一路"合作文件，举办3届"一带一路"国际合作高峰论坛，成立了20多个专业领域多边合作平台。[①]"一带一路"合作从"大写意"进入"工笔画"阶段，把规划图转化为实景图，一大批标志性项目和惠民生的"小而美"项目落地生根。我国致力

[①] 《第三届"一带一路"国际合作高峰论坛主席声明》，《人民日报》2023年10月19日第3版。

于构建以经济走廊为引领，以大通道和信息高速公路为骨架，以铁路、公路、机场、港口、管网为依托，涵盖陆、海、天、网的全球互联互通网络，有效促进了各国商品、资金、技术、人员的大流通。我国与共建国家的贸易和投资规模稳步扩大，基础设施互联互通不断加强，产业链供应链合作水平持续提升。正像党的二十大报告指出的，共建"一带一路"倡议成为深受欢迎的国际公共产品和国际合作平台。

近年来，我们开始不断拓展"一带一路"倡议合作新领域新空间。正像习近平总书记强调的，开展了健康、绿色、数字、创新等新领域合作，积极推动"健康丝绸之路""绿色丝绸之路""数字丝绸之路"和"创新丝绸之路"建设，不断培育合作新增长点。

2023年10月17—18日，第三届"一带一路"国际合作高峰论坛成功举办。习近平主席在开幕式发表题为《建设开放包容、互联互通、共同发展的世界》的主旨演讲，宣布中国支持高质量共建"一带一路"的八项行动。强调中方愿同各方深化"一带一路"合作伙伴关系，推动共建"一带一路"进入高质量发展的新阶段，为实现世界各国的现代化做出不懈努力。深化"一带一路"务实合作，推动高质量发展，要认真贯彻落实第三届"一带一路"国际合作高峰论坛确定的八项行动。

八项行动分别为，一是构建"一带一路"立体互联互通网络；二是支持建设开放型世界经济；三是开展务实合作；四是促进绿色发展；五是推动科技创新；六是支持民间交往；七是建设廉洁之路；八是完善"一带一路"国际合作机制。

八项行动的具体措施如下。

（1）中国将加快推进中欧班列高质量发展，办好中欧班列国际合作论坛。积极推进"丝路海运"港航贸一体化发展。空中丝绸之路建设（交通）。

（2）参与跨里海国际运输走廊建设。会同各方搭建以铁路、公路直达运输为支撑的亚欧大陆物流新通道。加快陆海新通道建设（通道）。

（3）中国将创建"丝路电商"合作先行区（电商）。

（4）扩大数字产品等市场准入。中国将每年举办"全球数字贸易博览会"（数字）。

（5）中国将同更多国家商签自由贸易协定、投资保护协定。深入推进跨境服务贸易和投资高水平开放。未来5年，中国货物贸易、服务贸易进出口额有望累计超过32万亿美元、5万亿美元（经贸）。

（6）主动对照国际高标准经贸规则。全面取消制造业领域外资准入限制措施（开放）。

（7）深化国有企业、数字经济、知识产权、政府采购等领域改革（改革）。

（8）中国将统筹推进标志性工程和"小而美"民生项目。中方还将实施1000个小型民生援助项目（项目）。

（9）中国国家开发银行、中国进出口银行将各设立3500亿元人民币融资窗口。丝路基金新增资金800亿元人民币（金融）。

（10）以市场化、商业化方式支持共建"一带一路"项目。本届高峰论坛期间举行的企业家大会达成了972亿美元的项目合作协议（合作）。

（11）同各方加强对共建"一带一路"倡议项目和人员安全保障（安保）。

（12）中国将持续深化绿色基建、绿色能源、绿色交通等领域合作。加大对"一带一路"绿色发展国际联盟的支持。继续举办"一带一路"绿色创新大会。建设光伏产业对话交流机制和绿色低碳专家网络（绿色）。

（13）到2030年为伙伴国开展10万人次培训。继续实施"丝绸之路"中国政府奖学金项目。通过鲁班工坊等推进中外职业教育合作（教育）。

（14）中国将继续实施"一带一路"科技创新行动计划。举办首届"一带一路"科技交流大会。未来5年把同各方共建的联合实验室扩大到100家。支持各国青年科学家来华短期工作（科技）。

（15）中国将在本届论坛上提出全球人工智能治理倡议。愿同各国加强交流和对话，共同促进全球人工智能健康有序安全发展（AI）。

（16）中国将举办"良渚论坛"，深化同共建"一带一路"国家的文明对话（人文）。

（17）在已经成立丝绸之路国际剧院、艺术节、博物馆、美术馆、图书馆联盟的基础上，成立丝绸之路旅游城市联盟（文旅）。

（18）中国将会同合作伙伴发布《"一带一路"廉洁建设成效与展

望》。推出《"一带一路"廉洁建设高级原则》。建立"一带一路"企业廉洁合规评价体系。同国际组织合作开展"一带一路"廉洁研究和培训（廉洁）。

（19）中国将同共建"一带一路"倡议沿线各国加强能源、税收、金融、绿色发展、减灾、反腐败、智库、媒体、文化等领域的多边合作平台建设（平台）。

（20）继续举办"一带一路"国际合作高峰论坛，并成立高峰论坛秘书处（机制）。

总之，以中国式现代化推动"一带一路"高质量发展，迎接共建"一带一路"更高质量、更高水平的新发展，推动实现世界各国的现代化，建设一个开放包容、互联互通、共同发展的世界，使"一带一路"倡议真正成为造福共建国家的"发展带"，惠及沿线人民的"幸福路"，需要"硬联通""软联通""心通联"。从目标、追求和底层逻辑看，还有个更重要的"通"，即"梦联通"，即共同推进现代化，构建人类命运共同体。中国式现代化是中国梦。是中国的，也是世界的，是中国梦和世界梦的统一。我们要实现的中国梦，不仅造福中国人民，而且造福世界人民。中国梦与世界人民追求和平与发展的美好梦想是相通的。中国梦助推"世界梦"，"世界梦"带动中国梦，通过"梦相通"，共同推动构建人类命运共同体。

（根据2023年10月28日在"高质量共建'一带一路'：成就与展望"国际学术研讨会上的主旨演讲整理）

共追"丝路梦" 共谋"梦联通"

读懂中国，很重要的一点就是要读懂中国式现代化。从共建"一带一路"倡议的视角看，就是要读懂中国式现代化与共建"一带一路"倡议的内在联系。2023年12月2日，习近平主席在给2023年"读懂中国"国际会议（广州）的贺信里指出，读懂中国，关键要读懂中国式现代化。"早在2023年10月18日，习近平主席在第三届"一带一路"国际合作高峰论坛开幕式主旨演讲中就强调，我们追求的不是中国独善其身的现代化，而是期待同广大发展中国家在内的各国一道，共同实现现代化。中方愿同各方深化"一带一路"倡议合作伙伴关系，推动共建"一带一路"进入高质量发展的新阶段，为实现世界各国的现代化做出不懈努力。

现代化，是几代中国人的不懈追求，也是共建"一带一路"倡议沿线发展中国家的共同追求。如果说现代化是中国梦，那么共建"一带一路"倡议共同实现现代化，就是的"丝路梦"。进一步讲，如果说基础设施互联互通是共建"一带一路"的"硬联通"，规则标准对接是"软联通"，人文交流是"心联通"，那么现在又有了一个新的联通，这就是共同追求现代化的"梦联通"。"梦联通"，是共建"一带一路"倡议的新标识，与共建"一带一路"高质量发展有着内在的必然联系。

一 中国式现代化为高质量共建"一带一路"提供了底层逻辑指引

中国式现代化是14亿多人口共同富裕的现代化，是物质文明和精神文明相协调的现代化，是人与自然和谐共生的现代化，是走和平发展道路的现代化。中国式现代化的出发点和终极目标是以人民为中心。共建"一带一路"倡议聚焦消除贫困、增加就业、改善民生，让合作成果更好惠及全体人民，也是坚持以人民为中心。以人民为中心，这就是现代化的底层逻辑指引。坚持以人民为中心，持续提高人民生活水平，使中等收入群体在未来15年超过8亿，推动超大规模市场不断发展。全体中国人民创造活力不断释放、生活水平不断提高的历史进程，必将是中国为全球发展作出更大贡献的历史进程。坚持以人民为中心的现代化，顺应了广大共建"一带一路"倡议沿线发展中国家对物质富裕与文明进步的渴望，激发了广大"一带一路"倡议沿线发展中国家的高度认同，凝聚起"一带一路"倡议沿线发展中国家乃至全球发展广泛共识。习近平主席在第三届"一带一路"国际合作高峰论坛开幕式主旨演讲中指出，世界现代化应该是和平发展的现代化、互利合作的现代化、共同繁荣的现代化。共建"一带一路"倡议坚持共商共建共享，共同追求实现现代化，跨越了不同文明、文化、社会制度、发展阶段差异，开辟了各国交往的新路径，搭建起国际合作的新框架，汇集着人类共同发展的最大公约数。

二 中国式现代化的本质要求与高质量共建"一带一路"追求的目标理念完全契合

推动构建人类命运共同体，创造人类文明新形态，在党的二十大报告里写入中国式现代化的本质要求中。构建人类命运共同体，正是高质量共建"一带一路"的重要理念和追求。2013年3月23日，在莫斯科国际关系学院，习近平主席深刻把握时代潮流大势，首次提出人类命运共同体的重要理念。2015年9月28日，在纽约联合国总部第七十届联合国大会一般性辩论上，习近平主席在重要讲话中，从伙伴关系、安全格局、发展前景、文明交流、生态体系五个方面系统阐释了人类命运共同体的主要内涵。2017年1月18日，习近平主席在日内瓦万国宫"共商共筑人类命运共同体"高级别会议上发表主旨演讲，又从现实角度系统勾勒构建人类命运共同体的实践路径。10年来，人类命运共同体理念持续深入人心，先后写入《中国共产党章程》《中华人民共和国宪法》，也陆续写入联合国、上海合作组织等多边机制重要文件，深远影响着中国和世界的发展。联合国秘书长古特雷斯表示，中国已成为多边主义的重要支柱，而我们践行多边主义的目的，就是要建立人类命运共同体。习近平总书记深刻指出，推动构建人类命运共同体，不是以一种制度代替另一种制度，不是以一种文明代替另一种文明，而是不同社会制度、不同意识形态、不同历史文化、不同发展水平的国家在国际事务中利益共生、权利共享、责任共担，形成共建美好世界的最大公约数。推动构建人类命运共同体，创造人类文明新形态，体现了中国式现代化与高质量共建"一带一路"在内在逻辑上的高度一致性。"一带一路"倡议提出并践行11年来，不断走深走实，已成为构建人类命运共同体的重要实践平台。正像2023年4月21日习近平主席向在上海"世界会客厅"举办的"中国式现代化与世界"蓝厅论坛致贺信时指出的，实现现代化是近代以来中国人民的不懈追求，也是世界各国人民的共同追求。中方愿同各国一道，努力以中国式现代化新成就为世界发展提供新机遇，为人类探索现代化道路和更好社会制度提供新助力，推动构建人类命运共同体。深化"一带一路"倡议合作，推动共建"一带一路"高质量发展，新阶段的重要理念和追求，就是为实现世界各国的现代化作出不懈努力。

三 中国式现代化将大大提振"一带一路"发展中国家追求和探索实现自主现代化的信心

中国式现代化对共建"一带一路"倡议国家的现代化进程，乃至世界现代化进程都会产生深远影响。中国式现代化既切合中国实际，体现社会主义建设规律，也体现人类社会发展规律。[①] 在新中国成立特别是改革开放以来的长期探索和实践基础上，经过党的十八大以来在理论和实践上的创新突破，中国成功推进和拓展了中国式现代化道路，使中国成为"世界现代化的示范"，深刻影响现代化的世界版图，对破解人类社会发展难题、推进人类现代化进程产生了重要影响。中国式现代化的中国特色，彰显中国的道路自信、理论自信、制度自信、文化自信，同时也

---

① 《正确理解和大力推进中国式现代化》，《人民日报》2023年2月8日第1版。

在理论和实践上克服了西方现代化的缺陷。西方资本主义国家的现代化先天性地包含着资本主义制度本身无法克服的局限性。这种以资本为驱动的现代化在带来经济社会发展的同时，也造成了贫富悬殊、两极分化、文明撕裂等一系列问题。中国式现代化坚持以人民为中心，把促进全体人民共同富裕作为目标，既促进物质的全面丰富，也促进人的全面发展。这体现社会主义的本质要求，超越了资本主义现代化的局限性。中国式现代化是对世界现代化理论和实践的重大创新，是对人类文明进步的重大贡献，为人类和平与发展事业贡献了中国智慧、中国方案。中国式现代化打破了"现代化=西方化"的迷思，展现了现代化的另一幅图景，拓展了发展中国家走向现代化的路径选择，给世界上那些既希望加快发展又希望保持自身独立性的共建"一带一路"倡议国家和民族以极大鼓舞和启示。[①] 为人类现代化道路的多样性、自主性、可持续性、共生性等提供了示范性的指引。共建"一带一路"倡议沿线发展中国家完全可以从各自的实际出发，选择符合各自文明形态的现代化道路和方向。

四 共同追求现代化的首要任务是在高质量共建"一带一路"中深化务实合作

高质量共建"一带一路"倡议，共同追求现代化的"丝路梦"，需要谋划和实施的工作很多，但千头万绪，重点还是深化务实合作。深化务实合作，要继续坚持以共商共建共享、开放绿色廉洁、高标准惠民生可持续为指导原则。既深化互联互通合作的"硬联通"，又提升规则标准对接等的"软联通"，也要推动人文交流的"心相通"，更要共同谋划好共同追求现代化的"梦联通"。习近平主席在第三届"一带一路"国际合作高峰论坛开幕式的主旨演讲中宣布，中国支持高质量共建"一带一路"的八项行动。八项行动为深化"一带一路"倡议务实合作指明了方向，提供了基本遵循。从现在开始，深化"一带一路"倡议务实合作，就是要贯彻落实好八项行动。即构建"一带一路"倡议立体互联互通网络；支持建设开放型世界经济；开展务实合作；促进绿色发展；推动科技创

---

① 《正确理解和大力推进中国式现代化》，《人民日报》2023年2月8日第1版。

新；支持民间交往；建设廉洁之路；完善"一带一路"倡议国际合作机制。2023年11月24日，题目为《坚定不移推进共建"一带一路"高质量发展走深走实的愿景与行动——共建"一带一路"未来十年发展展望》的报告，提出了未来十年共建"一带一路"倡议的发展思路、原则理念、发展目标和重点领域。这个展望报告体现了"八项行动"的基本精神，也为深化"一带一路"务实合作，实现现代化的"丝路梦"提供了具体的操作指引和愿景展望。

以第三届"一带一路"国际合作高峰论坛为里程碑，共建"一带一路"进入新的发展阶段，就是高质量共建新阶段。把握好这个新阶段，很重要的一项任务，就是要：读懂中国，读懂共建"一带一路"倡议，读懂中国式现代化，读懂共筑"丝路梦"，共谋"梦联通"。

[根据2023年12月2日在"读懂中国"国际会议（广州）"深化务实合作推动共建"一带一路"高质量发展"平行论坛上的发言整理]

深化务实合作　共建绿色丝绸之路

绿色是共建"一带一路"倡议的底色。打造绿色丝绸之路，是践行绿色发展理念、推进生态文明建设的内在要求，是积极应对气候变化、维护全球生态安全的重大举措，是推动共建"一带一路"高质量发展、实现人与自然和谐发展、构建人类命运共同体的重要载体。凝聚绿色发展共识，倡导绿色、低碳、循环、可持续的生产生活方式，推动绿色基础设施建设、绿色投资、绿色金融、绿色交通、绿色科技、绿色产业、绿色贸易、绿色生活、绿色出行等，都是绿色丝绸之路建设的重要内容。共建绿色"一带一路"倡议，重在实践，重在行动。

一　共建绿色"一带一路"倡议成就显著

推动"一带一路"倡议绿色发展，中国不仅有意愿、有决心，而且重行动、建机制。共建"一带一路"倡议11年来，中国与共建各方积极开展绿色发展政策对话，分享和展示绿色发展理念和成效，增进绿色发展共识和行动，深化绿色基建、绿色能源、绿色交通、绿色金融等领域务实合作，绿色丝绸之路建设取得丰硕成果。

截至2023年，中国已同有关方签署了50多份生态环境保护合作文件，同31个共建国家共同发起"一带一路"绿色发展伙伴关系倡议，与32个共建国家共同建立"一带一路"能源合作伙伴关系。还发起建立"一带一路"绿色发展国际联盟，成立"一带一路"绿色发展国际研究院，建设"一带一路"生态环保大数据服务平台，帮助共建国家提高环境治理能力，积极帮助共建国家加强绿色人才培养，实施"绿色丝路使者计划",目前,已为120多个共建国家培训3000人次。

中国制定实施《"一带一路"绿色投资原则》,推动"一带一路"绿色投资。中国企业在共建国家投资建设了一批可再生能源项目,帮助共建国家建设了一批清洁能源重点工程,为所在国绿色发展提供了有力支撑。推动绿色基础设施建设,实现绿色产能及装备制造合作,建立绿色金融和绿色贸易体系,这些实际举措掷地有声、稳扎稳打,让中国与共建国家建立起"更紧密的绿色发展伙伴关系"。

实践表明,共建"一带一路"绿色发展取得积极进展,理念引领不断增强,交流机制不断完善,务实合作不断深化,中国成为全球生态文明建设的重要参与者、贡献者、引领者。为实现全球"碳达峰"和"碳中和"、应对气候变化做出重要贡献。

当然也要看到,共建"一带一路"绿色发展面临的风险挑战依然突出,生态环保国际合作水平有待提升,应对气候变化约束条件更为严格。实现绿色引领、互利共赢,既需要不断完善绿色发展政策支撑,搭建绿色交流合作平台,建立环境风险防控体系,又需要更好发挥企业主体作用,健全市场机制,调动企业、社会团体,乃至家庭和个人参与共建绿色"一带一路"倡议的积极性。

二 深化共建绿色"一带一路"倡议任重道远

面向未来,深化绿色丝绸之路建设,还有大量的工作要做。要进一步扩大绿色发展朋友圈,加大对"一带一路"绿色发展国际联盟等平台的支持,落实"一带一路"绿色发展北京倡议,进一步汇聚政府、企业和公众推动绿色发展的合力。进一步提升绿色发展支撑能力,建立绿色发展投融资合作伙伴关系,推进绿色基建、绿色交通等重大合作项目落地见效,拓展绿色科技、绿色产业、绿色贸易合作。要进一步强化绿色能源投资和技术合作,助力共建国家能源绿色低碳转型。要进一步深化应对气候变化领域务实合作,推动绿色丝绸之路建设与联合国《2030年可持续发展议程》深入对接，持续为全球应对气候变化贡献力量。①

在第三届"一带一路"国际合作高峰论坛开幕式上，习近平主席宣布了中国支持高质量共建"一带一路"的八项行动。其中一项重要行动就是促进绿色发展。中方将持续深化绿色基建、绿色能源、绿色交通等领域合作，加大对"一带一路"绿色发展国际联盟的支持，继续举办"一带一路"绿色创新大会，建设光伏产业对话交流机制和绿色低碳专家网络。落实"一带一路"绿色投资原则，到2030年为伙伴国开展10万人次培训。

以"共建绿色丝路 促进人与自然和谐共生"为主题的绿色发展高级别论坛也发布了三项成果清单。分别为"一带一路"绿色发展北京倡议、绿色发展投融资合作伙伴关系，以及中亚区域绿色科技发展行动计划。②

"一带一路"绿色发展北京倡议倡导各方加强应对气候变化、生物多样性治理、污染防治、绿色基础设施、绿色能源、绿色交通、绿色金融等领域合作，深化"一带一路"绿色发展伙伴关系。

绿色发展投融资合作伙伴关系旨在积极推动绿色发展投融资合作，探索开展绿色投融资与绿色项目评价工作，创建共建"一带一路"绿色标准体系，为解决绿色"一带一路"建设中面临的投融资瓶颈问题，打造沟通合作平台并提供务实解决方案。

中亚区域绿色科技发展行动计划旨在充分利用中国和中亚各国在生态治理、高效节水农业和粮食安全、水资源可持续利用、生物多样性保护等领域的经验和技术，搭建对话机制，通过一系列绿色科技成果的落地转化，为中亚绿色可持续发展提供科技支撑。这三项成果清单既肯定了11年来绿色"一带一路"建设取得的积极进展，也为解决绿色"一带一路"建设中面临的投融资瓶颈问题、打造沟通合作平台提供了务实解决方案。

---

① 《第三届"一带一路"国际合作高峰论坛绿色发展高级别论坛在京举办》，《人民日报》2023年10月19日第4版。

② 《第三届"一带一路"国际合作高峰论坛绿色发展高级别论坛在京举办》，《人民日报》2023年10月19日第4版。

总之，中国将始终秉持人类命运共同体理念，把生态文明领域务实合作作为高质量共建"一带一路"倡议重要内容，持续推动提升"一带一路"绿色发展水平。落实好习近平主席提出的促进绿色发展的行动任务和高级别会议确定三个方面的成果清单任务。通过"一带一路"绿色创新大会、绿色丝路行等活动，实施"一带一路"生态环保人才互通计划，围绕重点领域开展政策对话和经验分享等具体行动，帮助共建国家增强绿色发展内生动力和能力。根据共建国家切实需求，在力所能及范围内加大应对气候变化的支持，推动低碳示范区建设，创新性设计减缓和适应气候变化项目，丰富能力建设形式和内容等。

三 认真推动落实"公民十条"为绿色丝绸之路建设讲好中国故事、提供中国示范

2023年6月5日，生态环境部等五部门联合发布新修订的《公民生态环境行为规范十条》（以下简称"公民十条"）。"公民十条"最早是2018年6月5日发布的试行版。修订后包括关爱生态环境、节约能源资源、践行绿色消费、选择低碳出行、分类投放垃圾、减少污染产生、呵护自然生态、参加环保实践、参与环境监督、共建美丽中国十方面内容。主要包括以下五个方面。

一是突出了习近平生态文明思想的引领。"公民十条"在"呵护自然生态"中增加"尊重自然、顺应自然、保护自然，像保护眼睛一样保护生态环境"，并将"共建美丽中国"中的"自觉做生态环境保护的倡导者、行动者、示范者"修改为"自觉做生态文明理念的模范践行者"，推动公众"知行合一"，提升生态文明素养。

二是引导公众践行生态环境保护行为的目标更加明确。例如，"关爱生态环境"这一项，将公众学习掌握的知识扩展到环境污染治理、生物多样性保护、应对气候变化等重点方面，并强调了学习掌握环保相关技能的重要性。

三是结合公众关心的生态环境问题，对规范做出相应修改。例如，将"减少污染产生"中的"避免噪声扰民"更为精确地修改为"避免噪

声扰邻",强调居家、公共区域中与邻居、邻座等相邻人群的和谐文明相处。同时,增加了"不随意倾倒污水"这一针对生活中较为常见问题的规范,有针对性地回应社会关切,提升公众践行短板。

四是响应国家全面节约和绿色消费号召,差异化引导公众行为。分别在"节约资源能源"和"践行绿色消费"方面增加"拒绝奢侈浪费"和"理性消费、合理消费"内容。同时,针对不同区域存在践行难度差异的情况,将"合理设定空调温度,夏季不低于26℃,冬季不高于20℃"简化为"合理设定空调温度"。

五是根据现实情况的变化,与时俱进修正规范内容。例如,因各地社会监督渠道的变化,将"劝阻、制止或通过'12369'平台举报破坏生态环境及影响公众健康的行为"修改为"劝阻、制止或曝光、举报污染环境、破坏生态和浪费粮食的行为"。

新"公民十条",既包括理念价值观,也包括公民的基本行为规范,更强调公民的实际行动。"绿色必跑"就是具体落实新"公民十条",推动绿色丝绸之路建设的一项非常有意义的活动。由民间自发组织,但牵动国内外方方面面的眼光和注意力。应予鼓励、支持和引导。使其能够吸引越来越多的人,尤其是不同国家的年轻人积极参与,对内成为具体践行"公民十条",倡导绿色生活方式的品牌。对外成为绿色丝绸之路建设,推动人与自然和谐发展命运共同体的名片。

总之,在高质量共建"一带一路"过程中,推动绿色丝绸之路建设,是一场影响广泛而深刻的共建国家经济社会系统性变革。不仅意味着共建"一带一路"倡议务实合作内容的深化,也意味着影响甚至重塑共建国家的经济结构、能源结构、生产方式和生活方式。这不是轻轻松松就能实现的。因此,从某种意义上讲,这个问题不仅仅是个理念和倡议问题,也不仅仅是个国际经济合作问题,而是涉及文化交流、文明互鉴,影响全球经济治理结构和治理体系变化的国际文化政治问题。重要的在于实践,在于行动。

(根据2023年11月6日在"第六届中国国际进口博览会重要配套活动第三届碳中和公民行动大会"上的主题发言整理)

深化务实合作　打造"信任丝绸之路"

古往今来，小到个人，大到国家，都必须以"信任"为本，否则一切无从谈起。"信任"的案例比比皆是，但失信的样本也不在少数。"信任"既是稀缺资源，也是奢侈品。面对百年变局和全球疫情，后疫情时代，完善全球治理，高质量共建"一带一路"，推动亚洲乃至世界经济复苏，都有赖于加强"信任"，共建"信任经济"。

经济全球化背景下，信任既是人与人之间和睦相处的前提，也是国与国之间和平共处的基础。习近平主席强调，信任是国际关系中最好的黏合剂。只有在信任的基础上才能构建起命运与共的全球伙伴关系。

博鳌亚洲论坛在20周年之际，把打造"信任经济"作为主要议题之一专门讨论，十分有意义。打造"信任经济"不仅对于应对全球疫情，研制接种疫苗，做好防控工作，而且对于后疫情时代全球经济复苏，深化各国务实合作，推动全球经济健康繁荣发展，都至关重要。

本届博鳌亚洲论坛的主题是，世界大变局：共襄全球治理盛举，合奏"一带一路"强音。"全球治理""一带一路"是关键词。如何在后疫情时代、深化全球治理的过程中，共同建设好"一带一路"倡议，首先需要解决"信任"问题。打造共建"一带一路"倡议的"信任经济"，运用技术手段固然重要，但创新体制机制或许更为重要。

下面，我就深化后疫情时代各国务实合作，共同打造"信任丝绸之路"谈以下三点看法。

一 "一带一路"是"信任之路"

共建"一带一路"倡议基于互信共识。共建"一带一路"倡议从2013年提出到2021年已经8年了。截至2021年，中国已与140个国家、31个国际组织签署了205份合作文件，成功召开一系列国际合作高级别会议，包括疫情期间的视频会议。在共商共建共享的原则下，推动了"一带一路"合作伙伴国之间多方面的务实合作。政策沟通、设施联通、贸易畅通、资金融通、民心相通成效显著。中巴经济走廊、雅万高铁、中老铁路、匈塞铁路等重大项目进展良好。中欧班列无论开行数量还是货物运量都不断刷新纪录。陆海新通道运量成倍增加。产能合作更加务实深入。第三方市场合作领域不断拓展。科技教育文化等人文交流更为广泛。抗疫国际合作彰显了共建"一带一路"倡议的重要性。构建人类命运共同体理念更加深入人心。实践表明，共建"一带一路"倡议取得的进展和成就，建立在互信共识的基础之上。

深化共建"一带一路"倡议务实合作必须加深彼此信任。共建"一带一路"倡议目前已进入高质量发展新阶段。重要任务是深化务实合作；深化务实合作的基础是构建合作方"信任伙伴"关系，成为相互信任的利益共同体。共建信任共同体，不仅是技术问题，更是体制机制问题。

要把"一带一路"建设成"信任之路"。我们常说，要把"一带一路"建设成为和平之路、繁荣之路、开放之路、绿色之路、创新之路、文明之路。为抗击新冠疫情，我们又提出要把"一带一路"打造成团结应对挑战的合作之路、维护人民健康安全的健康之路、促进经济社会恢复的复苏之路、释放发展潜力的增长之路。习近平主席在本届博鳌亚洲论坛开幕式主旨演讲中，又提出"减贫之路"。在其他重要讲话中还提出要建设"数字丝绸之路""廉洁丝绸之路"等。我学习的体会和认识是所有这些都离不了信任，都必须建设"信任丝绸之路"。

二 打造"信任丝绸之路"的关键在于深化改革开放

打造"信任丝绸之路",要像习近平主席在开幕式主旨演讲中倡议的,亚洲和世界各国要回应时代呼唤,携手共克疫情,加强全球治理,朝着构建人类命运共同体方向不断迈进。要平等协商,开创共赢共享的未来;要开放创新,开创发展繁荣的未来;要同舟共济,开创健康安全的未来;要坚守正义,开创互尊互鉴的未来。[①] 遵此,推进与维护"一带一路"信任经济,取决于五个方面。一是理念共识。这是哲学也是文化层面。二是守信践约。这是道德也是行为层面。三是机制规则。这是约定也是规制层面。四是技术支撑。这是约束也是监督层面。五是法律保障。这是仲裁也是惩戒层面。

要通过体制改革和机制创新,战略、规划、机制对接,政策、规则、标准软联通等措施,也就是制度型开放,打造一条"信任丝绸之路"。具体讲:一是坚持共商共建共享原则,建立基本互信;二是构筑互利共赢的供应链、产业链、数据链、人才链务实合作体系;三是推进守信重诺的贸易投资便利化自由化;四是拓展可信赖的第三方市场合作;五是遵循国际惯例和债务可持续原则;六是健全多元化投融资体系等。

三 打造"信任丝绸之路"当务之急是破解信任赤字

博鳌亚洲论坛应致力于打造"信任丝绸之路"。29个发起成员国大都是共建"一带一路"国家。区域全面经济伙伴关系成员国也大都是与我国已签共建"一带一路"政府协议的国家。在博鳌亚洲论坛各成员国应对疫情和共同面对的挑战中,迫切需要增进互信,就打造"信任丝绸之路"达成共识并一致推动实施。习近平主席在开幕式主旨演讲中指出,面向未来,高质量共建"一带一路",要建立更紧密的卫生合作伙伴关系,建立更紧密

[①] 习近平:《同舟共济克时艰,命运与共创未来》,《人民日报》2021年4月20日第2版。

的互联互通伙伴关系，建立更紧密的绿色发展伙伴关系，建立更紧密的开放包容伙伴关系。建立这些伙伴关系，必须包容、互信，建设信任之路。打造"信任丝绸之路"，当务之急是破解、消除信任赤字。

（一）信任赤字是目前全球治理存在的突出问题

2019年3月26日，习近平主席在巴黎出席中法全球治理论坛闭幕式并发表题为《为建设更加美好的地球家园贡献智慧和力量》的重要讲话时，首次提出要"坚持互商互谅，破解信任赤字"。同年11月14日，在金砖国家领导人巴西利亚会晤公开会议上习近平主席发表题为《携手努力共谱合作新篇章》的重要讲话中指出，令人担忧的是，保护主义、单边主义愈演愈烈，治理赤字、发展赤字、信任赤字有增无减，世界经济中不稳定不确定因素明显上升。习近平主席在本届博鳌论坛开幕式主旨演讲中再次强调，当前，百年变局和世纪疫情交织叠加，世界进入动荡变革期，不稳定性不确定性显著上升。人类社会面临的治理赤字、信任赤字、发展赤字、和平赤字有增无减，实现普遍安全、促进共同发展依然任重道远。

（二）消除信任赤字，需要相互尊重、互商互谅

信任的基础是尊重，只有在尊重的前提下才能赢得信任。在相互尊重的基础上加强对话协商，才能增进互信、减少猜疑。那种唯我独尊、赢者通吃的做法，无疑会破坏信任与合作。弥补"信任赤字"必须把互相尊重作为前提和基础，在此基础上加强沟通，彼此理解，做到互商互谅，不断凝聚共识，管控分歧，才能增进彼此信任，才能推进务实合作，实现互利共赢。在国际关系中，相互尊重就要坚持求同存异，尊重各国人民自主选择发展道路的权利，不把自己的意志强加于人，不能以强凌弱，更不能干涉别国内政。

（三）消除信任赤字，需要以诚相待、信守承诺

坚守"言必信、行必果"的行为准则，以诚相待，信守承诺，才能赢得信任。我国一直是言出必行的典范。多年来，我国积极践行在国际社会上做出的每项承诺，认真兑现与国际组织和他国缔结的各种合约条

款、对非洲的援助、对联合国的承诺、对欠发达地区的帮助、对"一带一路"倡议国家的支援等，在国际上树立起负责任大国的形象。如果言而无信，出尔反尔，必然不会赢得信任。有的国家频频发生撕毁合约等破坏信任的事情，不但降低了自己的可信度，破坏了各个国家之间的信任基础，而且加剧了全球"信任赤字"。①

（四）消除信任赤字，需要尊重规则、恪守规则

中国尊重联合国的崇高地位，严格按照《联合国宪章》的原则和宗旨办事，遵守国际法和国际规则。主动参与国际规则制定，在国际规则上主持公道，反对无端的欺凌和压榨，尽力保护小国、弱国的权利和利益，坚决维护公平正义的国际秩序，赢得了世界多数国家的尊敬和信任。但有的国家，唯我独尊，为谋求一己私利，不惜破坏国际条约，甚至公然践踏联合国公约，在国际上推行霸权主义和强权政治。

（五）消除信任赤字，需要沟通交流、加强对话

交流是理解的基础，沟通是信任的桥梁，增进信任必须加强彼此沟通理解。以交流增进理解、以交往打破对抗、以交心增进信任。世界上有200多个国家和地区，每个国家不同的历史背景孕育出不同的历史、文化、风俗和文明。每一种文明都有其独特魅力和深厚底蕴，都是人类的精神瑰宝。如何做到相互理解、相互信任，关键是在求同存异、和而不同的基础上加强沟通交流和对话。文明因交流而多彩，文明因互鉴而丰富。文明交流互鉴是增进互信的桥梁。要通过多种方式，建立多渠道对话交往机制和平台，加强协商、沟通、交流，减少分歧、消除误会，增进互信。

总之，要把打造一条充满阳光和希望的"信任丝绸之路"，发展"一带一路"信任经济，作为应对挑战、构建新发展格局的重要任务，提上"一带一路"高质量发展的重要日程。

（根据2021年4月18—21日在"博鳌亚洲论坛2021年年会""打造'信任经济'"分论坛上的演讲整理）

---

① 王珊珊：《以中国智慧破解全球"信任赤字"》，《红旗文稿》2019年第24期。

深化"一带一路"建设与市场和企业新机遇

2023年是习近平总书记提出共建"一带一路"倡议10周年。10年来，共建"一带一路"倡议得到国际社会广泛认同和热情参与，取得了实打实、沉甸甸的成就，已成为具有广泛影响力和包容性的国际经济合作平台。在新形势下，面对国际上百年变局、全球疫情、极端气候、国际政治形势特别是俄乌冲突加剧；面对国内需求收缩、供给冲击、预期转弱特别是经济下行压力等诸多不确定、不稳定因素的影响，共建"一带一路"倡议遇到了可以说是前所未有的严峻挑战和考验。但同时也充满了机遇和新的发展空间。

一 共建"一带一路"倡议进展与成就

10年来，在以习近平同志为核心的党中央坚强领导下，我国践行共商共建共享的全球治理观，积极推动共建"一带一路"倡议。截至2023年，中国已与152个国家和32个国际组织签署200余份共建"一带一路"合作文件，涵盖投资、贸易、科技、人文等领域。"一带一路"倡议核心理念被写入联合国、二十国集团、亚太经济合作组织等国际组织重要文件。正像党的二十大报告指出的，共建"一带一路"倡议成为深受欢迎的国际公共产品和国际合作平台。

10年里，我国与共建国家贸易和投资规模稳步扩大，基础设施互联互通不断加强，产业链供应链合作水平持续提升。

中欧班列保持安全稳定开行，货物品类日益丰富。十年来，中欧班列已通达欧洲约25个国家208个城市,从2013年开行之初的80列快速发展到2022年的1.6万列。

在经贸合作方面。根据中国海关总署数据显示,2021—2022年,中国与共建国家年度贸易额从1.8万亿美元扩大到2.1万亿美元,增长16.7%。商务部数据显示,2022年,中国企业在共建国家非金融类直接投资1410.5亿元人民币,比上年增长7.7%(折合209.7亿美元,增长3.3%),占同期总额的17.9%,与上年同期持平。2023年1—2月,这一数据为275.3亿元人民币,同比增长37.1%(折合40.4亿美元,同比增长27.8%),占同期总额的20.2%。世界银行的报告也显示,共建"一带一路"十年,使参与方贸易增加4.1%,外资增加5%,使低收入国家GDP增加3.4%。受益于"一带一路"建设,2012—2021年,新兴与发展中经济体GDP占全球份额提高3.6个百分点。世界银行测算,到2030年,共建"一带一路"倡议每年将为全球产生1.6万亿美元收益,占全球GDP的1.3%。

在境外经贸合作区建设方面。在沿线24个国家建设的82个合作区。如中白工业园、中国—阿联酋产能合作园、中埃·泰达苏伊士经贸合作区、埃塞俄比亚东方工业园、中印综合产业园区青山园区、马中关丹产业园、泰中罗勇工业园、西哈努克港经济特区等。截至2022年年底,我国企业在沿线国家建设的境外经贸合作区累计投资达571.3亿美元,为当地创造了42.1万个就业岗位,让将近4000万人摆脱贫困。

二 中央企业是推动"一带一路"高质量发展的骨干力量

10年来,央企积极融入我国全方位对外开放大局,全力参与"一带一路"建设,取得了良好的效果。目前中央企业境外机构和项目超过8000个,资产总额近8万亿元。2023年1—3月,我国企业在"一带一路"沿线国家非金融类直接投资394.4亿元人民币,同比增长18.1%(折合57.6亿美元,同比增长9.5%),占同期总额的18.3%,较上年同期下降1.2个百分点,主要投向新加坡、印度尼西亚、越南、马来西亚、柬埔寨、塞尔维亚、泰国、阿拉伯联合酋长国、哈萨克斯坦和老挝等国家。对外承包工程方面，我国企业在共建国家新签承包工程合同额1748.9亿元，同比增长11.8%（折合255.4亿美元，同比增长3.7%），占同期我国对外承包工程新签合同额的59.2%；完成营业额1164.8亿元，同比增长14.9%（折合170.1亿美元，同比增长6.5%），占同期总额的53.7%。央企参与"一带一路"建设，具体来讲有以下五点。

一是以基础设施和产业园区建设为重点融入和促进东道国经济发展。10年来，央企累计承担境外的港口、铁路、机场等重大基础项目超过200个；在交通领域，雅万高铁成功试运行，中老铁路助力老挝由陆锁国变为陆联国，希腊比雷埃夫斯港成为地中海地区海陆联运桥头堡；在通信领域，中国的三大电信运营商海外服务网络遍及全球40余个国家；在能源领域，中央企业承担水电、风电、光伏等项目近300个，建成了巴基斯坦卡洛特水电站、巴西美丽山特高压输电项目等标志性项目，助推所在国能源绿色转型、低碳发展。建设运营了中白工业园等20多个境外产业园区，帮助所在国打造国际产能合作平台，目前中白工业园区入驻的企业已经突破100家。

二是主动履行社会责任，解决东道国就业等民生问题。央企境外机构直接带动项目所在地近百万员工就业，间接带动就业数倍以上。比如，吉布提港、汉班托塔港等项目在实施中还同步开展了"蓝色海洋"培训计划，为当地培养了大量港口管理专业人才；安哥拉卡宾达供水系统工程让60万当地民众用上了干净的自来水，援建的非洲疾控中心总部投入运营，有效提升疾病预防监测和疫情反应、应急速度。

三是遵守国际规则标准提供优质服务。央企遵守国际规则和标准，以高品质产品和服务惠及全球。央企积极参与特高压、5G通信等领域的国际标准制定，主导发起编制电力国际标准超过100项，高铁、特高压、新一代移动通信、"华龙一号"走出国门，让"一带一路"国家人民享受到优质的产品和服务。

四是既重视重大项目，也重视"小而美"项目。2021年11月19日召开的第三次"一带一路"建设座谈会指出，要将"小而美"项目作为对外合作的优先事项，加强统筹谋划，发挥援外资金四两拨千斤作用，形成更多接地气、聚人心的项目。央企坚持市场化、法治化、国际化原则，在高质量建设和运营好雅万高铁等一批重大项目的同时，积极对接共建"一带一路"国家发展需要，商签绿色发展、数字经济、蓝色经济等领域的双边合作协议，推动绿色基建、绿色能源、绿色产业、绿色贸易等全方位合作。通过聚焦减贫、卫生、教育、数字等领域，孵化和建设一批经济社会效益好的"小而美"项目，不断提升当地民众的获得感、认同感。

五是积极开展第三方市场合作。传统上央企在海外承接重大项目，习惯于采用EPC+F模式。自2015年以来，第三方市场合作从概念提出迅速发展为多个项目落地。其核心理念是将中国的优势产能、发达国家的先进技术和共建"一带一路"国家的发展需求有效对接，实现1+1+1>3的效果。目前已与日本建立并启动第三方市场合作长效工作机制，初期成果为合作开发泰国东部经济走廊。与比利时、荷兰成立推动三方企业在第三国开展合作工作组。与新加坡也建立了工作小组，协助中新企业在东南亚的共建国家开展合作。中韩两国企业在第三国基础设施建设、交通、能源等领域合作取得成果。国家铁路集团公司和德国铁路公司在中欧班列、高铁运营维护等领域的合作也是典型的第三方市场合作。为推动第三方市场合作，我国金融机构重视并推动合作企业通过股权、债权等多种方式解决融资问题。设立由国家开发银行、丝路基金与国外金融机构合作的第三方共同投资基金。如丝路基金与欧洲复兴开发银行、欧洲投资基金设立第三方市场合作基金等。

三 新时代新征程"一带一路"建设新机遇

党的二十大谋划了推进中国式现代化，全面建设社会主义现代化国家的宏伟蓝图，也为共建"一带一路"倡议提供了前所未有的发展机遇。

2023年4月21日，习近平主席向在上海"世界会客厅"举办的"中国式现代化与世界"蓝厅论坛致贺信时指出，实现现代化是近代以来中国人民的不懈追求，也是世界各国人民的共同追求。中方愿同各国一道努力，以中国式现代化新成就为世界发展提供新机遇，为人类探索现代化道路和更好社会制度提供新助力，推动构建人类命运共同体。[①]

[①] 《习近平向"中国式现代化与世界"蓝厅论坛致贺信》，《人民日报》2023年4月22日第1版。

习近平主席的上述重要讲话，为人类现代化道路的多样性、自主性、可持续性、共生性等提供了底层逻辑的指引。中国式现代化为共建"一带一路"发展中国家探索自主现代化道路提供了示范。中国式现代化的成功将大大提振"一带一路"发展中国家信心。同时也为共建"一带一路"国家推进自主现代化提供了框架基础。中国企业和投资者通过参与新时代新征程的共建"一带一路"，推进基础设施互联互通，畅通贸易投资渠道，共建工业园区等投资合作模式，将为深化务实合作带来无限商机。

一是市场规模庞大机遇。共建"一带一路"国家已经涉及151个。加上第三方市场合作的国家，几乎覆盖全球90%的国家和地区。要知道现在在联合国的国家，也就不到200个。这样庞大的市场规模毫无疑问是巨大的商机。

二是资源开发机遇。共建"一带一路"国家大都拥有丰富的能源、矿产资源、水资源、土地资源等。投资开发和利用这些资源，将产生天价的收益。

三是技术转让与合作机遇。"一带一路"建设，无论是重大项目，还是"小而美"的项目，都需要广泛的技术支持。比如建设"绿色丝绸之路"，"一带一路"项目建设中的绿色低碳发展、生态环境保护等，中国企业可以通过技术输出、技术合作等方式获益。

四是数字丝绸之路建设机遇。深化"一带一路"务实合作的一个重要内容，就是发展数字经济。这就不能不提到人工智能。要高度重视科技革命特别是人工智能突破性变革给共建"一带一路"倡议带来的机遇。美国Open AI人工智能公司推出的Chat GPT不仅是人工智能领域的一个巨大的飞跃，而且或将在全世界引起影响广泛而深刻的经济社会系统性变革。这种变革带给共建"一带一路"倡议的机遇可能会超出我们的想象。不能不从战略上高度重视这个问题。同时要考虑控制风险。

五是资本市场机遇。这就不能不提到中国特色估值体系（以下简称"中特估"）和科技、媒体以及通信行业（以下简称"TMT"）。"中特估"这个有中国特色的资本市场估值体系，板块涵盖了基建、通信、军工、石油等核心领域的大型央企与国企。目前，"中特估"已正式进入投资者视野，成为今年A股市场行情主线之一。虽然"中特估"50强普遍具备盘子大、成长性缓慢等特征，进而导致估值偏低，但不影响一段时间以来"中特估"板块持续大涨。2022年中海油、中石油净利润增速分别为101.51%、62.08%，中石油、中石化、中海油等上市公司推出的2022年年度分红总额均在百亿元级别。结果，股市上中石油、中石化涨逾50%，中海油涨27%以上。2023年以来很长一段时间，A股市场稳步攀升，沪指累计上涨7.57%。其间，中字头央企指数累计上涨18.58%，跑赢沪指11个百分点。剔除2022年上市的新股，2022年A股总市值增长约6.24万亿元。"中特估"个股市值增长高达2.69万亿元，占比为总量的43.11%。这些数字充分说明，资本市场看好央企参与"一带一路"建设的未来收益。受益于"中特估"，看好央企在"一带一路"数字经济建设方面的可能表现和未来预期，"TMT"在资本市场也出现大行情。前些日子，中国电信涨近60%，中国移动涨近50%。中国科传、中科信息、中科曙光等计算机、传媒股的股价已较2022年年末翻倍。基建股同时得到提振，中工国际、中材国际、中国中铁累计涨幅超过60%。中国神华、中煤能源等煤炭股以及中航重机、中航沈飞等军工股均有不错表现，净利润同比增幅在30%以上。当然，俗话讲，股市有风险，投资需谨慎。问题是，没有风险，哪来的机遇？

（根据2023年5月17日天风证券公司在珠海举办的相关论坛上的主旨演讲整理）

以改革创新为动力 推进"一带一路"国际产业合作

国际产业合作是"一带一路"建设的重要内容。以改革创新为动力，推进"一带一路"国际产业合作，无论对于深化"一带一路"建设，还是对于我国深化改革、扩大开放，实现高质量发展，加快治理体系和治理能力现代化都具有十分重要的意义。

一 "一带一路"国际产业合作成效显著

共建"一带一路"倡议从提出到现在，已取得举世瞩目的进展和成效。

通过共建"一带一路"倡议，非洲东部有了第一条高速公路。马尔代夫有了第一座跨海大桥。白俄罗斯有了首个区域经济特区——中白工业园和轿车制造业。哈萨克斯坦第一次有了自己的出海通道。东南亚地区因雅万高铁的建设第一次有了高铁。中泰铁路建设将有力拉动泰国发展。老挝因中老铁路结束了"陆锁国"历史，实现了"陆联国"梦想。肯尼亚蒙内铁路建成通车后已拉动经济增长1.5个百分点，为当地累计提供5万个就业岗位，而内马铁路前不久也建成通车。埃塞俄比亚与吉布提的亚吉铁路成为东非首条电气化铁路。乌兹别克斯坦卡姆奇克隧道长达19公里，是中亚地区最长的隧道，仅用900天时间即打通，解决了该国1000多万老百姓去首都要绕道别国（塔吉克斯坦）的尴尬状况。希腊比雷埃夫斯港集装箱吞吐量全球排名由合作前的第93位上升到第36位，已超过德国汉堡港成为欧洲第三大港口，为当地创造就业岗位1.3万个。

中巴经济走廊建设特别是瓜达尔港建设进展顺利，已投产运营的7个能源项目，总装机340万千瓦，可满足860万户家庭用电需求。柬埔寨目前70%—80%的电力由中资企业运营的项目供给，中国对柬埔寨的援助和投资创造了至少80万个就业岗位。此类可圈可点的案例还有许多。中欧班列开行累计超过1.8万列。中国与共建国家货物贸易总额超过了7万亿美元，对共建国家直接投资超过了1000亿美元，共建国家对华直接投资超过了470亿美元，在共建国家承包工程新签的合同额超过了7000亿美元。政策性金融贷款余额支持超过2500亿美元，出口信用保险保额超过7000亿美元。共建"一带一路"倡议已经使参与其中的国家都实实在在受益。

共建"一带一路"国际产业合作取得的早期收获，为世界经济增长开辟了新空间，为国际贸易和投资搭建了新平台，为完善全球经济治理体系和治理格局的革新拓展了新实践，为增进各国民生福祉、构建人类命运共同体作出了新贡献。"一带一路"倡议已成为中国向世界提供的最受欢迎的公共产品，成为各参与方共同繁荣发展的机遇之路。正如习近平主席多次强调的，共建"一带一路"倡议源于中国，机会和成果属于世界。也正因此，目前，已有136个国家和30个国际组织与中国签署了195份政府间合作协议。共建"一带一路"倡议及其核心理念已数次写入联合国等重要国际机制成果文件。

二 "一带一路"国际产业合作前景广阔

以2019年4月在北京成功举办的第二届"一带一路"国际合作高峰论坛为标志，共建"一带一路"由过去谋篇布局的"大写意"转入了精谨细腻"工笔画"的高质量发展新阶段。所谓"工笔画"的高质量发展，就是要坚持共商共建共享原则，由各方平等协商、责任共担、共同受益；主张开放、廉洁、绿色发展理念，反对保护主义；追求高标准、惠民生、可持续目标，积极对接普遍接受的国际规则标准，坚持以人民为中心的发展思想，走经济、社会、环境协调发展之路。共建"一带一路"高质量发展，画好"工笔画"，为国际产业合作提供了新的机遇和广阔发展空间。国际产业合作在深化"一带一路"建设中可以大有作为。

首先，在基础设施互联互通方面可以大有作为。共建"一带一路"倡议，关键是基础设施互联互通。基础设施重点工程建设会给产业合作创造诸多机会，特别是第三方市场合作前景广阔。其次，在发挥比较优势上可以大有可为。中国产业拥有"中国制造、中国建造、中国创造"的生产能力优势，再加上"中国储蓄、中国投资、中国储备"的经济实力优势，可在具备条件的共建国家建设大型企业，生产有国际竞争力的产品。再次，在资源开发合作上可以大有可为。可充分利用共建国家的资源优势，将资源优势转化为产业优势，延伸产业链、价值链、供应链。此外，在市场开发合作上可以大有可为。从目前情况看，"一带一路"沿线不少国家产业水平不够高，市场潜力大。产业投资将推动当地产业的发展，带来更多的投资合作机会。

三 以改革创新推动"一带一路"国际产业合作

以改革为动力，以创新为引领，对"一带一路"高质量发展特别是深化国际产业合作至关重要。坚持和完善中国特色社会主义制度，推进治理体系和治理能力现代化为"一带一路"建设走深走实、行稳致远带来巨大制度推力。

一要毫不动摇加大改革力度。2019年9月9日召开的中共中央深改委第十次会议强调，要统筹制度改革和制度运行，处理好顶层设计和分层对接的关系，搞好上下左右、方方面面的配套，注重各项改革协调推进，使各项改革相得益彰，发生"化学反应"，把制度优势转化为治理效能。要把着力点放到加强系统集成、协同高效上来，推动各方面制度更加成熟更加定型。这些精神将推动各项改革举措发生"化学反应"，为"一带一路"国际产业合作提供巨大动能。

二要持续不懈坚持创新发展。中共中央全面深化改革委员会第十次会议也指出，要强化科技创新、制度创新、模式和业态创新，创新就是探索。共建"一带一路"倡议的提出本身就是创新的产物，"一带一路"建设的诸多实践也要靠创新推动。要通过创新，大力优化贸易结构，推动进口与出口、货物贸易与服务贸易、贸易与双向投资、贸易与产业协调发展，促进国际国内要素有序自由流动、资源高效配置、市场深度融合。"一带一路"国际产能合作，必须持续推动创新。

三要坚定不移推进全面开放。第二届"一带一路"国际合作高峰论坛强调，中国将采取一系列重大开放举措，包括在更广领域扩大外资市场准入、更大力度加强知识产权保护国际合作、更大规模增加商品和服务进口、更加有效实施国际宏观经济政策协调、更加重视对外开放政策贯彻落实等，为共建"一带一路"和各国共同繁荣提供更多、更大的机遇。在2019年6月28日二十国集团领导人峰会上，习近平主席又宣布了关于中国进一步开放市场、主动扩大进口、持续改善营商环境、全面实施平等待遇和大力推动经贸谈判五大举措，释放出进一步加快开放步伐的积极信号。这些举措必将强有力地推动"一带一路"国际产业合作。

（根据2019年10月26日在"读懂中国"国际会议上的演讲整理）

共建"一带一路"倡议与农业国际合作

农业国际合作是共建"一带一路"倡议的重要内容。"一带一路"倡议提出以来,农业国际合作取得明显成效。合作机制更加成熟,经贸往来更加紧密,科技交流更加深入。实践证明,"一带一路"农业合作顺应时代潮流,符合各方利益,具有广阔的前景。

一 "一带一路"农业合作成效显著

共建"一带一路"倡议从提出到现在,已取得举世瞩目的进展和成效。

农业合作也取得明显成效。一是凝聚了农业合作共识,发布了《共同推进"一带一路"建设农业合作的愿景与行动》,制定了支持农业对外合作的意见和系列规划,与80多个"一带一路"沿线国家签署了农渔业合作的文件。二是农产品贸易显著增长,2018年我国与"一带一路"参与国的农产品贸易总额超过了770亿美元,较之五年前增长了17.8%。三是农业投资合作领域大幅拓展,我国在"一带一路"参与国开展农业投资合作的项目已经超过了650个,投资存量达到94.4亿美元,较五年前增长了70%,同时,也带动了当地粮食、经作、畜牧、农产品加工等产业的发展,服务了各国经济社会的发展。四是积极履行社会责任,中资农业企业在东道国当地兴建公益设施,累计雇用参与国的员工超过了10万余人,为当地贡献了大量的税收和外汇。五是增进了民心相通,我国农业技术合作、高级专家派出、农技培训推广等项目受到"一带一路"参与国普遍欢迎,赢得了民心和政治互信。

共建"一带一路"倡议取得的早期收获,已经使参与各国尤其沿线发展中国家都实实在在受益。"一带一路"倡议为世界经济增长开辟了新空间,为国际贸易和投资搭建了新平台,为完善全球经济治理体系和治理格局的革新拓展了新实践,为增进各国民生福祉、构建人类命运共同体作出了新贡献。"一带一路"倡议已成为中国向世界提供的最受欢迎的公共产品,成为各参与方共同繁荣发展的机遇之路。正如习近平主席多次强调的,共建"一带一路"倡议源于中国,机会和成果属于世界。也正因此,目前,已有137个国家和30个国际组织与中国签署了197份政府间合作协议。共建"一带一路"倡议及其核心理念已数次写入联合国等重要国际机制成果文件。

二 "一带一路"农业国际合作前景广阔

一是在加强政策沟通上大有作为。完善沿线国家间多层次农业政策对话机制,探索建立沿线国家政府、科研机构、企业"三位一体"的政策对话平台,就农业发展战略充分交流对接,共同制定推进农业合作的规划和措施,协商解决合作中的问题,共同为务实合作及大型项目实施提供政策支持。

二是在强化科技交流合作上大有作为。多渠道加强沿线国家间知识分享、技术转移、信息沟通和人员交流。结合各国需求并综合考虑国际农业科技合作总体布局,在"一带一路"沿线共建国际联合实验室、技术试验示范基地和科技示范园区,开展动植物疫病疫情防控、种质资源交换、共同研发和成果示范,促进品种、技术和产品合作交流。共建"一带一路"农业合作公共信息服务平台、技术咨询服务体系、高端智库和培训基地,推动区域农业物联网技术发展,提升"一带一路"沿线国家农业综合发展能力。

三是在优化农产品贸易合作上大有作为。推动共建"一带一路"农产品贸易通道,合作开展运输、仓储等农产品贸易基础设施一体化建设,提升贸易便利化水平,扩大贸易规模,拓展贸易范围。建设多元稳定的"一带一路"农产品贸易渠道,发展农产品跨境电子商务。加强"一带一路"沿线国家农产品检验检疫合作交流,共建安全、高效、便捷的进出境农产品检验检疫监管措施和农产品质量安全追溯系统,共同规范市场行为,提高共建国家动植物安全卫生水平。

四是在拓展农业投资合作上大有作为。发挥沿线国家农业比较优势,充分利用相关国际金融机构合作机制与渠道,加大农业基础设施和生产、加工、储运、流通等全产业链环节投资,推进关键项目落地。提升沿线国家间企业跨国合作水平,采取多种方式提升企业跨国投资能力和水平,促进沿线国家涉农企业互利合作、共同发展。推动沿线国家之间开展农业双向投资,中国欢迎各国企业来华开展农业领域投资,鼓励本国企业参与沿线国家农业发展进程,帮助所在国发展农业、增加就业、改善民生,履行社会责任。

五是在共建境外农业合作园区上大有作为。推动共建国家企业合作共建农业产业园区,形成产业集群和平台带动效应,降低农业合作成本,增强风险防范能力。引导和支持企业参与农业合作园区建设和运营,围绕种植、养殖、深加工、农产品物流等领域加强基础设施建设,优化农业产业链条,为实现经济走廊和海上通道互联互通提供支撑。结合共建国家的意愿和基础条件,共建一批农业合作示范区,构建"一带一路"农业合作的新载体和新样板。

六是在加强能力建设与民间交流上大有作为。加强以农民为主体的能力建设和民间交流,共建国家开展农民职业教育培训,提高农民素质以及农民组织化水平,增进沿线国家间交流互信。加强与共建国家企业之间的交流合作,共建跨国经营管理人员培训基地,培养复合型跨国经营管理人才。

三 以开放为引领推动"一带一路"农业国际合作走深走实

中国将坚定不移推进全面开放。2019年11月5日,习近平主席在上海第二届国际进口博览会上的主旨演讲中强调,要以更加开放的心态和举措,共建开放合作、开放创新、开放共享的世界经济。要坚持对外开放的基本国策,坚持以开放促改革、促发展、促创新,持续推进更高水平的对外开放,继续扩大市场开放,继续完善开放格局,继续优化营商环境，继续深化多双边合作，继续推进共建"一带一路"。不仅释放出进一步加快开放步伐的积极信号。而且，这些举措必将强有力地推动"一带一路"农业国际合作。

一要进一步积极主动融入农业全球化发展进程。"一带一路"沿线一直是中国开展农业国际合作的重点区域，许多省区利用山水相连、文化相通等优势，要继续与共建国家开展富有成效的互利合作。中国西部省区立足旱作农业与中亚国家开展粮食、畜牧、棉花等领域合作，北部省区在俄罗斯远东地区开展粮食、蔬菜等种植合作，南部省区立足热带农业，与东南亚、南亚国家开展粮食、热带经济作物等种植合作。通过援建农业技术示范中心、派遣农业技术专家、培训农业技术和管理人员等方式，积极帮助"一带一路"沿线发展中国家提高农业生产和安全卫生保障能力，保障世界粮食安全，解决饥饿与贫困。

二要强化多边合作机制。深化与国际机构的交流与合作，充分利用二十国集团、亚太经济合作组织、上海合作组织、联合国亚洲及太平洋经济社会委员会、亚洲合作对话、阿拉伯国家联盟、中国—东盟、澜沧江—湄公河合作等现有涉农多边机制，深化与世界贸易组织、联合国粮食及农业组织、世界动物卫生组织、国际植物保护组织、国际农业发展基金、联合国世界粮食计划署、国际农业研究磋商组织等交流合作，加强与世界银行、亚洲开发银行、金砖国家新开发银行、亚洲基础设施投资银行、丝路基金的合作，探索利用全球及区域开发性金融机构创新农业国际合作的金融服务模式，积极营造开放包容、公平竞争、互利共赢的农业国际合作环境。

三要发挥重大会议论坛平台作用。充分利用中非合作论坛、博鳌亚洲论坛、"10+3"粮食安全圆桌会议、中国—东盟博览会、中国—南亚博览会、中国—亚欧博览会、中国—中东欧国家经贸论坛、中国—中东欧进出境动植物检疫暨农产品质量安全合作论坛、中国—阿拉伯博览会等重大会议论坛平台，加强"一带一路"农业合作交流。在"一带一路"国际合作高峰论坛框架下，逐步建立"一带一路"农业合作对话机制、农业规划研究交流平台，依托"一带一路"网站建立农业资源、产业、技术、政策等信息共享平台。

四要重视并推动电子农业和智慧农业发展。电子农业、智慧农业不仅仅是电子商务，还包括提供信息，以更好地开展防控动植物疫病、生产技术质量标准和专业的咨询服务，以及获得金融服务甚至是管理培训，提高农产品品牌价值等。

共建"一带一路"是中国的倡议，也是中国与共建国家的共同愿望。中国愿与共建国家一道，在既有的多双边合作机制框架下，兼顾各方利益，尊重各方诉求，相向而行，携手推动"一带一路"农业合作迈向更大范围、更高水平、更深层次，共同为提高全球粮食安全与营养水平，推进全球农业可持续健康发展做出更大贡献。

（根据 2019 年 11 月 29 日在"第十一届中国对外投资合作洽谈会"上的主题演讲整理）

"一带一路"新阶段
中小企业新机遇

2021年是共建"一带一路"的第九个年头。在前几年取得明显成效的基础上，2020年以来，面对严峻复杂的外部环境特别是新冠疫情全球大流行的冲击，共建"一带一路"国际合作基本盘保持了总体稳定，取得新进展、新成效。目前，共建"一带一路"倡议已经进入高质量发展新阶段，成为我国实行高水平对外开放，构建新发展格局的极为重要的国际合作平台。我国将继续坚持共商共建共享原则，秉持开放、绿色、廉洁理念，聚焦重点，统筹疫情防控和"一带一路"建设，为构建新发展格局和后疫情时代全球经济复苏做出更多更大贡献。高质量共建"一带一路"，也为中小企业深化国际合作，在后疫情时代经济复苏过程中，实现互利共赢、共同发展提供了新的机遇。

一 增强合作共识和政策沟通，建立健全相应机制带来新机遇

中小企业参与"一带一路"国际合作，离不开相对稳定的国与国之间的政策环境和相应的机制保障。因此，国家层面的沟通，形成共识并以协议的形式予以确认、以机制予以保障，对于中小企业走出去、走稳走远、走出成效至关重要。九年来，通过政策沟通方面的不懈努力，我们已与140个国家、32个国际组织签署了206份共建"一带一路"合作文件，陆陆续续建立了不少机制。打造了构建人类命运共同体的"朋友圈"。但面对百年变局和世纪疫情的复杂形势，共建"一带一路"倡议的

理念需要不断深化,共识需要不断增强,"朋友圈"需要不断巩固扩大,合作机制需要不断完善。但疫情的确对现场会议、会晤、会谈等常规的政策沟通和交流方式造成很大影响。我们的应对之策如下。

一是视频会议大显身手。采取线上线下相结合的工作方式,召开"一带一路"国际合作高级别视频会议或元首会谈,克服政策沟通的困难。今年以来,习近平主席线上出席第六届东方经济论坛、金砖国家领导人第十三次会晤、中国国际服务贸易交易会、博鳌亚洲论坛2021年年会、全球健康峰会、"一带一路"亚太区域国际合作高级别会议、中国共产党与世界政党领导人峰会,同法国总统马克龙、德国总理默克尔举行视频峰会等,在多个场合发表系列重要讲话,深入阐述共建"一带一路"倡议,回应国内国际关切,赢得了国际社会普遍尊重和广泛赞誉。

二是开展元首"通话外交"。2021年,习近平主席与外国领导人频繁通话交流:2月22日晚同吉尔吉斯斯坦总统扎帕罗夫通话;3月1日同波兰总统杜达通话;3月29日同斯里兰卡总统戈塔巴雅通话;4月29日同乌兹别克斯坦总统米尔济约耶夫通话;5月6日同古共中央第一书记、国家主席迪亚斯—卡内尔通、土库曼斯坦总统别尔德穆哈梅多夫、联合国秘书长古特雷斯通话;5月7日同塞拉利昂总统比奥、刚果(金)总统齐塞克迪通话;5月24日同伊朗总统鲁哈尼、越南国家主席阮春福通话;5月26日同尼泊尔总统班达里通话;6月21日同刚果(布)总统萨苏、坦桑尼亚总统哈桑通话;7月7日同捷克总统泽曼、希腊总理米佐塔基斯通话;7月13日晚同乌克兰总统泽连斯基、土耳其总统埃尔多安通话;7月16日同蒙古国总统呼日勒苏赫、马尔代夫总统萨利赫、阿富汗总统加尼通话;8月18日同伊朗总统莱希、伊拉克总统巴尔哈姆通话;8月24日同塞尔维亚总统武契奇通电话;8月25日同俄罗斯总统普京通话;8月27日同葡萄牙总统德索萨、菲律宾总统杜特尔特、马拉维总统查克维拉通话;9月7日同塔吉克斯坦总统拉赫蒙、意大利总理德拉吉通电话;9月10日应约同美国总统拜登通电话、德国总理默克尔通电话。

这种"云"外交、"云"沟通,对于阐释政策主张、增信释疑、巩固共识,深入推进与重点国家合作规划对接,强化与各国和国际组织之间规则标准对接,继续深化贸易、交通运输、信息通信等领域标准化务实合作等发挥了巨大作用,为中小企业参与和扩大"一带一路"国际合作,提供了强有力的国家层面的政策影响力和体制机制保障。

二 引领疫情防控合作,建设健康丝绸之路造就新机遇

席卷全球的新冠疫情既是对全人类生命健康的严峻挑战,也给"一带一路"建设尤其是参与国际合作的中小企业带来巨大影响。面对疫情冲击,我们积极引领并加强与有关国家的疫情防控合作,取得可喜成效。一是境外项目复工复产成效显著。境外中资企业采取有效措施,认真统筹疫情防控和境外项目建设,全年未出现大范围人员感染事件,复工复产取得明显成效,为国际抗疫合作和经济恢复作出了积极贡献。包括瓜达尔港在内的70个走廊项目建设运营正常开展,成为统筹防疫与生产的标杆。二是健康丝绸之路建设取得重要进展。积极与世界卫生组织及有关国家和地区保持密切沟通。举办中非团结抗疫特别峰会、中拉应对新冠疫情特别外长会。向共建"一带一路"倡议国家和有关国际组织提供抗疫紧急援助。截至目前,中国已向100多个国家和国际组织提供超过10亿剂疫苗和原液,将努力全年对外提供20亿剂疫苗。习近平主席以视频方式出席金砖国家领导人第十三次会晤时又宣布,在向"新冠疫苗实施计划"捐赠1亿美元基础上,年内中国将再向发展中国家无偿捐赠1亿剂疫苗。充分展现了大国担当,同时也为中小企业及时复工复产、恢复供应链产业链创造了良好合作环境。

三 加强基础设施互联互通,陆海通道快速发展提供新机遇

一是基础设施联通不断深化。中老铁路、中泰铁路、匈塞铁路、雅万高铁等取得积极进展。比雷埃夫斯港、瓜达尔港、汉班托塔港等合作港口建设运营良好。中俄东线天然气管道等建设稳步推进。二是中欧班列安全高效畅通运行。疫情期间,中欧班列逆势增长,跑出了"加速

度",发挥了重要通道作用。2020年,中欧班列开行超1.2万列,同比上升50%,综合重箱率达98.4%;新冠疫情发生以来,截至2021年6月底,中欧班列累计向欧洲发运1232万件、9.6万吨防疫物资。截至2021年8月底,中欧班列累计开行10030列,73条运行线路已通达欧洲23个国家的170多个城市,运输货品达5万余种。目前,中欧班列正在增强通道能力、枢纽节点、口岸扩能及海外仓建设,积极打造"数字班列"。三是加快推动与周边国家公路联通。昆曼公路、昆明—河内—海防高速公路、中巴经济走廊"两大"公路全线通车,中俄黑河公路大桥完工,"双西公路"(中国西部—欧洲西部)建设稳步推进。四是我国还开通泛太平洋、欧洲、泛大西洋、亚太、东南亚及南亚等集装箱航线,初步形成国际物流主通道网络,以国际海运、航空货运、铁路联运为主的国际物流供应链服务体系逐步形成,有助于共建国家和地区间的联系变得更加紧密。五是西部陆海新通道这个连接"一带"和"一路"的陆海联动通道将会发挥更大作用。国家发展改革委已正式印发《"十四五"推进西部陆海新通道高质量建设实施方案》,提出到2025年实现东中西三条通道持续强化,通道、港口和物流枢纽运营更加高效,对沿线经济和产业发展带动作用明显增强的总体目标,并从5方面明确了通道建设的阶段性目标任务。六是规则联通进一步增强。以共建"一带一路"倡议为合作平台,我国与19个国家签署了22项双边、多边政府间国际道路运输便利化协定。中蒙俄、中吉乌、中塔乌、中俄(大连—新西伯利亚)、中越实现国际道路直达运输试运行,国际道路运输辐射范围进一步拓展。此外,积极参与国际标准制定,发布中国标准外文版1000余项,不断完善共建"一带一路"国家标准信息平台。都给中小企业在后疫情时代的合作与发展创造了有利条件,提供了难得的机遇。

四 深化经贸合作,贸易自由化便利化水平不断提升创造新机遇

一是对外贸易投资稳中有升。根据商务部数据,2013—2020年,中国在共建国家承包工程新签合同额超过9400亿美元。中国对共建国家累计直接投资达1360亿美元。共建国家在华投资达到600亿美元。与共建

国家货物贸易超过9.2万亿美元。2020年，与共建国家贸易进出口额1.4万亿美元，同比增长0.7%；对共建国家非金融类直接投资177.9亿美元，同比增长18.3%。2021年上半年，我国与共建国家货物贸易额8245.5亿美元，同比增长37.9%；对共建国家非金融类直接投资95.8亿美元，对外承包工程完成营业额393.5亿美元，同比分别增长18%、10.6%。二是共建境外经贸合作区作用越来越大。截至2020年年末，中国企业在共建国家建设的境外经贸合作区累计投资近400亿美元，上缴东道国税费超过44亿美元，为当地创造33万个就业岗位。美国的一些智库机构也承认，"一带一路"国际合作给所有参与国带来了实实在在的利益和好处。美国麦肯锡公司对在8个非洲国家的上千家中国公司进行的实地调查表明，这些公司中"89%的员工是非洲人，为非洲创造了近30万个就业岗位"。霍普金斯大学研究团队的报告也显示，在尼日利亚的20家中国制造业企业中，当地雇员比例平均为85%，"就业本地化的大趋势显而易见"。[1] 世界银行估计，到2030年，共建"一带一路"倡议有望帮助全球760万人摆脱极端贫困，帮助3200万人摆脱中度贫困，成为人类的"减贫之路""增长之路""共同进步与繁荣之路"。三是贸易投资环境不断优化。签署《区域全面经济伙伴关系协定》。已与13个共建国家签署了7个自贸协定。四是贸易平台更加多元。进博会、广交会、服贸会、消博会等重要展会发挥了越来越重要的作用。特别是跨境电商、市场采购贸易、海外仓等新业态新模式快速发展。此外，数字丝绸之路建设，加强聚焦重点国别和重点行业深化国际产能合作，积极与美欧日等发达市场投资机构共同拓展第三方市场等，都为中小企业开展更加自由化、便利化的经贸投资活动创造了诸多机遇。

五 资金保障更加有效，多元化投融资体系逐步健全迎来新机遇

一是建设资金保障力度加大。国家开发银行、中国进出口银行不断强化金融服务支撑。成立多边开发融资合作中心（MCDF）基金，有10

---

[1] 汤莉：《智库建言"一带一路"多边化发展》，《国际商报》2023年10月11日第3版。

家国际金融机构参与。2020年，中国出口信用保险公司实现保额超1500亿美元；丝路基金新增签约项目10个，新增实际出资额31.4亿美元。二是人民币国际化稳慎推进。与20多个共建"一带一路"国家建立了双边本币互换安排。在10多个共建"一带一路"国家建立了人民币清算安排。提高金融服务水平，发挥好共建"一带一路"专项贷款和出口信用保险作用，保持对重点领域、重点国别和重点项目融资和保险支持力度，无疑对中小企业开展国际合作提供了强有力的金融支撑保障。

六 加强人文交流，科教文旅合作成果丰硕孕育新机遇

九年来，深入开展教育、科学、文化、体育、旅游、考古等各领域人文合作，加强议会、政党、民间组织往来，关注妇女、青年、残疾人等群体发展，形成了多元互动的人文交流格局。一是文化交流合作进一步拓展。认定建设第二批19家"一带一路"联合实验室。"一带一路"科技创新行动计划累计培训学员5000余人。继续实施"丝绸之路"中国政府奖学金项目。扎实推进亚洲文化遗产保护行动。二是绿色、数字丝绸之路建设不断推进。成立"一带一路"绿色发展国际研究院。继续实施绿色丝路使者计划，培训60余个国家的500多名学员。举办中国—东盟数字经济合作年、第四届中国—东盟信息港论坛等，加强对外宣传，讲好共建"一带一路"故事等，进一步夯实了民意基础，都为中小企业国际合作创造了越来越好的人文环境。

七 防范化解风险，积极应对挑战蕴含新机遇

机遇与风险和挑战并存。在看到各种新机遇的同时，也应清醒地看到风险和挑战。中小企业参与"一带一路"国际合作，困难和风险、压力与挑战无法回避。所谓百年变局，意味着国际政治关系、世界经济格局、地缘政治冲突、社会制度不同、文化宗教差异等诸多方面充满不确

定性和复杂性。也意味着"一带一路"国际合作面临诸多风险和挑战。

美国近年来一直在谋划抗衡"一带一路"的行动计划，2019年联合日澳两国提出的"蓝点网络"计划，重心就在基建领域。2021年七国集团峰会上，拜登政府提出所谓帮助发展中国家兴建基础设施的"B3W"计划，以"价值取向、高规格和透明的"伙伴关系为诱饵，吸引广大发展中国家共同对抗中国倡导的"一带一路"国际合作。同时，欧盟与日本建立的"互联互通伙伴关系"，以及与印度就建立同类关系制订的综合性计划，都意在对冲共建"一带一路"倡议。

我国中小企业走出去，在"一带一路"国际合作上，有的也存在经验不足、手段不足、能力不足等短板和问题。如果能高度重视、有效防范化解这些风险和挑战，就可以化危为机，在变局中开新局。从这个意义上讲，风险和挑战也是新机遇。

为了鼓励和支持中小企业参与"一带一路"国际合作，2017年8月，工业和信息化部和中国国际贸易促进委员会联合印发《关于开展支持中小企业参与"一带一路"建设专项行动的通知》。重点围绕助力中小企业赴共建国家开展贸易投资、为中小企业提供优质服务、提升中小企业国际竞争力三大方面，制定了10条具体措施。要根据新形势、新任务、新要求，落实好十条措施。

"十四五"时期是继续深化"一带一路"合作的极为重要的时期，也是中小企业参与"一带一路"建设可以大有作为的重要发展时期。根据中央精神，重点在于深化务实合作，加强安全保障，促进共同发展。特别是要进一步加大力度，推进基础设施互联互通，拓展第三方市场合作的渠道。要进一步构筑互联互赢的产业链和供应链，深化国际产能合作，扩大双向的贸易和投资。要以企业为主体，市场为导向，按国际惯例和债务可持续原则办事，健全多元化的投融资体系。要推进战略规划和机制的对接，加强政策规则和标准的联通，这就是我们通常所说的"软联通"。从高水平对外开放的角度来讲，就是制度型的开放。在共建国家，过去我们侧重商品和要素流动型的开放，下一步要重点推动制度型的开放，制度型的开放，需要规则、规制、管理和标准的对接，是更深层次的开放。这对于"一带一路"高质量发展至关重要。

2021年6月23日，在"一带一路"亚太区域国际合作高级别会议上，习近平主席以书面方式致辞时重申，"一带一路"倡议旨在传承丝绸之路精神，携手打造开放合作平台，为各国合作发展提供新动力。中国立足新发展阶段、贯彻新发展理念、构建新发展格局，为"一带一路"合作伙伴提供了更多市场机遇、投资机遇、增长机遇。

让我们共同努力，把后疫情时代的"一带一路"建设，打造成合作之路、健康之路、复兴之路和增长之路。也成为中小企业的成长之路、有为之路、发展之路和希望之路。为构建人类命运共同体做出应有贡献。

（根据2021年9月17日在"第十七届中小企业博览会暨首届中小企业国际合作高峰论坛"上的演讲整理）

深化中非共建"一带一路"倡议推动中小企业务实合作

党的二十大开启了推进中国式现代化,全面建设社会主义现代化国家的新征程。中非共建"一带一路"也进入了深化务实合作、实现共赢发展的新阶段。这种新形势为中非中小企业拓展国际化互利合作空间,在推进"一带一路"建设中进一步发挥重要作用提供了新机遇。

一 中非共建"一带一路"成果丰硕

10年来,在中国和非洲国家领导人战略引领下,中非经贸合作取得丰硕成果。

一是合作规模不断扩大。中国始终保持非洲第一大贸易伙伴国地位。中非贸易互惠互利,互补性强,中非贸易为两国经济社会发展提供了强有力支撑,也造福了中非双方人民。自2000年以来,我国从非洲进口1.42万亿美元,向非洲出口1.58万亿美元。最近10年,中非贸易总额累计超2万亿美元。中非贸易屡创新高,2022年,中非贸易额达2820亿美元,较2021年增长11.1%。[①]

二是合作便利化水平逐步提升。我国对非洲最不发达国家98%的输华商品实施零关税待遇,为非洲农产品输华设立"绿色通道",帮助非洲农产品食品更好地进入中国市场。中国积极支持非洲大陆自贸区建设,与自贸区秘书处成立经济合作专家组,深入开展中非贸易投资便利化的

---

① 《推动中非经贸合作再上新台阶》,《人民日报》2023年6月14日第2版。

政策交流与经验分享。充分发挥非洲经贸合作区的示范作用，促进非洲产业升级，提升非洲加工制造水平和产品附加值，助力非洲增强整体出口能力。

三是合作投资取得长足进展。中国是非洲第四大投资来源国。截至2022年年底，中国对非洲直接投资存量超过470亿美元，流量累计超300亿美元。2022年，中国对非新增直接投资34亿美元。2023年前4个月，中国对非新增直接投资达到13.8亿美元，同比增长24%。近年来，投资方式更加多样灵活，除绿地投资以外，参股、并购等方式逐渐增多。[1]

四是合作领域不断拓展。中非经贸合作领域由传统的贸易、工程建设向数字、绿色、航空航天、金融等新兴领域不断延伸。投资领域覆盖了建筑、采矿、制造、科技、批发零售、农业、房地产、金融、电子商务等行业。中国已与非洲27个国家签署民用航空运输协定，成功为阿尔及利亚、尼日利亚等国建造、发射通信气象卫星。一批基础设施和社会民生项目相继建成。2022年中国在非洲创造近30万个工作岗位。

五是合作主体大显身手。中国企业在非经贸合作区的带动作用正在持续增强，产业集聚效应不断显现。中国企业积极参与非洲数字基础设施建设，推动非洲电子商务、移动支付、媒体娱乐等行业迅速发展。鼓励有实力的企业投资非洲的农业、制造业、服务业。目前在非洲投资的中国企业有3000余家。中国企业在非新签承包工程合同额超7000亿美元，完成营业额超4000亿美元。民营企业占中国在非企业数量的七成以上，成为中国对非投资的生力军。[2]

六是合作机制日益完善。中国与52个非洲国家及非盟委员会签署"一带一路"合作文件。设立中非经贸博览会，组织贸易促进团去非洲采购，并通过电子商务平台，举办"非洲好物网购节"等活动，大力推介非洲优质特色产品，满足国内市场需求。现在，南非的红酒、埃塞俄比亚的咖啡、摩洛哥的护肤品、加纳的巧克力、坦桑尼亚的腰果等产品在国内广受好评。

---

[1] 《第三届中非经贸博览会将在长沙举办》，《光明日报》2023年6月14日第4版。
[2] 《第三届中非经贸博览会将在长沙举办》，《光明日报》2023年6月14日第4版。

二 以"九项工程"为重点深化中非 "一带一路"务实合作

2021年11月29日,中非合作论坛第八届部长级会议在塞内加尔举办。习近平主席在开幕式上发表题为《同舟共济,继往开来,携手构建新时代中非命运共同体》的主旨演讲。为中非深化"一带一路"务实合作指明了方向。会前,中非双方共同制定了《中非合作2035年愿景》。作为愿景首个三年规划,中国宣布将同非洲国家密切配合,共同实施"九项工程"并作为中国对非洲"一带一路"务实合作的主线和中非经贸合作的重中之重。2022年以来,"九项工程"顺利推进,成效明显。2023年是推动"九项工程"落地见效的关键之年。

一是卫生健康工程。为实现非盟确定的2022年60%非洲人口接种新冠疫苗的目标,中国承诺再向非方提供10亿剂疫苗,其中6亿剂为无偿援助,4亿剂以中方企业与有关非洲国家联合生产等方式提供。中国还将为非洲国家援助实施10个医疗卫生项目,向非洲派遣1500名医疗队员和公共卫生专家。[①] 目前,中国新冠疫苗率先惠及非洲国家,在埃及、阿尔及利亚、摩洛哥等国开展本地化生产合作。中国援建的非洲疾控中心总部已竣工并完成对外验收,中国在非医疗队诊疗患者超过146万人次。向非洲国家派遣医疗队员约9000人次,提供研修培训名额超过10万个。

二是减贫惠农工程。中国承诺为非洲援助实施10个减贫和农业项目,向非洲派遣500名农业专家,在华设立一批中非现代农业技术交流示范和培训联合中心,鼓励中国机构和企业在非洲建设中非农业发展与减贫示范村,支持在非中国企业社会责任联盟发起"百企千村"活动。此后,中国积极向有需要的非洲国家提供粮食援助,目前已经在非洲启动建设13个中非农业发展与减贫示范村,中国在非企业社会责任联盟推动非洲44个国家实施数百个社会责任项目。[②]

---

① 《推动中非经贸合作再上新台阶》,《人民日报》2023年6月14日第2版。
② 习近平:《同舟共济,继往开来,携手构建新时代中非命运共同体》,《人民日报》2021年11月30日第2版。

三是贸易促进工程。中国承诺为非洲农产品输华建立"绿色通道",加快推动检疫准入程序,进一步扩大同中国建交的最不发达国家输华零关税待遇的产品范围,力争在 3 年内从非洲进口总额达到 3000 亿美元。中国承诺提供 100 亿美元贸易融资额度,用于支持非洲出口,在华建设中非经贸深度合作先行区和"一带一路"中非合作产业园。中国承诺为非洲援助实施 10 个设施联通项目,同非洲大陆自由贸易区秘书处成立中非经济合作专家组,继续支持非洲大陆自由贸易区建设。目前,非洲 11 国 16 项农产品在"绿色通道"项下获得输华准入,21 个非洲国家已经享受 98% 输华产品零关税待遇。2022 年,中非贸易额达 2820 亿美元。①

四是投资驱动工程。在 3 年内推动中国企业对非洲投资总额不少于 100 亿美元,设立"中非民间投资促进平台"。中国承诺为非洲援助实施 10 个工业化和就业促进项目,向非洲金融机构提供 100 亿美元授信额度,重点扶持非洲中小企业发展,设立中非跨境人民币中心。中国承诺免除非洲最不发达国家截至 2021 年年底到期未还的政府间无息贷款债务。中国愿从国际货币基金组织增发的特别提款权中拿出 100 亿美元,转借给非洲国家。到目前为止,中国已新增对非洲直接投资超过 50 亿美元,已向非洲金融机构提供超过 40 亿美元授信额度。中非民间投资促进平台、中非跨境人民币中心已正式设立。②

五是数字创新工程。中国承诺为非洲援助实施 10 个数字经济项目,建设中非卫星遥感应用合作中心,支持建设中非联合实验室、伙伴研究所、科技创新合作基地。同非洲国家携手拓展"丝路电商"合作,举办"非洲好物网购节"和旅游电商推广活动,实施非洲"百店千品上平台"行动。目前,中国已经启动中非卫星遥感应用合作中心筹建相关工作。成功举办了第一届中非北斗合作论坛和首届中非创新合作大会。③

六是绿色发展工程。中国承诺为非洲援助实施 10 个绿色环保和应对

---

① 习近平:《同舟共济,继往开来,携手构建新时代中非命运共同体》,《人民日报》2021 年 11 月 30 日第 2 版。
② 习近平:《同舟共济,继往开来,携手构建新时代中非命运共同体》,《人民日报》2021 年 11 月 30 日第 2 版。
③ 习近平:《同舟共济,继往开来,携手构建新时代中非命运共同体》,《人民日报》2021 年 11 月 30 日第 2 版。

气候变化项目，支持"非洲绿色长城"建设，在非洲建设低碳示范区和适应气候变化示范区。目前，中国—非洲地学合作中心正式挂牌，中非绿色创新计划启动，中国企业承建的尼日利亚宗盖鲁水电站、中非萨卡伊光伏电站等一批可再生能源项目进展顺利。[①]

七是能力建设工程。中国承诺为非洲援助新建或升级 10 所学校，邀请 1 万名非洲高端人才参加研修研讨活动。实施"未来非洲—中非职业教育合作计划"，开展"非洲留学生就业直通车"活动。中国将继续同非洲国家合作设立"鲁班工坊"，鼓励在非中国企业为当地提供不少于 80 万个就业岗位。目前，"未来非洲—中非职业教育合作计划"持续推进，国内 7 省市 14 所职业院校与非洲 11 国 13 所普通高校和职业院校结成合作伙伴关系。2022 年，中国在非洲承包工程和劳务合作项目为所在国创造近 30 万个工作岗位。[②]

八是人文交流工程。中国愿支持所有非洲建交国成为中国公民组团出境旅游目的地国。在华举办非洲电影节，在非洲举办中国电影节。举办中非青年服务论坛和中非妇女论坛等。目前这方面的活动也可圈可点。

九是和平安全工程。中国承诺为非洲援助实施 10 个和平安全领域项目，继续落实对非盟军事援助，支持非洲国家自主维护地区安全和反恐努力，开展中非维和部队联合训练、现场培训、轻小武器管控合作等。中国说到做到，相关援助和项目也在不同程度的落实中。

三 深化中非"一带一路"建设与中小企业新机遇

党的二十大开启了推进中国式现代化，全面建设社会主义现代化国家的新征程。共建"一带一路"倡议也进入了扩大高水平对外开放、构建新发展格局、实现高质量发展的新阶段。对中小企业而言，参与中非

[①] 习近平：《同舟共济，继往开来，携手构建新时代中非命运共同体》，《人民日报》2021 年 11 月 30 日第 2 版。

[②] 习近平：《同舟共济，继往开来，携手构建新时代中非命运共同体》，《人民日报》2021 年 11 月 30 日第 2 版。

"一带一路"建设，具有一系列新的发展机遇。根据"九项工程"布局和已经取得的进展与成效，初步概括，中小企业在当前和今后一个时期深化中非务实合作中有以下七方面的机遇。

一是在服务基础设施互联互通方面的机遇。共建"一带一路"倡议重点是"陆、海、天、网"四位一体的互联互通。即聚焦关键通道、关键节点、关键项目，着力推进公路、铁路、港口、航空、航天、油气管道、电力、网络通信等领域合作。目前，在非洲已建成并运营的蒙内铁路、亚吉铁路等一批基础设施项目在维运服务保障方面，对中小企业产生许多难得的商机。

二是深化经贸合作的机遇。中非共建"一带一路"倡议市场规模庞大。共建"一带一路"已经涉及非洲52个国家、约13亿人口。这样庞大的市场规模毫无疑问是巨大的商机。

三是扩大中非经贸合作区建设的机遇。目前，中国已经在非洲建设了多个经贸合作区。如中埃·泰达苏伊士经贸合作区、埃塞俄比亚东方工业园、华坚工业园，贝宁·格鲁吉贝产业园，加蓬恩科经济特区，肯尼亚珠江经济特区，尼日利亚广东经济贸易合作区，纳米比亚鲸湾国家经济特区，中国—乌干达姆巴莱工业园等。在完善办好现有合作区的同时，下一步中国仍将加大中非经贸合作区的建设力度。中小企业的机遇是不言而喻的。

四是开展第三方市场合作的机遇。从2015年开始，第三方市场合作从概念提出迅速发展为多个项目落地。其核心理念是将中国的优势产能、发达国家的先进技术和包括非洲在内的"一带一路"国家的发展需求有效对接，实现1+1+1>3的效果。为推动第三方市场合作，中国金融机构重视并推动合作企业通过股权、债权等多种方式解决融资问题。如设立丝路基金、中非投资基金等。

五是开发建设"小而美"项目的机遇。2021年11月19日召开的第三次"一带一路"建设座谈会指出，要将"小而美"项目作为对外合作的优先事项，加强统筹谋划，发挥援外资金"四两拨千斤"的作用，形成更多接地气、聚人心的项目。一些投资规模大，建设周期长的重大项目，中小企业吃不动，但一大批绿色发展、数字经济、蓝色经济等领域的项目，减贫、卫生、文化、教育等领域的"小而美"项目，中小企业可以大展拳脚。

六是资源开发合作的机遇。尽管我国资源十分丰富，但是能源资源的分布很不均衡，多煤缺油少气是基本国情。经济的快速发展，能源供需矛盾日益突出。除了加大国内能源资源的勘探开发力度，发展新能源替代，还不得不大量地从海外进口。特别是原油和天然气的对外依存度，多年来一直居于高位。2022年我国原油进口5.08亿吨，对外依存度高达71.2%；天然气进口量1520.7亿立方米，对外依存度为40.2%。从长远看，这种状况一时还很难从根本上扭转。非洲国家大都拥有丰富的能源、矿产资源、水资源、土地资源等。中小企业投资开发和利用这些资源也蕴含着巨大商机。

七是技术转让与合作机遇。中非"一带一路"建设，特别是"小而美"的项目，都需要广泛的技术支持。比如建设绿色项目、数字项目等，中小企业可以通过技术输出、技术合作等方式获益。

总之，深化中非务实合作为中小企业发展提供了前所未有的机遇。正像习近平主席在中非合作论坛第八届部长级会议主旨演讲中指出的，我们要开创中非合作新局面，扩大贸易和投资规模，共享减贫脱贫经验，加强数字经济合作，促进非洲青年创业和中小企业发展。

（根据2023年6月28日在第十八届中国国际中小企业博览会重要活动"第二届中小企业国际合作高峰论坛"上的主旨演讲整理）

以"一带一路"高质量发展为契机加快横琴深合区建设

一 高质量共建"一带一路"倡议须打造好"信任丝绸之路"

共建"一带一路"倡议，从2013年秋提出到现在，8年多过去了。8年多来，共建"一带一路"倡议已由政治共识转化为具体行动，理念认同转化为务实成果。基础设施"硬联通"、规则标准"软联通"、人文交流"心联通"，共商共建共享取得实打实、沉甸甸的成就，实现了同共建国家互利共赢。共建"一带一路"倡议已成为当今世界深受欢迎的国际公共产品和国际合作平台，为推动全球开放合作、改善全球经济治理体系、促进全球共同发展繁荣、推动构建人类命运共同体提供了中国方案。

面对百年变局、全球疫情和气候变化，共建"一带一路"倡议虽仍面临重要机遇，但国际环境日趋复杂。需要保持战略定力，抓住战略机遇，统筹发展和安全、统筹国内和国际、统筹合作和斗争、统筹存量和增量、统筹整体和重点，积极应对挑战，趋利避害，奋勇前进。

2021年11月8日召开的党的十九届六中全会，同年11月19日召开的第三次"一带一路"建设座谈会，对新形势下推进"一带一路"高质量发展作出全面部署。总的来看，要统筹谋划推动高质量发展、构建新发展格局和共建"一带一路"倡议；完整、准确、全面贯彻新发展理念；以高标准、可持续、惠民生为目标；巩固互联互通合作基础；拓展国际合作新空间；扎牢风险防控网络。要加强抗疫国际合作，继续向共建国家提供力所能及的帮助。努力实现更高合作水平、更高投入效益、更高供给质量、更高发展韧性,推动共建"一带一路"高质量发展不断取得新成效。①

这些年,我们提出要建设和平之路、繁荣之路、开放之路、绿色之路、创新之路、文明之路。还提出要建设健康之路、廉洁之路、数字之路、复苏之路、合作之路、增长之路等,不断完善充实共建"一带一路"倡议的内涵。从新形势下共建"一带一路"高质量发展的角度看,建设"信任丝绸之路"至关重要。

古往今来,小到个人,再到组织,大到国家,都必须以"信任"为本,否则一切无从谈起。"信任"的案例比比皆是,但失信的样本也不在少数。"信任"既是稀缺资源,也是奢侈品。经济全球化背景下,信任既是人与人之间和睦相处的前提,也是国与国之间和平共处的基础。习近平主席强调,信任是"国际关系中最好的黏合剂"。面对百年变局、全球疫情和气候变化,后疫情时代,完善全球治理,高质量共建"一带一路",推动亚洲乃至世界经济复苏,都有赖于加强"信任",共建"信任经济"。

打造"信任丝绸之路"当务之急是破解、消除信任赤字。信任赤字是目前全球治理存在的突出问题。破解信任赤字,关键在于尊重规则、恪守规则;在于沟通交流、加强对话;在于以诚相待、信守承诺;在于相互尊重、互商互谅。一句话,也要坚持共商共建共享原则。构建人类命运共同体,基础和关键或许在于构建人类"信任"共同体。

二 横琴深合区在"一带一路"建设中具有重要地位和作用

新形势下做好横琴粤澳深度合作区(以下简称"横琴深合区")开发开放,事关国家发展大局。建设好横琴深合区,是深入实施《粤港澳大湾区发展规划纲要》的重点举措,是丰富"一国两制"实践的重大部署和新示范,是健全粤澳共商共建共管共享的新体制,促进澳门经济适度多元发

---

① 《以高标准可持续惠民生为目标 继续推动共建"一带一路"高质量发展》,《人民日报》2021年11月20日第1版。

展，推动澳门长期繁荣稳定和融入国家发展全局，构建与澳门一体化高水平开放新体系的重要动力。建设好横琴深合区，对"一带一路"建设高质量发展具有重要作用。"一带一路"建设高质量发展又为横琴深合区开发开放提供了难得的机遇。

横琴深合区是"一带一路"建设高质量发展的重要"桥梁"和"纽带"。澳门自古以来一直是"海上丝绸之路"的重要一站，既有特殊的地理优势，又有"一国两制"的制度优势，是贸易自由港和独立关税区，其法律体系、商业运作模式与一些葡语国家和地区接近甚至相通。通过横琴深合区这个21世纪海上丝绸之路的重要支点，可以依托广东和澳门，把东亚经济圈、拉美经济圈和欧洲经济圈乃至非洲经济圈连接起来。有利于我国与包括葡萄牙在内的发达工业国家合作开发第三方市场，既可以带动大湾区高水平制度型开放，又能够有力推动互联互通和国际产能合作。

国家对澳门全面参与和助力"一带一路"建设做出的安排，对于横琴深合区开发开放无疑也是适用的。2018年12月，国家发展和改革委员会与澳门特区政府签署《关于支持澳门全面参与和助力"一带一路"建设的安排》（以下简称《安排》）。《安排》全面准确贯彻"一国两制"方针，在宪法和澳门基本法框架下，以《推动共建丝绸之路经济带和21世纪海上丝绸之路的愿景与行动》为指导，遵循政府引导、市场运作的原则，围绕实现"五通"加强沟通协商，推动澳门在世界旅游休闲中心、中葡商贸合作服务平台、会展、特色金融、中医药及文化创意等方面发挥积极作用，参与和助力"一带一路"建设，实现内地与澳门互利共赢、协调发展。重点领域包括金融合作、经贸交流与合作、民心相通和与粤港澳大湾区其他城市合作等4方面20条。粤澳合作、横琴深合区开发开放的诸多内容都体现在《安排》中。

过去8年来，横琴、珠海乃至广东全省积极参与"一带一路"建设，澳门积极响应支持"一带一路"建设。粤澳密切合作，在推动一批葡语国家与我共建"一带一路"倡议发挥了独特而重要的作用。粤澳合作加强与葡语国家的贸易投资，共同开拓葡语国家市场。2019年我国与葡语国家进出口商品总值达1496.39亿美元。2020年受疫情影响，虽同比下降2.98%，仍然实现1451.85亿美元。此外，澳门既协助葡萄牙、巴西等创新科技企业落户内地发展，也协助内地企业把成熟的农业科技转移至安哥拉、莫桑比克等非洲葡语国家。再如，作为我国唯一拥有中医药国家重点实验室的澳门，多次组织中医药文化走向海外的活动。澳门还发行"一带一路"主题债券、加入"一带一路"税收征管合作机制、推进人民币国际化等。在文化传播交流方面，澳门利用语言和与葡语国家在历史文化等方面的悠久联系，发挥了重要作用。通过横琴深合区的开发开放，粤澳合作、共同发力，在共建"一带一路"中的作用将进一步彰显。

三 企业参与共建"一带一路"倡议大有作为

共建"一带一路"倡议，政府作用固然重要，但企业是主体，市场是导向。无论基础设施互联互通，还是国际经贸合作，都给企业发展带来巨大商机和发展空间。企业可以在参与"一带一路"建设中大有作为。

中央企业是参与"一带一路"建设的先锋队和主力军。据不完全统计，到目前为止，92%的央企参与到了"一带一路"建设中，其中，60%以上的央企参与股权投资，56%参与工程承包，53%参与海外并购，51%采用了BOT模式参与项目建设。央企在共建国家已投资设立了近1万多家企业，承担了3000多个项目，已开工的基础设施建设项目中，央企承担的项目数占比达50%左右，合同额占比超过70%。"一带一路"建设的"旗舰项目"和标志性工程大都主要由央企或以央企为主建设。当然地方国企与央企密切配合，其作用不可低估，也是参与"一带一路"建设的骨干力量。

民营企业参与"一带一路"建设充满活力。全国工商联发布的《2020中国民营企业500强调研分析报告》显示，从2015—2019年，中国民营企业500强中参与"一带一路"建设的企业数量分别为183家、210家、181家、179家和191家。有意愿在未来三年参与"一带一路"建设的为301家。其中，有166家愿意同时投资于"丝绸之路经济带"和"21世纪海上丝绸之路"，62家愿意投资于"丝绸之路经济带"，45家愿意投资于"21世纪海上丝绸之路"。报告还显示，从行业看，500强民企参与"一带一路"建设，主要涉足基础设施、建筑施工、电气机械、钢铁、房地产、计算机、通信和其他电子设备等行业。从地域分布看，主要来自浙江、江苏、山东、广东和上海5个东部沿海省市。2019年参与"一带一路"建设的191家企业中，有141家分布于上述省市，占当年所有参与"一带一路"建设的民营企业500强的73.8%。

"一带一路"境外合作园区大都是民营企业建设和管理运营的。在沿线24个国家建设合作区82个，累计投资290亿美元，入区企业近4000家，上缴东道国税费超过20亿美元，为当地创造25万个就业岗位。中白工业园、中国—阿联酋产能合作园区、中埃·泰达苏伊士经贸合作区、埃塞俄比亚东方工业园、中印综合产业园区青山园区、马中关丹产业园、泰中罗勇工业园、西哈努克港经济特区等，都是民营企业建设、管理和运营，为"一带一路"经贸合作走深走实、高质量发展发挥了极为重要的作用。

在共建"一带一路"高质量发展中，企业的机遇和发展空间主要表现在以下方面。一是在基础设施互联互通方面可以大有作为。共建"一带一路"，关键是基础设施互联互通。基础设施重点工程建设会给产业合作创造诸多机会，特别是第三方市场合作前景广阔。二是在发挥比较优势上可以大有可为。中国企业拥有"中国制造、中国建造、中国创造"的生产能力优势，再加上"中国储蓄、中国投资、中国储备"的经济实力优势，可在具备条件的共建国家建设大型企业，生产有国际竞争力的产品。三是在资源开发合作上可以大有可为。可充分利用共建国家的资源优势，将资源优势转化为产业优势，延伸产业链、价值链、供应链。四是在市场开发合作上可以大有可为。从目前情况看，"一带一路"沿线不少国家产业水平不够高，市场潜力大。产业投资将推动当地产业的发展，带来更多的投资合作机会。五是在合作抗疫推动经济复苏合作上可以大有作为。在抗疫物资生产、运输，疫苗研制、使用，推动复工复产、经济复苏等方面也存在诸多合作机会。

企业在参与"一带一路"建设要真正有所作为，必须注意走稳走好。一是合规经营，遵守东道国法律法规，按国际规则办事，规范对外承包工程市场秩序，重视工程和产品质量，履行社会责任。二是规避风险，主要是政治风险、安全风险、法律风险、金融风险等。三是诚信经营，不能无序竞争，扰乱市场秩序，互相拆台"打乱仗"，不仅守法，还要守信，树立良好形象。四是入乡随俗，充分尊重所在国当地的文化、宗教信仰和风俗习惯。五是团结协作，不能各自为政，特别是国企要帮带民企，民企要配合好国企。六是讲好中国故事，面对诋毁、指责共建"一带一路"倡议的杂音、负面舆论，要加强正面发声力度，有效应对，讲好"丝路故事"。

（根据在"2021第三届京师'一带一路'论坛"上的演讲整理）

第四章
新质生产力发展与中国式现代化

加快发展新质生产力是推进中国式现代化的当务之急

新质生产力，是 2023 年 9 月习近平总书记在黑龙江考察调研期间首次提到的新概念。之后，在中央经济工作会议重要讲话中，部署发展新质生产力。在 2024 年 1 月 31 日、2 月 29 日，中共中央政治局第十一、第十二次集体学习时，习近平总书记又专门强调发展新质生产力。同年 3 月 5 日、6 日全国两会期间，习近平总书记参加江苏代表团审议，看望全国政协民革、科技界、环资界委员并出席联组会听取意见时再谈新质生产力。此外在 2024 年 3 月 21 日在湖南考察时，习近平总书记对地方结合实际发展新质生产力作出重要指示。习近平总书记关于新质生产力发展的一系列重要论述，为新质生产力加快发展指明了方向，提供了基本遵循。发展新质生产力不仅是高质量发展的重大任务，更是推进中国式现代化的关键词，是实现中国式现代化的强大推动力。

一 科技革命催生了新质生产力

要高度重视科技革命特别是人工智能突破性变革的影响和冲击。进入 21 世纪以来，全球科技创新超乎人类想象，空前密集活跃，科技革命对世界格局、国与国关系、对一国经济社会发展和百姓生活的影响范围之大、程度之深前所未有。百年变局，最大的变局是科技革命引发的世界范围内的经济社会系统性变革。科技革命之变是比世界之变、时代之变、历史之变更大更深刻的变革。纵观人类历史，每一次重大科技革命，都给社会生产力发展带来空前的提升和进步，也由此对经济社会发展产生巨大的影响。

（一）科技革命对人类社会正产生深刻影响

人工智能的开发和应用，对人类文明的影响堪比火的发现和使用、青铜器发明和使用、蒸汽机发明和使用、互联网发明和运用。如果说火的出现使人类结束了茹毛饮血的原始状态，青铜器的出现使人类农业文明得到了空前的发展，蒸汽机的出现使人类进入了工业文明时代，互联网的出现使人类进入了数字经济时代，那么人工智能的革命，特别是生成式人工智能的出现，将把人类社会带入到一个更新更高层次的时代，这个时代或许可以称作"硅基"经济时代。如果说第四次产业革命已经到来，那标志性的技术就是人工智能，特别是生成式人工智能。第四次工业革命是继第一次工业革命的蒸汽时代、第二次工业革命的电气时代以及第三次工业革命的互联网时代之后的又一次科技革命。人工智能的发展，过去30年发生了三个100万倍，电脑的算力增强了约100万倍，存储容量增加了约100万倍，通信速度增加了约100万倍。海量数据采集、"硅基"超强算力、算法，让人类社会的工作、生活、学习都发生了天翻地覆的变化。以人工智能为代表的科技革命已经和正在颠覆人类传统的认知。美国Open AI人工智能公司推出的Chat GPT（聊天生成预训练转换器）横空出世了。Chat GPT于2022年12月上线，2023年3月15日，Open AI又推出Chat GPT4。这不仅是人工智能领域的一个巨大的飞跃，而且是科技革命的一个巨大的变革。

（二）人工智能正在快速迭代演进

当人们的注意力刚刚开始集中在Chat GPT4的时候，2023年12月7日，谷歌公司推出的多模态人工智能大模型Gemini一夜爆红，再次引起全球轰动，成为人工智能领域又一项重大突破。其多模态推理能力，理解文本、图像、音频等内容的能力和高级编码能力，不仅有助于理解复杂的书面和视觉信息，在大规模的数据提取中识别微小的差异点，通过阅读、过滤和理解信息，从成千上万的文档中抓取独到的信息和见解，有利于未来在从科学到金融等众多领域以数字化的速度实现新的突破，而且经过训练，Gemini可以同时识别和理解文本、图像、音频及更多内容，更好地理解细微信息，回答与复杂主题相关的问题，并擅长解释数学和物理等复杂学科的推理。同时，还可以理解、解释和生成主流的编程语言（如 Python、Java、C++和 Go）的高质量代码，能够跨语言工作并推理复杂的信息。2024 年 2 月 15 日，Open AI 又推出了一款"文生视频"Sora，使关于人工智能的讨论再次成为热门话题。关注度主要集中在 Sora 可以按照文字指令生成长达 1 分钟视频的强大能力。有的认为 Sora 创新的模型架构为大模型的发展开辟了新道路，也有的认为 Sora 的推出让通用人工智能（AGI）到来的日期大大提前。360 创始人周鸿祎就声称，Sora 的诞生意味着 AGI 实现时间可能从 10 年缩短至一两年。其实"文生视频"早已有之，并不新鲜。业内已经存在 Runway 和 Pika 等功能相似的 AI 视频生成、视频编辑模型。这些模型可以基于文本提示、2D 图片等生成短视频，由静态图像衍生出动画，修复、替换或插入新的视觉元素，以及将镜头扩展到原始帧之外，填充上下文相关内容的"画外画"等。Runway 2023 年 8 月推出的第二代模型，每次就可生成最高 18 秒的视频。相比之下，Sora 的升级和突破之处在于，可以一次性生成一分钟的视频。视频的质量和逼真度更高，更像真实世界，还实现了"时空一致性"，也就是即便对视频进行扩展，它也能够赋予模型"前瞻性"，确保视频主题在画幅外也能保持不变。以 Sora 发布的"时尚女性走在繁华街头"视频为示例，就很像是一部广告短片或电影片段，人物和场景基本上挑不出明显问题，身体的运动、头发的细节、霓虹灯反光显得尤其逼真，这是"碾压"吊打 Pika 和 Runway 等其他早期模型的地方，也是在过去不可想象的。毫无疑问，Sora 将促使人工智能进一步引领新一轮行业变革。拥有强大功能的 Sora 已然具备了通过 AI 创建电影的可能性，令 IT 界、艺术界、广告界、影视界和普通爱好者兴奋不已，特别是对影视、视频、广告等行业或将带来不小的冲击。与此相关的产业感到担心是很自然的。这些输出的视频可以作为"镜头"缝合成一部电影。这也是人们对于 Sora 功能的预测感到"惶恐"的地方。由文生文本、文生图像到文生视频，又由秒视频到分甚至更长时间的视频，确实是个飞跃。

（三）对 AI 热需要一些冷思考

对 Sora 影响等也没必要谈虎色变。人工智能还是有他的自身局限性。

这种局限性使其不可能无所不能取代人脑智能。说到底它就是个工具。像电影制作，无论规模还是技术，这种使用文本提示和条件参数生成的视频，要保持角色和场景的连续性是个难题。除了连续性不足，Sora模型还会"误解"现实世界里的造型和行为，在图像和视频输出中出现肉眼可见的"物理性失败"。近日网络上也在热传一个Sora模型的"失败案例"。镜头中的椅子仿佛有了生命般走动，完全超出真实世界的物理可能，画面中还有人甚至"凭空消失"，此类"失误"除了让人哑然失笑，也说明Sora想要创作出类似电影的东西从而颠覆影视业还有很多问题要解决。此外，版权等法律方面问题也直接影响Sora的使用。在实际运用中，如果Sora快速生成概念图、角色造型和分镜动画，帮助创作者挑选方向也许还可以，但如果某个有趣的概念角色、场景真的被选中用于实拍，无论是电影、电视还是游戏制作，依然面临侵权索赔和版权保护追溯的风险。因此，要客观看待Sora及其影响。2024年1月谷歌发布AI视频模型Lumiere时，就坦承"使用这一技术时，的确有创建虚假或有害内容并被滥用的风险"。有中国网民发现，在对该系列之一的Gemini Pro进行测试问它"你是谁"时，Gemini Pro回答说是百度文心大模型。但切换成英文与之交流，就恢复到谷歌大模型的身份认知，表现正常。Gemini承认，之所以出现这种胡言乱语，是因为训练语料来自百度。也有种看法认为Sora只是Open AI的一种营销炒作有一定道理。奥特曼前不久表示，自己需要7万亿美元建起全球的芯片帝国。7万亿美元这是什么概念，2023年全球芯片的销售额只有5270亿美元，预计到2030年可能会增至每年1万亿美元。根据行业组织SEMI的估计，去年全球半导体制造设备的销售额约为1000亿美元。据说Open AI早已陷入芯片荒、能源荒。7万亿美元的巨额投资需求，已经远远超出当前全球半导体产业的规模。根据证券行业和金融市场协会的统计，2023年美国公司总共发行的债券也就1.44万亿美元。而美国微软和苹果两家公司总市值也不过6万亿美元。在缺芯片、缺能源、缺投资的情况下，适时地推出Sora，对于融资来讲，也许不失为一种非常高明的营销策略。

（四）对人工智能发展的担忧

人工智能的发展也引发了不少的担忧甚至恐惧。"硅基生命"会不会取代"碳基生命",奇点会不会出现,何时出现,出现后会发生什么,目前是仁者见仁,智者见智。Open AI 正在开发一款比 Chat GPT4 更强大的 Chat GPT5。据悉,该系统已经完成了对人类网络上所有视频的学习,可以瞬间标记出所有它看过的视频中的一切声光信息,并且能够准确预测任何一个人的未来行为和寿命。即将推出的 GPT Turbo 可以让机器而不是人编程。这些动态引发了人们对 AI 发展的不安。有人甚至认为,Chat GPT5 将是人类智慧的终结者,最终无生命的"硅基生命"取代"碳基生命"的人类在这个世界上的地位和作用。比如,2018 年出现过一个震惊世界的"剑桥分析"事件,近 8700 万名用户的个人信息被违法用于影响政治选举。英国脱欧公投期间,聊天机器人 Brexit Bot 被用来传播关于"脱欧"益处和"留欧"风险的虚假信息。有的软件甚至伪造了美国时任总统拜登的电话打给部分选民。甚至微软全国广播公司(MSNBC)在报道中也发出疑问,2024 年会不会成为"深度伪造"的大选年。以至于以辛顿、马斯克、比尔·盖茨等一大批科学家联名建议,对 GPT5 开发或许应放慢脚步,认真研究一下可能会对人类社会的危害。马斯克曾多次公开表示,人工智能有可能成为人类文明的最大威胁。霍金生前也曾担忧地表示,强大的人工智能的崛起可能是人类遇到的最好的事情,也可能是最坏的事情。据了解,美国已经开始把 AI 用于军事和武器。Open AI 也撕下了伪装,把永远不把 AI 用于军事用途从愿景中直接删掉了。2024 年 2 月 29 日,马斯克公开状告奥特曼。说 Open AI 的 Chat GPT4 成为投资商微软的赚钱机器,人工智能的危险就在于程序员们关起门来,不知道搞什么名堂,完全有悖当年创立时的初衷和协定。按马斯克的设想,就应该公开编程源代码,供全社会共享。而他也说到做到,宣布 Grok 的源代码完全向社会公开。

(五)人工智能领域的竞争已经演化为"世界大战"

人工智能引起全世界科技领域空前激烈的竞争。21 世纪以来,特别是从 2013 年起,世界许多国家政府,尤其是发达国家纷纷调研人工智能对社会、经济可能带来的颠覆性影响,相继发布符合自身国情的人工智能战略。这两年我们很关注俄乌冲突和加沙地带冲突,或许忽视了以大模型开发应用为特征的人工智能领域硝烟弥漫的竞争。我们很担心地缘政治冲突会不会引发世界大战，但科技领域的"世界大战"事实上已经打响。除了 Sora，对其他技术路线的人工智能也引起高度重视。现在的人工智能技术路线大致三条，包括 Open AI 的 Chat GPT、Sora 和 GPT Turbo，背后是微软；DeepMind 推出的 Gemini、Gemini1.5，背后是谷歌；X AI 推出的 Grok，背后是马斯克旗下的社交平台 X（原 Twitter）。Grok 是 2023年 11 月 5 日首发的。也是 X 团队发布的首个 AI 大模型。2024 年 3 月 28日，X AI 宣布将推出 Grok1.5，该模型能够进行长语境理解和高级推理。马斯克认为，相比较 Open AI 的 Chat GPT、谷歌的 Bard 和微软的 Bing Chat，Grok 最大的不同是开源代码及其幽默感。最值得关注的还有马斯克的脑机接口（Neuralink）技术。目前已开始人体试验，这将打破人机界限。Neuralink 恐怕才是继 Chat GPT、Sora、Gemini 和 Grok 之后，新的全球关注热点。目前人类患者已经接受了大脑植入芯片。芯片与大脑的无缝对接，重塑因神经系统疾病或损伤而失去的功能，人与机器的界限在这一刻变得模糊不清，为未来的神经科技应用开启了无限可能，将使人类社会步入一个崭新的科技纪元。此外还有马斯克的星链计划，Space X 星舰发射，猎鹰 9 号火箭反复回收利用，等等，在一遍遍地刷新人类的想象力。如前面提到的，马斯克公开了 Grak 的所有源代码。2024 年 4 月 3 日 Chat GPT 也宣布放开使用限制。这种操作在加速技术传播的同时，会引发激烈的市场竞争。这种竞争外溢，导致人工智能领域、科技革命领域的"世界大战"就很难避免了。近年，美国把不少中国的人工智能企业、科研院所列入制裁清单，极限打压。因此，要高度重视科技革命特别是人工智能突破性变革的影响和冲击。既要看到其带来的推动产业结构优化升级，推动新质生产力发展的巨大机遇，也要清醒认识其挑战。这种挑战有技术的，有伦理的、文化的，也有社会、政治的。也正因此，我们说百年变局中，最大的变局是以人工智能为代表的科技革命变革。

二 人工智能推动新质生产力发展的"中国实践"

我国是人工智能发展大国。对我国而言，生成式人工智能将革命性地推动科技创新和产业创新，特别是以颠覆性技术和前沿技术催生新产业、新模式、新动能，促进新质生产力发展。

(一) 推动人工智能发展是国家大政方针

党的十八大以来，习近平总书记高度重视人工智能的发展，多次作出重要指示。2014年，习近平总书记在中国科学院第十七次院士大会、中国工程院第十二次院士大会上指出，要高度关注人工智能迅猛发展。2015年，国务院出台《关于积极推进"互联网＋"行动的指导意见》，首次将"人工智能"纳入重点任务。2016年，"人工智能"被写入"十三五"规划纲要。2017年，国务院发布《新一代人工智能发展规划》。2018年10月31日，第十九届中共中央政治局第九次集体学习时，习近平总书记就深刻指出，人工智能是新一轮科技革命和产业变革的重要驱动力量，加快发展新一代人工智能是事关我国能否抓住新一轮科技革命和产业变革机遇的战略问题。2020年，人工智能在"十四五"规划和2035年远景目标纲要中进一步列为重点任务。人工智能自2017年以来多次被写入《政府工作报告》。2023年《政府工作报告》强调大力推进现代化产业体系建设，加快发展新质生产力；深化大数据、人工智能等研发应用，开展"人工智能＋"行动，首次提出"人工智能＋"行动。

(二) 我国人工智能发展位于世界前列

从实践看，我们国家在基础研究方面的投入巨大，人工智能的发展有了非常好的沉淀。一些关键核心技术，中国已经走在了世界前列，比如说人脸和语音识别技术。中国人工智能的发展与各行各业的结合和渗透是非常高的，其应用和推广也不亚于其他国家。我国在人工智能领域发表的论文数量居世界首位；人工智能核心产业规模达5000亿元，企业数量超4400家。我国人工智能发展的创新生态环境已经初步形成。在基础层，也就是大数据、云计算、边缘计算、智能芯片等领域，国内领先的企业有百度、阿里巴巴、华为、寒武纪等。在技术层，我国在计算机视觉、智能语音、机器学习、自然语言处理等细分领域也诞生了诸如科大讯飞、云知声、云从科技、商汤科技、旷视科技等企业。在应用层，人工智能技术与其他领域结合的应用有智能机器人、智能终端、智能交通、公共安全等。其中，机器人领域有新松机器人、科沃斯机器人等代表性企业，而众多互联网巨头也纷纷入局智能终端的研发与物联网生态的打造，包括华为、小米、联想、中兴等。

中国人工智能大模型仅次于美国。据科技部新一代人工智能发展研究中心于2023年5月发布的《中国人工智能大模型地图研究报告》显示，中国研发的大模型数量排名全球第二，仅次于美国。目前，中国10亿浮点参数规模以上的大模型已发布100多个。中国人工智能企业数量、人工智能独角兽、人工智能风险投资规模等，在全球排名中都属于第一梯队，紧随美国位居第二。机器写代码能力，我们已经超过了ChatGPT3.5。在医疗应用、科普大模型方面，我们也处在与国际先进水平并跑甚至领跑的地位。在2022年美国国家标准技术研究院组织的15个国家的比赛中，在网络神经深度学习的算法上，语音识别、语音翻译、解决"鸡尾酒现象"问题上，我国都是排名全球第一名。许多语音领域训练的方法，我们也有自己独特的优势。

我国人工智能发展具有四大优势。一是政策优势，人工智能已被列为国家优先发展事项。国家自然科学基金委员会专门设立人工智能一级学科代码，资助相关基础研究、前瞻性探索和应用研究。二是海量数据资源优势，中国人口是美国的4倍多，手机群体和手机消费、支付量也是最大的，拥有庞大的消费、出行、医疗、旅游、物流等数据资源。三是应用场景优势，我国是发展中国家，很多基础设施还不够完善，这恰恰给人工智能的应用提供了一些深度场景。比如城乡的基础设施、医疗、教育、民生服务等领域的问题，人工智能系统的介入，问题可以快速得到解决。四是人才优势，我国高等教育毛入学率已达59.6%，而且理工科类的学生比例很高，这是一个非常大的人才储备库。

（三）我国人工智能发展与国际先进水平存在差距

受Chat GPT的刺激，2023年以来我国各大科技公司也开发出了自己特有的人工智能模型。2022年短短数月，国内就涌现出230个大模型。从百度、阿里、科大讯飞等一众头部企业，到清华大学、复旦大学、中国科学院等高校院所。很多行业、企业，甚至城市，都在建AI算力中心，试图从头训练自己的大模型。但不可否认也令人难过的是，目前在人工智能方面，无论从数据量的收集采纳、算力和算法，还没有哪一个可以与Chat GPT比肩，甚至毫不夸张地说，所有这些模型加起来，跟

Chat GPT 还有相当大的差距，更不要说 Gemini、Sora。百度的李彦宏就大声疾呼：不断地重复开发基础大模型，是对社会资源的极大浪费。中国科学院院士陈润生也表示：中国现有的通用大模型，90% 没多大用处，也发展不起来，只会加剧资源和人力的浪费，应该被淘汰。的确，我国现在最大的问题是每个行业都是从头开始训练，一个 1000 亿浮点参数的大模型要花 1200 万美元，1 万亿的要 6000 万美元。总的来看，虽然个别领域我们在国际上领先，但就整体水平而言，我们落后国际先进水平至少还有 1—2 年的时间。比如 Chat GPT4，现在是 1 万多亿点的浮点参数，我们国内好一点的大模型，目前也就 1000 多亿点。Chat GPT3.5 是 1750 亿浮点参数。所以和国际一流水平相比，美英等西方国家还是领跑者，我们只是跟跑者。

我们存在的短板主要表现为以下五个薄弱环节。

一是技术落后。现有技术及研发大多集中在场景应用上。基础理论、原创算法和高端器件研发能力弱，国内的大模型多是通过套壳和拼装的方式构建，缺乏原创性。比如做深度神经网络训练的 GPU（图形处理器）等与国际先进水平差得不是一星半点。现在英伟达的 GPU 可以说一家独大。GPU 的深度技术原理、投资逻辑和全球格局就是神话。10 年前小米的市值 450 亿美元，英伟达不过 87 亿美元。2022 年 12 月，Chat GPT 上线时，英伟达的市值是 4100 多亿美元。仅仅半年后即突破 1 万亿美元。这个速度比猎鹰 9 号都飞得快。现在小米只有 300 多亿美元。英伟达已经超过了 2 万亿。从产业链来看，英伟达这个芯片的产业链包括设备、材料、EDA/IP、设计、制造、封测等环节。设备方面涉及应用材料、阿斯麦、东京电子、LAM、爱德力等企业。材料方面涉及信越化学、胜高、卡博特、陶氏、住友化学等企业。这些都是硅片等半导体材料的供应商。EDA/IP 方面涉及新思科技、铿腾电子、ARM 等企业。设计方面涉及英伟达、英特尔、AMD、苹果、高通等企业。制造方面涉及台积电、英特尔、三星、格罗方德等企业，这些都属于晶圆厂。封测环节有日月光、安靠、英特尔、矽品精密等企业。这就是黄仁勋 GPU 的产业链格局，而且比较稳定。这就是先进的半导体产业链。从中国来看，中国 GPU 相关的产业链格局为：设备方面是北方华创、盛美、中微、华峰测控、至纯科技、精测电子、华海清科等企业；材料方面有沪硅产业、江丰电子、神工股份、安集鼎龙、金宏气体、雅克科技等企业；EDA/IP 方面有寒武纪、芯原股份、芯华章、芯动科技等企业；设计方面有景嘉微、航锦科技、兆芯、中船重工、龙芯、芯瞳半导体等企业；制造方面就是中芯国际。封测方面有通富微电、长电科技、华天科技等企业。目前中国在设计、封测方面问题不大。但设备、材料、EDA/IP、制造等环节还是严重依赖于外循环。现在英伟达又发布 GPUB200。一个机箱能够装 15 个 Chat GPT 4。一个模型就有 27 万亿浮点参数。目前 GPT 4 最多也就 1.8 万亿。比 A100 晶体管数量多了一倍，但性能提高了 5 倍。

二是人才不足。缺乏相应的高端人才。以深度学习为代表的机器学习算法研究领域的人才供应相对紧缺，流通性较弱，因此也导致了高端研究人才的超高成本，迫使有的公司选择在美国建立研究院或实验室，人才尤其是具有基础性原创性研究的高端人才需求缺口大，我国顶级的人工智能高端人才数只有美国的 20%，特别有讽刺意味、值得深思，也需要引起高度重视的是，美国人工智能领域的顶尖高端人才不少是我国高等院校培养的"流失人才"。全球最顶尖 AI 人才中，来自中国的占47%，远超美国的 18%，但将近一半的人才是在美国工作的。在美国工作的顶尖人才中，有 38% 来自中国，可以说，中国是美国 AI 产业发展最大的贡献者。全世界排名前 25 的 AI 研究机构中，清华大学的位居前三，仅次于谷歌和斯坦福大学。北京大学的排名第六。

三是平台缺乏。缺乏有影响的商业化开源开放平台。虽然当下一些人工智能企业已将部分相对成熟的技术应用到社会生活中，但相应的商业化程度不够，大部分公司的业务主要以 B 端解决方案和服务为主，C 端产品需求开发不够，更多应用场景有待挖掘与构建，目前一些人工智能应用确实起到了代替人类工作的作用，有些甚至已高于人类的工作效率，但现有的应用场景并不能满足社会生活的需求，近几年应用场景虽开始面向大众普及，但是距离全面的应用仍较远，围绕人的行为轨迹，如可穿戴、车载、家居等应用场景，打造面向大众的、有自主品牌的、软硬结合的人工智能产品，并形成一定的规模，还有待继续努力。

四是语料不够。除了计算能力差外，数据量也是一个短板。数据量就是 Chat GPT 的语料参数。目前英文语料占 93%，中文语料占不到 0.1%。和以英语为载体的海量数据相比，中文语料的差距好比地球和银河系。还好我们有国际领先的最好的翻译机器，翻译技术领先，多少可以弥补这个不足。还有就是语料里我们的广告数据太多，娱乐数据太多，不少没用的数据，挤占了有限的语料空间。数据采集、清洗、标签、存储、管理与交易，数据源公共基础设施与垂直领域知识库不足都是薄弱环节。这种差距将很快成为生产力的差距，经济实力的差距。这种状况不仅决定当下经济实力的比拼，而且会决定发展走向和未来的前途与命运。对此我们必须高度重视，万万不可掉以轻心。

五是资本短视。人工智能发展需要大量的投资。因此资本市场必须给予大力的支持。但因种种原因，我们的资本市场比较短视，不敢冒风险。现在国内许多大模型处于财务饥饿状态。像当初国内的许多互联网巨头最初接受的投资，都是来自于外国。阿里巴巴如此，腾讯也如此。即使没有美国人"卡脖子"，我们的大模型，如果哪天跟美国的大大模型能处于并跑甚至领跑的地位，但投资都是来自外国，那也够讽刺的。

发展人工智能要加强风险防控，并制定相关的法律。2023年4月28日，中共中央政治局会议提出，要重视通用人工智能发展，营造创新生态，重视防范风险。2023年10月，习近平主席在第三届"一带一路"国际合作高峰论坛开幕式上的主旨演讲中宣布中方将提出全球人工智能治理倡议，强调愿同各国加强交流和对话，共同促进全球人工智能健康有序安全发展。在2023年一年时间内，我国陆续出台一系列规范人工智能技术发展和应用的相关法规，展示了我国作为负责任的大国在人工智能安全治理方面的国际担当与积极作为，如《互联网信息服务深度合成管理规定》施行、《生成式人工智能服务管理办法（征求意见稿）》发布、《生成式人工智能服务管理暂行办法》备案施行、国内大模型首批通过《生成式人工智能服务管理暂行办法》等。当然国际社会对人工智能的安全问题也很重视，除了前面提到的科学家们的呼吁之外，联合国成立人工智能高级别咨询机构，全球首届人工智能安全峰会发布《布莱奇利宣言》，欧盟就《人工智能法案》达成协议，等等，表明各方对人工智能治理紧迫性的认识在深化，相关行动在提速。

三 新质生产力是推进中国式现代化的关键动能

中国式现代化一定是社会生产力高度发达的现代化，是以先进生产力创造的丰富的物质财富为坚实基础的现代化。工业化，城镇化，农业现代化，信息化，都要以生产力的高度发展为前提条件。14亿人口的共同富裕，物质文明和精神文明，人与自然和谐发展、和平发展，都离不开先进发达的生产力及其创造的丰富物质财富的支撑。中国式现代化不可能建立在落后的生产力基础之上。新质生产力就是先进的、发达的生产力。

（一）什么是新质生产力

2023年9月7日，习近平总书记在哈尔滨主持召开新时代推动东北全面振兴座谈会时讲道，积极培育新能源、新材料、先进制造、电子信息等战略性新兴产业，积极培育未来产业，加快形成新质生产力，增强发展新动能。这段话里讲到的五个"新"，对于形成新质生产力而言，培育战略性新兴产业、未来产业，发展新动能是关键词。2023年12月召开的中央经济工作会议也指出，要以科技创新推动产业创新，特别是以颠覆性技术和前沿技术催生新产业、新模式、新动能，发展新质生产力。习近平总书记在主持中共中央政治局第十一次集体学习时强调，要及时将科技创新成果应用到具体产业和产业链上，改造提升传统产业，培育壮大新兴产业，布局建设未来产业，完善现代化产业体系。2024年1月22日国务院常务会议，研究部署推动人工智能赋能新型工业化有关工作，强调要以人工智能和制造业深度融合为主线，以智能制造为主攻方向，以场景应用为牵引，加快重点行业智能升级，大力发展智能产品，高水平赋能工业制造体系，加快形成新质生产力，为制造强国、质量强国、网络强国和数字中国建设提供有力支撑。2023年的《政府工作报告》把大力推进现代化产业体系建设、加快发展新质生产力作为政府工作的首要任务，强调要充分发挥创新主导作用，以科技创新推动产业创新，加快推进新型工业化，提高全要素生产率，不断塑造发展新动能新优势，促进社会生产力实现新的跃升。新质生产力具有鲜明的时代特征。按照马克思主义传统理论，生产力包括劳动者、劳动工具、劳动对象三个要素，其中劳动者是最活跃的要素。在人工智能为特征的科技革命飞速发展新时代，这三大要素都有了鲜明的时代特征。接受过高等教育掌握科技知识和技能的科技人员、接受过专业训练具有专门技能的"工匠"型工程技术人员、组织人财物、供产销等资源创造物质财富的企业家等高素质人才为新型劳动者，人工智能为新型生产工具，数据等为新型生产要素，新材料新能源为新型劳动资料和劳动对象。

（二）新质生产力推动中国式现代化的首要任务是全方位培养用好人才，激发人的活力和动能

中国式现代化首先是人的现代化。人也是生产力中最活跃的因素，是新质生产力发展最重要的甚至是决定性的因素。按照党的二十大精神，要坚持教育强国、科技强国、人才强国建设一体统筹推进，创新链产业链资金链人才链一体部署实施。深化教育科技人才综合改革，就是为新质生产力提供强大的内生动力和活力。根据2023年《政府工作报告》提出的政府工作任务，实施更加积极、更加开放、更加有效的人才政策。推进高水平人才高地和吸引集聚人才平台建设，促进人才区域合理布局和协调发展。加快建设国家战略人才力量，努力培养造就更多一流科技领军人才和创新团队，完善拔尖创新人才发现和培养机制，建设基础研究人才培养平台，打造卓越工程师和高技能人才队伍，加大对青年科技人才支持力度。积极推进人才国际交流。加快建立以创新价值、能力、贡献为导向的人才评价体系，优化工作生活保障和表彰奖励制度。我们要在改善人才发展环境上持续用力，形成人尽其才、各展其能的良好局面。

（三）新质生产力推动中国式现代化的重要前提是产业链供应链优化升级

发展新质生产力必须深化产业链供应链协同创新，推进科技创新和产业创新深度融合。要实施制造业重点产业链高质量发展行动，着力补齐短板、拉长长板、锻造新板，增强产业链供应链韧性和竞争力。要持续优化创新平台网络，推进国家高新区提质增效。要深化制造业数字化转型，实施制造业数字化转型行动，深入实施智能制造工程，推进建设智能工厂和智慧供应链。要实施制造业技术改造升级工程，培育壮大先进制造业集群，创建国家新型工业化示范区，推动传统产业高端化、智能化、绿色化转型。要加快发展现代生产性服务业。要深化中小企业合作，坚持服务和管理并重、帮扶和发展并举，促进中小企业专精特新发展，推动大中小企业融通创新。要弘扬工匠精神。加强标准引领和质量支撑，打造更多有国际影响力的"中国制造"品牌。

（四）新质生产力推动中国式现代化的重要产业基础是战略性新兴产业

战略性新兴产业能够充分体现新质生产力。战略性新兴产业处在科技和经济发展前沿。战略性新兴产业知识技术密集、物质资源消耗少、成长潜力大、综合效益好，是具有重大引领带动作用的产业，在很大程度上决定着一个国家或地区的综合实力特别是核心竞争力。战略性新兴产业不是静态的、停滞的、固定不变的，而是动态的、发展变化的，"新兴"的内涵处于不断衍变过程中。[①] 19 世纪和 20 世纪钢铁、石油等都成为不少国家的新兴产业，甚至成为综合国力的重要标志。现在，我们讲战略性新兴产业，按照"十四五"规划纲要里关于"发展壮大战略性新兴产业"一章中的提法，包括新一代信息技术、生物技术、新能源、新材料、高端装备、新能源汽车、绿色环保以及航空航天、海洋装备等。目前我国战略性新兴产业增加值占国内生产总值比重超过 15%，其中规模以上工业战略性新兴产业增加值增速快于规模以上工业增加值增速。对我国经济社会发展全局和长远发展的重大引领带动作用是显而易见的。新能源、新材料、智能制造、电子信息等已成为衡量一个国家综合国力的重要标志。可以预料，未来世界一定会在今天各种"新"产业的基础上产生出更新的能源、更新的材料、更先进的制造和更先进的电子信息技术。战略性新兴产业在很大程度上决定着一个国家或地区的综合国力特别是核心竞争力，国与国之间的竞争一定意义上就是战略性新兴产业的竞争，就是未来产业发展速度和规模的竞争，也就是新质生产力的竞争。

---

① 赵振华：《提出"新质生产力"的重要意义》，《学习时报》2023 年 9 月 20 日 A2 版。

（五）新质生产力推动中国式现代化的产业发展方向是未来产业

未来产业代表着新质生产力的发展趋势。在"十四五"规划纲要里，有一节是"前瞻谋划未来产业"。未来产业包括类脑的人工智能、量子信息、基因技术、未来网络、深海空天开发、氢能与储能等。未来产业代表着未来科技和产业结构转型升级新方向。是新质生产力在新一轮科技革命和产业变革中赢得先机的关键所在，是全球创新版图和经济格局调整中最活跃的力量，也是实现创新引领发展的重要抓手。未来产业发展必然伴随像生成式人工智能等颠覆性技术和技术的突破，具有高成长性和战略先导性，对形成新质生产力的未来显著竞争优势具有不可估量的巨大发展潜力。因此而产生的新产业必然会迅速形成新动能，促进新旧动能的迭代转化，催生新业态、新赛道、新模式，由此推动产业结构革命性的转型升级。从而抢占发展制高点、形成发展新优势、掌控发展的主动权。2024年1月29日，工业和信息化部等七部门联合印发《关于推动未来产业创新发展的实施意见》，提出要打造人形机器人、量子计算机、新型显示、脑机接口等十大标志性产品。近年来，我国机器人领域基础研发能力迅速提升，市场应用加速拓展，功能种类更加丰富，产业规模持续壮大。最新数据显示，当前我国工业机器人销量已占全球一半以上，连续10年居世界首位。"机器人＋行业应用"也在不断深化，工业机器人应用覆盖了国民经济的60个行业大类和168个行业中类。制造业则是人工智能加快形成新质生产力最重要的领域之一。我国以大模型为代表的人工智能发展呈现出技术创新快、应用渗透强、国际竞争激烈等特点，正加速与制造业深度融合，深刻改变制造业生产模式和经济形态，展现出强大的赋能效应，有力推动了实体经济数字化、智能化、绿色化转型。目前，我国已建设近万家数字化车间和智能工厂。

（六）新质生产力推动中国式现代化的重要内容是生态文明建设、绿色低碳发展

中国式现代化是人与自然和谐共生的现代化。新质生产力，除了是先进的生产力，也一定是绿色的生产力。因此，要把"绿水青山就是金山银山"的理念深度融入新质生产力，协同推进降碳、减污、扩绿、增长，建设人与自然和谐共生的美丽中国。一是要推动生态环境综合治理。深入实施空气质量持续改善行动计划，统筹水资源、水环境、水生态治理，加强土壤污染源头防控，强化固体废物、新污染物、塑料污染治理。坚持山水林田湖草沙一体化保护和系统治理，加强生态环境分区管控。组织打好"三北"工程三大标志性战役，推进以国家公园为主体的自然保护地建设。加强重要江河湖库生态保护治理。持续推进长江十年禁渔。实施生物多样性保护重大工程。完善生态产品价值实现机制，健全生态保护补偿制度，充分调动各方面保护和改善生态环境的积极性。二是大力发展绿色低碳经济。推进产业结构、能源结构、交通运输结构、城乡建设发展绿色转型。落实全面节约战略，加快重点领域节能节水改造。完善支持绿色发展的财税、金融、投资、价格政策和相关市场化机制，推动废弃物循环利用产业发展，促进节能降碳先进技术研发应用，加快形成绿色低碳供应链。建设美丽中国先行区，打造绿色低碳发展高地。三是积极稳妥推进碳达峰碳中和。扎实开展"碳达峰十大行动"。提升碳排放统计核算核查能力，建立碳足迹管理体系，扩大全国碳市场行业覆盖范围。深入推进能源革命，控制化石能源消费，加快建设新型能源体系。加强大型风电光伏基地和外送通道建设，推动分布式能源开发利用，提高电网对清洁能源的接纳、配置和调控能力，发展新型储能，促进绿电使用和国际互认，发挥煤炭、煤电兜底作用，确保经济社会发展用能需求。

（七）新质生产力推动中国式现代化在实践中已迈出坚实步伐

我国新质生产力正在实践中快速形成。当前，我国在载人航天、探月探火、深海深地探测、超级计算机、卫星导航、量子信息、核电技术、大飞机制造、生物医药等领域取得一系列重大创新成果。目前，我国新能源汽车生产累计突破2000万辆、工业机器人新增装机总量全球占比超50%、超高清视频产业规模超过3万亿元、第一批国家级战略性新兴产业集群已达到66家，彰显产业基础好、市场需求大的独特优势。此外，备受关注的锂电池、光伏、新能源汽车等"新三样"行业近年来发展比较快，在国际市场上形成较强竞争力。2023年，我国出口机电产品13.92万亿元，增长2.9%，占出口总值的58.6%。其中，电动载人汽车、锂离子蓄电池和太阳能电池"新三样"产品合计出口1.06万亿元，首次突破万亿大关，增长29.9%。战略性新兴产业和未来产业不断发展壮大，已经为新质生产力的发展奠定了良好的基础，并展示出广阔的发展前景。

以战略性新兴产业、未来产业和绿色低碳发展为主要内容形成的新质生产力，使人类生产方式、生产关系和生产要素重新整合和优化，大幅度提高全社会的生产效率和产业竞争力。同时，也会改变全社会的生活方式和工作方式，使人类生活和工作方式智能化、个性化、便捷化、低碳化，使现代化建设建立在坚实的物质技术基础之上。因此，新质生产力是推动中国式现代化的关键动能，是使我国在科技变革加速演进的激烈国际竞争中，掌握应对挑战的主动权和制高点，抓住机遇，立于不败之地，如期实现中华民族伟大复兴的关键所在。

四 新一轮改革的首要任务是促进新质生产力加快发展

深化改革调整生产关系以适应新质生产力发展的需要是时代的呼声。改革是决定当代中国前途和命运的关键一招。经过过去45年改革开放的洗礼，特别是党的十八届三中全会以来以坚持和完善中国特色社会主义制度，推进国家治理体系和治理能力为总目标的全面深化改革，中国社会生产力得到前所未有的解放和发展，经济社会发展、人民生活水平和生活质量的提高，城乡面貌发生的深刻变化，国际地位的提高等举世瞩目。但科技革命引发的新质生产力的出现，比任何时候都更加强烈地呼吁和要求通过深化改革调整生产关系，以适应新质生产力发展的需要。

（一）新一轮改革蓄势待发

2024年是全面深化改革的又一个重要年份。全面深化改革将进入新的十年。可以想象也毫无悬念，全面深化改革将进行新的战略布局，会有一系列重大改革举措出台，这既是过去十年的实践续篇，也是未来十年的时代新篇。2024年3月27日习近平主席会见美国工商界和战略学术界代表时指出，改革开放是当代中国大踏步赶上时代的重要法宝。中国的改革不会停顿，开放不会止步。我们正在谋划和实施一系列全面深化改革重大举措，持续建设市场化、法治化、国际化一流营商环境，为包括美国企业在内的各国企业提供更广阔发展空间。2023年12月召开的中央经济工作会议提出五个"必须坚持"。其中第三个"必须坚持"就是：必须坚持依靠改革开放，增强发展内生动力，统筹推进高层次改革和高水平开放，不断解放和发展社会生产力，激发和增强社会发展活力。中央经济工作会议将"深化重点领域改革"作为重点工作的第三项，提出"要谋划进一步全面深化改革重大举措，为推动高质量发展、加快中国式现代化建设持续注入强大动力"。2024年《政府工作报告》强调，进一步全面深化改革、强化创新驱动，持续激发经济发展动力活力。这些精神集中起来看，就是要通过新一轮深化改革开放，促进新质生产力快速发展，以新质生产力发展为引领，不断解放和发展社会生产力，激发和增强社会发展活力。为推动高质量发展、加快中国式现代化建设持续注入强大动力。

（二）全面深化改革促进新质生产力发展要找准着力点

中共中央政治局第十一次集体学习时，习近平总书记强调，生产关系必须与生产力发展要求相适应。发展新质生产力，必须进一步全面深化改革，形成与之相适应的新型生产关系。要深化经济体制、科技体制等改革，着力打通束缚新质生产力发展的堵点卡点，建立高标准市场体系，创新生产要素配置方式，让各类先进优质生产要素向发展新质生产力顺畅流动。同时，要扩大高水平对外开放，为发展新质生产力营造良好的国际环境。[1] 新一轮全面深化改革，从促进新质生产力发展、推动中国式现代化的角度看，要把重点、焦点和着力点放在三个方面：市场、创新、企业家。要充分激发市场、创新、企业家的活力。

（三）发展新质生产力，要激发市场活力

构建高水平社会主义市场经济体制，依然是新一轮深化改革重中之重。我们常说"纲举目张"。要"举"好、"举"强坚持和完善社会主义基本经济制度这个"纲"，去"张"深、"张"实市场配置资源决定性作

---

[1] 《加快发展新质生产力 扎实推进高质量发展》，《人民日报》2024年2月2日第1版。

用这个"目"。要坚决落实"两个毫不动摇",推动各类所有制企业协同发展,聚焦"牵一发而动全身"的重点领域和关键环节推进改革攻坚,打破阻碍市场化配置资源、影响新质生产力快速发展的体制机制深层障碍,加快构建全国统一大市场,建设高标准市场体系。当然也要更好地发挥政府的作用。对于政府而言,实施营商环境改进提升行动,抓好招商引资领域突出问题整治,提供公平竞争的良好营商环境,特别是法治环境。市场经济本质上是法治经济,平等竞争的法治环境要胜于任何优惠政策。改革与法治,如一鸟两翼、一车两轮。只有法治成为真正的法治,才能从根本上扫清束缚新质生产力发展的体制机制障碍,打造充满生机和活力的市场体系。

(四)发展新质生产力,要激发创新活力

激发创新活力的首要任务和关键环节是深化科技体制改革。党的二十大报告提出,必须坚持科技是第一生产力、人才是第一资源、创新是第一动力,深入实施科教兴国战略、人才强国战略、创新驱动发展战略,开辟发展新领域新赛道,不断塑造发展新动能新优势。习近平总书记高度重视科技体制改革,多次作出重要讲话和指示、批示。中央高层也开过不少重要会议进行具体部署。2023年第一次中央深改委会议审议通过了《关于强化企业科技创新主体地位的意见》。强化企业科技创新主体地位,是深化科技体制改革、推动实现高水平科技自立自强的关键举措。要坚持系统观念,围绕"为谁创新、谁来创新、创新什么、如何创新",从制度建设着眼,对技术创新决策、研发投入、科研组织、成果转化全链条整体部署,对政策、资金、项目、平台、人才等关键创新资源系统布局,一体推进科技创新、产业创新和体制机制创新,推动形成企业为主体、产学研高效协同深度融合的创新体系。要聚焦国家战略和产业发展重大需求,加大企业创新支持力度,积极鼓励、有效引导民营企业参与国家重大创新,推动企业在关键核心技术创新和重大原创技术突破中发挥作用。[①] 加大薪酬分配制度改革鼓励和激发科教人才创新动能。把

---

① 《守正创新真抓实干 在新征程上谱写改革开放新篇章》,《人民日报》2023年4月22日第1版。

2023年第二次中央深改委会议审议通过的《关于高等学校、科研院所薪酬制度改革试点的意见》真正落到实处。建立起激发创新活力、知识价值导向、管理规范有效、保障激励兼顾的薪酬制度，进一步激发高等学校、科研院所创新创造活力。

（五）发展新质生产力，要激发企业和企业家的活力

激发市场活力，离不开企业和企业家的活力，同样创新的活力很大程度上也来源于企业家和企业家精神。习近平总书记指出，市场活力来自于人，特别是来自于企业家，来自于企业家精神。党的二十大报告也明确提出要"弘扬企业家精神"。改革开放45年来，我国逐步建立并不断完善高水平社会主义市场经济体制，市场体系不断健全，企业家和企业家精神功不可没。改革开放初期，一大批农民企业家、乡镇企业家、民营企业家的出现，对我国早期的市场化改革及由此带来的充满活力的经济增长，发挥了积极的推动作用。20世纪90年代初，以一大批官员、学者"下海"为特征的各方面素质也更高的企业家的出现，大大推进了我国经济体制市场化改革的进程，也由此推动经济的高速增长。此后一大批从海外回来的"海龟"企业家，及一大批到海外留学深造并接受了现代信息技术和管理技能的民营企业家，进一步推动我国经济体系的市场化改革进程，并与国际市场接轨，使我国经济迅速融入经济全球化的浪潮。当然，不能不提到一大批厥功至伟的国资国企的企业家，随着市场化改革进程迅速转型，由官员型的管理者转变为市场经济的弄潮儿，在推动国资国企科技创新、产业控制、安全支撑等方面，以及对我国构建新发展格局，推动高质量发展发挥了"定海神针"的骨干、带头作用。马克思关于生产力三要素的组织和管理，在科技革命，特别是人工智能时代，必须通过市场来实现，由市场来配置资源。市场配置资源就是由作为市场主体的企业配置资源。企业配置资源说到底要由管理企业的企业家的活动来完成。我们常说经济体制改革的重点是处理好政府和市场的关系，实际上就是处理好政府和企业、企业家的关系。激发企业家活力，弘扬优秀企业家精神，归根到底依靠深化改革。通过深化体制机制改革把法治精神贯彻到企业家的经营行为中，不仅让企业家知法、懂法、遵法、守法经营，更要以稳定产权和营商环境等法律制度，用法律保护

企业家特别是民营企业家产权和企业家权益,维护我国企业法人和企业家在海外合法权益。企业和企业家的活力不但需要激发,更需要保护。党的二十大提出要打造世界一流企业。新质生产力的发展需要有世界一流的企业。推进中国式现代化,更离不开世界一流企业。世界一流的企业必须有一流的企业家和一流的优秀企业家精神。

(根据笔者有关新质生产力和中国式现代化的文章和演讲整理)

深化体制机制改革　推动生态环境高标准保护和高质量发展

习近平总书记自党的十八大以来多次对生态文明建设作出重要指示，在不同场合反复强调，"绿水青山就是金山银山"。习近平生态文明思想日益深入人心，已经成为全党全国共识，成为指导和引领我国经济社会发展，实现人与自然和谐共生，全面建设社会主义现代化国家新征程的重要遵循。

2021年8月30日召开的中央全面深化改革委员会第二十一次会议强调，要巩固污染防治攻坚成果，坚持精准治污、科学治污、依法治污，以更高标准打好蓝天、碧水、净土保卫战，以高水平保护推动高质量发展、创造高品质生活，努力建设人与自然和谐共生的美丽中国。

既要绿水青山，又要金山银山，解决发展中的生态环境问题，处理好高标准保护和高质量发展的关系，实现生态环境保护和经济发展的辩证统一，要做的事情很多，但关键在于深化生态建设体制机制改革。

一　生态环境高标准保护和高质量发展事关发展大局

（一）习近平生态文明思想重要内容

习近平总书记高度重视生态环境建设。历年来多次发表重要讲话，作出重要指示、批示并身体力行亲自推动落实。习近平生态文明思想系统回答了"为什么建设生态文明、建设什么样的生态文明、怎样建设生态文明"等重大理论和实践问题，把我们党对生态文明建设规律的认识提升到一个新高度。处理好高标准保护和高质量发展的关系，实现生态环境保护和经济发展的有机统一，是习近平生态文明思想的重要内容。

党的十八大以来，习近平总书记深入实际，调查研究，亲自推动生态建设任务落实。比如察看秦岭自然生态，考察祁连山生态环境修复成果，提出要保护好贺兰山生态；多次赴长江流域考察，5年时间内3次主持召开座谈会，推动长江经济带"共抓大保护，不搞大开发"；心系黄河，一年时间内4次考察黄河，推动黄河流域生态保护和高质量发展成为重大国家战略；等等。还有河北塞罕坝林场、内蒙古阿尔山林区、云南洱海湖畔、黑龙江黑瞎子岛、广西漓江等，都留下习近平总书记身体力行推动生态文明建设的足迹。

（二）作为国家大政方针已经写入中央的多个重要文件

党的十八大报告将生态文明建设纳入党的行动纲领，作为中国特色社会主义"五位一体"总体布局重要内容。党的十九大报告提出，必须树立和践行绿水青山就是金山银山的理念，坚持节约资源和保护环境的基本国策。

第十三届全国人民代表大会第一次会议通过《中华人民共和国宪法修正案》，将生态文明正式写入国家根本法，实现了党的主张、国家意志、人民意愿的高度统一。

党的十九届五中全会就制定国民经济和社会发展"十四五"规划和二〇三五年远景目标提出以下建议，强调要"推动绿色发展，促进人与自然和谐共生"。坚持绿水青山就是金山银山理念，坚持尊重自然、顺应自然、保护自然，坚持节约优先、保护优先、自然恢复为主，守住自然生态安全边界。深入实施可持续发展战略，完善生态文明领域统筹协调机制，构建生态文明体系，促进经济社会发展全面绿色转型，建设人与自然和谐共生的现代化。[①]

（三）中共中央政治局集体学习的重要内容

2021年4月30日，中共中央政治局就新形势下加强我国生态文明

[①]《中共十九届五中全会在京举行》，《人民日报》2020年10月30日第1版。

建设进行第二十九次集体学习。会议强调，生态环境保护和经济发展是辩证统一、相辅相成的，建设生态文明、推动绿色低碳循环发展，不仅可以满足人民日益增长的优美生态环境需要，而且可以推动实现更高质量、更有效率、更加公平、更可持续、更为安全的发展，走出一条生产发展、生活富裕、生态良好的文明发展道路。[①]"十四五"时期，我国生态文明建设进入了以降碳为重点战略方向、推动减污降碳协同增效、促进经济社会发展全面绿色转型、实现生态环境质量改善由量变到质变的关键时期。

早在2012年11月17日，第十八届中共中央政治局第一次集体学习时强调，党的十八大把生态文明建设纳入中国特色社会主义事业总体布局，使生态文明建设的战略地位更加明确，有利于把生态文明建设融入经济建设、政治建设、文化建设、社会建设各方面和全过程。这是我们党对社会主义建设规律在实践和认识上不断深化的重要成果。

2017年5月26日，中共中央政治局就推动形成绿色发展方式和生活方式进行第四十一次集体学习时强调，推动形成绿色发展方式和生活方式是贯彻新发展理念的必然要求，必须把生态文明建设摆在全局工作的突出地位，坚持节约资源和保护环境的基本国策，坚持节约优先、保护优先、自然恢复为主的方针，形成节约资源和保护环境的空间格局、产业结构、生产方式、生活方式，努力实现经济社会发展和生态环境保护协同共进，为人民群众创造良好生产生活环境。

（四）贯彻新发展理念，构建新发展格局的重要任务

中共中央政治局第二十九次集体学习强调，要完整、准确、全面贯彻新发展理念，保持战略定力，站在人与自然和谐共生的高度来谋划经济社会发展，坚持节约资源和保护环境的基本国策，坚持节约优先、保护优先、自然恢复为主的方针，形成节约资源和保护环境的空间格局、产业结构、生产方式、生活方式，统筹污染治理、生态保护、应对气候变化，促进生态环境持续改善，努力建设人与自然和谐

[①]《保持生态文明建设战略定力 努力建设人与自然和谐共生的现代化》，《人民日报》2021年5月2日第1版。

共生的现代化。

要抓住资源利用这个源头，推进资源总量管理、科学配置、全面节约、循环利用，全面提高资源利用效率。要抓住产业结构调整这个关键，推动战略性新兴产业、高技术产业、现代服务业加快发展，推动能源清洁低碳安全高效利用，持续降低碳排放强度。要支持绿色低碳技术创新成果转化，支持绿色技术创新。实现碳达峰、碳中和是我国向世界做出的庄严承诺，也是一场广泛而深刻的经济社会变革，绝不是轻轻松松就能实现的。[1]

（五）实现碳达峰碳中和目标的重要内容

2021年3月15日召开的中央财经委员会第九次会议强调，要以经济社会发展全面绿色转型为引领，以能源绿色低碳发展为关键，加快形成节约资源和保护环境的产业结构、生产方式、生活方式、空间格局，坚定不移走生态优先、绿色低碳的高质量发展道路。[2]

"十四五"时期是碳达峰的关键期、窗口期，要倡导绿色低碳生活，反对奢侈浪费，鼓励绿色出行，营造绿色低碳生活新时尚。

要提升生态碳汇能力，强化国土空间规划和用途管控，有效发挥森林、草原、湿地、海洋、土壤、冻土的固碳作用，提升生态系统碳汇增量。

面对百年变局、全球疫情和极端气候变化等不确定不稳定因素的影响和冲击，解决好环境问题，实现高质量绿色发展在经济社会发展大局和全局中居于十分重要的地位，加强生态环境建设意义重大。

二 生态环境高标准保护和高质量发展亟待解决的问题

党的十八大以来，我国生态环境保护和建设取得历史性成就。正如

---

[1]《保持生态文明建设战略定力 努力建设人与自然和谐共生的现代化》，《人民日报》2021年5月2日第1版。

[2]《推动平台经济规范健康持续发展 把碳达峰碳中和纳入生态文明建设整体布局》，《人民日报》2021年3月16日第1版。

中央深改委第二十一次会议指出的，近年来，我们推动污染防治的措施之实、力度之大、成效之显著前所未有。比如"十三五"规划纲要确定的生态环境领域9项约束性指标和污染防治攻坚战阶段性目标任务超额完成。

从空气质量看，2020年全国地级及以上城市空气质量优良天数比率达到87%，超过"十三五"规划目标2.5个百分点；PM2.5未达标地级及以上城市年均浓度达到37微克/立方米，累计降低28.8%，超过"十三五"规划目标10.8个百分点。

从水质看，地表水Ⅰ至Ⅲ类水质断面比例由66%上升至83.4%，提高17.4个百分点，超过"十三五"规划目标13.4个百分点；劣Ⅴ类水质断面比例由9.7%下降到0.6%，降低9.1个百分点，超过"十三五"规划目标4.4个百分点。

从污染排放看，二氧化硫、氮氧化物、化学需氧量、氨氮排放量较2015年分别下降25.5%、19.7%、13.8%、15.0%，单位GDP二氧化碳排放较2015年降低18.8%，均超过"十三五"规划目标。

从森林覆盖率看，三北防护林、天然林保护、退耕还林还草等一系列重大生态工程深入推进。"十三五"期间，我国森林覆盖率提高到23.04%，森林蓄积量超过175亿立方米，连续30年保持"双增长"，成为森林资源增长最多的国家。

从濒危野生动植物保护看，"十三五"期间，我国有效保护了90%的植被类型和陆地生态系统、65%的高等植物群落，85%的重点保护野生动物种群，大熊猫、朱鹮、藏羚羊、苏铁等珍稀濒危野生动植物种群实现恢复性增长。

从国际责任看，近年来我国主动践行大国责任，建立"中国气候变化南南合作基金"；推动建立"一带一路"绿色发展国际联盟；共建绿色丝绸之路；提出力争2030年前实现碳达峰、2060年前实现碳中和等目标承诺，中国已成为全球生态文明建设的重要参与者、贡献者、引领者。

但必须清醒地看到，当前我国生态文明建设仍然任重道远，面临一系列亟待解决的短板、漏洞和弱项。"十四五"时期，我国生态文明建设进入以降碳为重点战略方向、推动减污降碳协同增效、促进经济社会发展全面绿色转型、实现生态环境质量改善由量变到质变的关键时期,污染防治触及的矛盾问题层次更深、领域更广,要求也更高。突出表现为"五个艰巨"。[1]

(一) 解决高耗能、高排放任务艰巨

以煤为主的能源结构、以钢铁水泥等重化工为主的产业结构、以公路货运为主的运输结构改变起来困难重重。当前我国距离实现碳达峰目标已不足10年,从碳达峰到实现碳中和也仅有30年,时间很紧、任务重。要加快推动产业结构、能源结构、交通运输结构、用地结构调整,严把"两高"项目准入关口,推进资源节约高效利用,培育绿色低碳新动能。[2]

(二) 根本改善生态环境质量任务艰巨

目前我国生态环境质量有所改善,但成效并不稳固。提高生态环境质量由量变到质变的拐点还没有到来。部分地区、领域生态环境问题依然突出。要统筹生态保护和污染防治,加强生态环境分区管控,推动重要生态系统保护和修复,开展大规模国土绿化行动,扩大环境容量的同时,降低污染物排放量。[3]

(三) 健全法律法规、严格执法任务艰巨

生态环境领域法律制度体系还不够完善,相关法律法规亟待修订,需要提高相关标准,加大执法力度,要加强系统监管和全过程监管,大幅提高违法违规成本,对破坏生态环境的行为决不手软,对生态环境违法犯罪行为严惩重罚。[4]

---

[1] 《保持生态文明建设战略定力 努力建设人与自然和谐共生的现代化》,《人民日报》2021年5月2日第1版。
[2] 《加强反垄断反不正当竞争监管力度 完善物资储备体制机制 深入打好污染防治攻坚战》,《人民日报》2021年8月31日第1版。
[3] 《加强反垄断反不正当竞争监管力度 完善物资储备体制机制 深入打好污染防治攻坚战》,《人民日报》2021年8月31日第1版。
[4] 《加强反垄断反不正当竞争监管力度 完善物资储备体制机制 深入打好污染防治攻坚战》,《人民日报》2021年8月31日第1版。

(四) 严格履职、抓好落实任务艰巨

一些部门、地方、企业存在模糊认识,履行污染防治主体责任意识不强,有的地方污染治理压力和责任逐级递减,基层生态环境执法监管能力与工作要求还不相适应。

(五) 加强治理体系和治理能力现代化任务艰巨

绿色发展的激励和约束机制不够健全,生态环境保护多元化投入模式尚未有效建立。生态环境科技创新、成果转化和推广应用还不够,环保产业支撑体系不健全。

所有这些问题集中起来都可归结为体制机制问题。因此也必须通过深化体制机制改革创新来加以解决。

三 生态环境高标准保护和高质量发展关键靠体制机制改革创新

中央深改委第二十一次会议指出,要从生态系统整体性出发,更加注重综合治理、系统治理、源头治理,加快构建减污降碳一体谋划、一体部署、一体推进、一体考核的制度机制。要深入推进生态文明体制改革,加快构建现代环境治理体系,全面强化法治保障,健全环境经济政策,完善资金投入机制。中共中央政治局第二十九次集体学习也强调,要提高生态环境治理体系和治理能力现代化水平,健全党委领导、政府主导、企业为主体、社会组织和公众共同参与的环境治理体系。生态建设体制机制改革创新需重点考虑以下几个问题。

(一) 把握好改革的方向、目标和着力点

发挥好改革在实现高标准保护和高质量发展中的关键作用,要坚定不移贯彻新发展理念,以经济社会发展全面绿色转型为引领,以绿色低碳发展为抓手,加快形成节约资源和保护环境的产业结构、生产方式、生活方式、空间格局,坚定不移走生态优先、绿色低碳的高质量发展道路。"十四五"时期是生态环境建设的关键期、窗口期。体制机制改革要

推动落实以下十方面的重点任务。

一是构建清洁低碳安全高效的能源体系，控制化石能源总量，着力提高利用效能，实施可再生能源替代行动，深化电力体制改革，构建以新能源为主体的新型电力系统。

二是实施重点行业领域减污降碳行动。推进钢铁、水泥、化工等工业领域绿色制造；提升建筑领域节能标准。

三是交通领域加快形成绿色低碳运输方式。

四是推动环保节能、绿色低碳技术实现重大突破，抓紧部署低碳前沿技术研究，加快推广应用减污降碳技术。

五是建立完善绿色发展技术评估、交易体系和科技创新服务平台。

六是完善绿色低碳政策和市场体系，完善能源"双控"制度。

七是完善有利于绿色低碳发展的财税、价格、金融、土地、政府采购等政策。

八是加快推进碳排放权交易，积极发展绿色金融。

九是倡导环保绿色低碳生活方式，反对奢侈浪费，鼓励绿色出行，营造环保绿色低碳生活新时尚。

十是提升生态碳汇能力，强化国土空间规划和用途管控，有效发挥森林、草原、湿地、海洋、土壤、冻土的固碳作用，提升生态系统碳汇增量。

此外，要加强环保、应对气候变化国际合作，推进国际规则标准制定，建设绿色丝绸之路。

从上述重点任务看，个个重要，个个不简单，都涉及权力利益格局的复杂调整。可以说，生态环境高标准保护和高质量发展，是一场广泛而深刻的经济社会系统性变革。①

（二）要重点处理好几个关系

深化体制机制改革，推动生态环境建设高标准保护和高质量发展，重在处理好以下四个方面的关系。

一是处理好政府和市场的关系。正确处理政府和市场的关系，是经

---

① 习近平：《共同构建人与自然生命共同体》，《人民日报》2021年4月23日第2版。

济体制改革需要处理好的最基本的关系,也是生态环境建设需要处理好的最重要的关系。核心问题是使市场在资源配置中起决定性作用和更好发挥政府作用。推动有效市场和有为政府更好结合。

二是处理好中央和地方的关系。处理好中央政府和地方政府的经济关系是大国经济中的一个重大问题。从生态环境建设的角度看,主要是如何正确处理中央和地方在高标准保护和高质量发展上财权与事权的划分,国家利益和地方利益、部门利益的调配,中央和地方两个积极性的调动,建立统一大市场与打破市场地域分割封锁等方面关系。集中讲,中央主要负责顶层设计和全局性部署,地方主要结合当地实际制订具体行动方案并明确责任推动落实。

三是处理好国内和国外的关系。搞好生态环境建设,必须实现国内改革与对外开放有机结合。在构建新发展格局的背景下,推动高标准保护和高质量发展,仅有国内体制机制的改革不行,需要充分考虑并体现国内国际两个循环相互促进的要求。统筹国内国际两个大局,充分利用国际国内两个市场、两种资源,加强国际交流合作。

四是处理好高标准保护和高质量发展的关系。生态环境保护和经济发展是辩证统一、相辅相成的关系。建设生态文明、推动绿色低碳循环发展,不仅可以满足人民日益增长的优美生态环境需要,而且可以推动实现更高质量、更有效率、更加公平、更可持续、更为安全的发展,走出一条生产发展、生活富裕、生态良好的文明发展道路。[1]

(三) 坚持系统观念推动改革系统集成

通过体制机制改革推动生态环境高标准保护和高质量发展,重在加强改革系统集成、推动改革举措落地见效。

一是坚持体制机制改革的系统性、整体性、协同性。坚持系统观念是"十四五"时期经济社会发展必须遵循的五个原则之一。坚持这个原则是推进全面深化改革开放的内在要求,也是生态建设体制机制改革的客观需要。推进生态建设体制机制改革系统集成,就是要加强改革前瞻性思考、全局性谋划、战略性布局和整体性推进。推进体制机制改革系

---

[1] 习近平:《努力建设人与自然和谐共生的现代化》,《求是》2022年6月1日第11期。

统集成,重在增强改革的系统性、整体性、协同性,使各项改革举措产生联动效应。

二是坚持完整、准确、全面贯彻新发展理念。推进生态建设体制机制改革系统集成,最根本的是从"五位一体"总体布局和"四个全面"战略布局的角度考虑和推进生态建设改革的目标和任务。要完整、准确、全面贯彻新发展理念,扭住生态建设目标任务,做到改革和开放相互促进、改革和发展有机统一、深化改革和依法治国相辅相成、深化改革和党的领导协同推进。

三是坚持辩证思维解决改革重点难点问题。推进生态建设体制机制改革系统集成,面对各种十分复杂的利益关系,有许多矛盾需要有效解决,有许多关系需要正确处理,有许多难题需要积极破解,做到这些,离不开辩证思维。只有增强辩证思维能力,善于抓住主要矛盾和矛盾的主要方面来制定改革的主要措施,同时立足各领域改革的耦合性制定配套措施,使各项改革措施在政策取向上相互配合、在实施过程中相互促进、在实际成效上相得益彰。

四是坚持正确的政治站位和政治立场。推进生态建设体制机制改革系统集成,要提高政治判断力、政治领悟力、政治执行力,主动识变求变应变,强化全局视野和系统思维,加强改革政策统筹、进度统筹、效果统筹,发挥改革整体效应。[1] 发扬钉钉子精神推动改革举措任务落地见效。各级党委和政府要拿出抓铁有痕、踏石留印的劲头,明确时间表、路线图、施工图,推动经济社会发展建立在资源高效利用和绿色低碳发展的基础之上。不符合要求的高耗能、高排放项目要坚决拿下来。[2]

(本文摘自笔者编著的《体制机制改革与碳达峰碳中和问题研究》一书)

---

[1] 《完整准确全面贯彻新发展理念 发挥改革在构建新发展格局中关键作用》,《人民日报》2021年2月20日第1版。
[2] 《保持生态文明建设战略定力 努力建设人与自然和谐共生的现代化》,《人民日报》2021年5月2日第1版。

深化体制机制改革　推动 ESG 发展

发展 ESG 是我国新时代新征程经济社会高质量发展的迫切需要，是大势所趋。

ESG 是 Environmental（环境）、Social（社会）和 Governance（治理）的缩写，是一种关注企业环境、社会、治理绩效而非财务绩效的投资理念和企业评价标准。同时，ESG 将投资理念、投资关注度和投资标准从传统的财务绩效为主扩展到绿色低碳、可持续发展，公共利益和良好公司治理等领域，具有重要的理论和实践意义。树立 ESG 理念并在实践中推动，对于新发展阶段我国加快绿色发展方式转型，积极稳妥推进碳达峰碳中和；对于增进民生福祉，在发展中保障和改善民生；对于完善中国特色现代企业制度，弘扬企业家精神，加快建设世界一流企业等诸多方面都有举足轻重的作用。有利于加快构建新发展格局，着力推动高质量发展。党的二十大报告指出，高质量发展是全面建设社会主义现代化国家的首要任务。发展是党执政兴国的第一要务。加快发展 ESG 应该也是全面建设社会主义现代化国家的题中应有之义。

ESG 作为一种新的投资理念和投资实践，在国际上也算新生事物，但发展很快，已引起世界各国政府、企业的高度重视，乃至社会各界的广泛关注。目前世界范围内的 ESG 投资发展势头迅猛。在 ESG 投资产品中，ESG 基金以其定位清晰、标的广泛、风险分散、操作简便等特征，成长迅速，其规模已从 2019 年年底的 1 万亿美元上升到 2022 年上半年的 3 万多亿美元，不到 3 年时间增长了 3 倍。相比之下，我国的 ESG 投资起步较晚，近几年才受到比较广泛的关注。2021 年国内新发 ESG 公募基金产品只有 52 只。政府部门开始把 ESG 因素逐步纳入金融监管，碳达峰碳中和成为责任投资的焦点，ESG 投资标准方法研究提速，强制 ESG 信息披露开始成为趋势，各类企业、金融机构都开始引入 ESG。即使引入 ESG 比较快的粤港澳大湾区，ESG 投资和 ESG 基金的发展实践也规模较小，而且不是很平衡。香港的发展明显快于大湾区其他地方。截至 2022 年 5 月，经香港证监会认可的 ESG 基金有 131 只，管理资产规模为 1435 亿美元，占全球 ESG 基金总规模的 5%。其中香港本地机构或外资在港分支机构发行的仅有 11 只，资管规模不足 11 亿美元，占比不足 0.8%。聚焦于中国市场的基金仅有 9 只，资管规模 36 亿美元，仅占所有 ESG 基金规模的 2.5%。这种情况表明，ESG 发展潜力巨大，市场广阔。

发展 ESG，必须完整、准确、全面贯彻新发展理念。要把创新、协调、绿色、开放、共享的新发展理念贯穿到 ESG 发展的各环节、各方面。一是在发展模式选择上，既要借鉴国际经验和做法，又要通过发展理念、体制机制和方式方法创新，推动 ESG 适合我国国情，成为有中国特色，是中国式的 ESG。二是要体现协调、包容，妥善处理 ESG 发展过程中涉及的方方面面的关系，用系统思维考虑问题，做好统筹协调，平衡多个利益相关方。三是要突出"E（绿色）"，充分考虑绿色低碳发展的需要和要求，推动实现碳达峰碳中和可持续发展。尤其要汲取国际上已经出现的"漂绿"问题教训，防止把 ESG 当成背书工具或募资手段而刻意"漂绿"。四是与国际接轨，ESG 不能是封闭的，应该是开放的，要推动建立与国际市场实现有效对接的 ESG 投资和 ESG 基金市场体系，评级标准和信息披露体系，在规则、规制、管理和标准上对接，就是我们通常讲的制度型开放。也要优化 ESG 发展区域布局，其理念和实践由目前起步相对比较快的大湾区辐射到长三角、东南沿海、京津冀乃至内地，推动 ESG 投资和 ESG 基金在中国区域协调发展方面发挥重要作用。五是要不断提升"S（社会）"含量，体现"人民全上，以人民为中心，发展成果由人民共享"的理念，推动 ESG 投资和 ESG 基金持续投入社会公共服务事业，扎实推进共同富裕。

发展 ESG，要融入构建新发展格局。构建以国内大循环为主体、国内国际双循环相互促进的新发展格局，是一项事关全面建设社会主义现代化国家全局的重大战略任务。发展 ESG 投资和 ESG 基金，要充分考虑融入这个大局。构建新发展格局的关键在于把实施扩大内需战略同深化供给侧结构性改革有机结合,增强国内大循环内生动力和可靠性,使经济循环畅通无阻。ESG 投资和 ESG 基金在基金募集、项目选择、标准评级、信息披露乃至企业决策和企业治理等方面,都必须充分考虑畅通经济循环这个新发展格局的关键。从供给和需求两端赋能。构建新发展格局,除了国内大循环,很重要的还有个国内国际双循环,需要实行高水平对外开放,充分利用国内国外两个市场、两种资源,依托我国超大规模市场优势,形成对全球要素资源的强大吸引力,增强国内国际两个市场两种资源联动效应,提升贸易投资合作质量和水平。增强我国在全球产业链供应链创新链中的影响力。因此,ESG 投资和 ESG 基金要有国际视野,要成为国际化的,能吸引、整合国际金融市场资源的可持续金融。

发展 ESG,必须把体制机制改革创新放在突出重要位置。深化改革是 ESG 投资和 ESG 基金发展的强大推动力。要充分发挥市场配置资源的决定作用,更好发挥政府作用。把有效市场和有为政府有机结合。通过要素市场化配置扩大 ESG 投资和 ESG 基金的规模,推动其快速发展;通过政府职能"放管服"改革,制定 ESG 评价标准,强化 ESG 信息披露,加强政策规范、法律约束等,引导 ESG 投资和 ESG 基金健康发展;通过打造开放型、包容性、国际化标准体系,推动 ESG 标准对接互认,协调发展。此外,要靠深化改革妥善处理 ESG 中 E(环境)、S(社会)和 G(治理)的关系。从体制机制的角度看,G 可能比 E 和 S 更重要。G 既包括政府治理,也包括企业自我治理,抓住了 G,E 和 S 就好办了。

在关于 ESG 发展的体制机制改革方面,国内已有不少动作。除了前些年陆续出台相关文件推动外,这两年力度进一步加大。2021 年以来,国家有关部门和监管机构就相继发布了多个促进 ESG 发展的政策。2021 年 5 月生态环境部印发了《环境信息依法披露制度改革方案》。2021 年 6 月证监会印发的《年度报告的内容与格式》《半年度报告的内容与格式》中专门新增一节"环境和社会责任",鼓励上市公司披露碳减排的措施与效果。中国人民银行 2021 年 8 月发布《金融机构环境信息披露指南》金融行业标准。2021 年 9 月双碳目标的"1+N"政策体系中的"1"正式发布,其中专门强调了积极发展绿色金融,为未来 ESG 投资和绿色金融发展奠定了"双碳"基调。2022 年初人民银行等四部委发布《金融标准化"十四五"发展规划》,内容包括统一绿色债券标准、丰富绿色金融产品与服务标准、加快制定上市公司和发债企业环境信息披露标准、研究制定并推广金融机构碳排放核算标准、建立 ESG 评价标准体系、建立可衡量碳减排效果的贷款统计标准、探索制定碳金融产品相关标准、加快研究制定转型金融标准等。2022 年 5 月国资委发布《提高央企控股上市公司质量工作方案》，明确提出央企要建立健全 ESG 体系积极参与构建具有中国特色的 ESG 信息披露规则、ESG 绩效评级和 ESG 投资指引，为中国 ESG 发展贡献力量，要推动更多央企控股上市公司披露 ESG 专项报告，力争到 2023 年相关专项报告披露做到"全覆盖"。类似的政策文件还有不少，不一一列举，都是推动 ESG 体制机制改革的有力举措。

下一步要把 ESG 发展特别是 ESG 基金体制机制改革创新作为重点，把 ESG 发展研究和如何构建高水平市场经济体制、开放型经济体制、公司治理与激发市场主体活力体制机制、碳达峰碳中和体制机制、数字经济发展体制机制、产业政策和竞争政策、保障改善民生和共同富裕体制机制等方面的研究相结合，不断推进 ESG 理论、政策、法规和实践的发展。

（根据 2022 年 11 月 23 日在"首届国家'双碳'战略与 ESG 高峰论坛"上的致辞演讲整理）

深化改革开放 积极稳妥
推进碳达峰碳中和

推进碳达峰碳中和是党中央经过深思熟虑，对国际社会的庄严承诺，也是构建新发展格局、推动高质量发展的内在要求。党的二十大报告强调，要积极稳妥推进碳达峰碳中和。

一 积极推进碳达峰碳中和，坚定不移
走生态优先、绿色低碳之路

实现碳达峰碳中和，首先是积极。党的二十大报告指出，中国式现代化是人与自然和谐共生的现代化。推动绿色发展，促进人与自然和谐共生，是全面建设社会主义现代化国家的内在要求。要站在人与自然和谐共生的高度谋划发展。到2035年，广泛形成绿色生产生活方式，碳排放达峰后稳中有降，生态环境根本好转，美丽中国目标基本实现。

实现碳达峰碳中和时间紧、任务重。从国际上看，目前大多数发达国家的碳排放已经达峰并进入下降通道，而我国从发展阶段和发展进程看，碳排放还处在增长阶段。我国实现碳达峰只有7年多一点时间，从碳达峰目标到碳中和目标之间只有30年的时间，可以说面临着非常艰巨的任务。多年来，我国在实践中积极推进绿色低碳发展，在节能减排方面做出巨大努力。特别是党的十八大以来，我国贯彻新发展理念，坚定不移走生态优先、绿色低碳发展道路，着力推动经济社会发展全面绿色转型，取得了显著成效。近两年，"双碳"工作开局良好，各方面进展好于预期。但任重道远，必须继续以积极的认识和实践，毫不动摇地推进

相关工作。"积极"的重点概括起来在以下六个方面。

一是积极推动碳达峰碳中和"1+N"政策体系有关部署落实。《中共中央　国务院关于完整准确全面贯彻新发展理念做好碳达峰碳中和工作的意见》和《2030年前碳达峰行动方案》两个顶层设计文件构成，明确了碳达峰碳中和工作的时间表、路线图、施工图。这是"1"。"N"是重点领域、重点行业实施方案及重点支撑保障方案三个方面。重点领域包括能源、工业、城乡建设、交通运输、农业农村等；重点行业包括煤炭、石油天然气、钢铁、有色金属、石化化工、建材等；重点支撑保障包括科技支撑、财政支持、统计核算、人才培养等。此外，要加强统筹协调，推动能耗双控向碳排放双控转变，对碳达峰碳中和进行综合评价和考核。

二是积极推动能源绿色低碳转型。要立足以煤为主的基本国情，促进煤炭清洁高效利用。把促进新能源和清洁能源发展放在更加突出的位置，传统能源逐步退出要建立在新能源安全可靠的替代基础上，推动新旧能源有序替代，牢牢守住国家能源安全底线，有效保障能源安全。

三是积极推进产业优化升级。加快发展高附加值的战略性新兴产业，推动传统产业节能降碳改造，坚决遏制高耗能、高排放、低水平项目盲目发展，加快推进工业领域低碳工艺革新和数字化转型。

四是积极推进建筑、交通等领域低碳转型。积极发展绿色建筑，推进既有建筑绿色低碳改造。加大力度推广节能低碳交通工具，倡导绿色出行。

五是积极提升生态系统碳汇能力。坚持"绿水青山就是金山银山"理念，开展山水林田湖草沙一体化保护和修复，科学推进大规模国土绿化行动。

六是积极推进绿色低碳科技创新。完善绿色低碳技术创新体系，加快关键核心技术攻关，鼓励先进适用技术示范推广。强化"双碳"领域人才培养，加强专业技能人才队伍建设。

此外，要积极推进绿色低碳农业、绿色低碳生活方式，等等。

实现碳达峰碳中和，事关人与自然和谐共生，事关中国式现代化，事关全面建设社会主义现代化国家，事关中华民族永续发展，事关构建人类命运共同体，因此，要毫不动摇、坚持不懈积极推进碳达峰碳中和。正像习近平总书记多次强调的，这不是别人让我们做，而是我们自己必须要做的事情。

二 稳妥推进碳达峰碳中和，必须统筹考虑、有序进行

要正确认识和把握碳达峰碳中和的进程和力度。2030年前实现碳达峰，2060年前实现碳中和，意味着我国作为世界上最大的发展中国家，将完成全球最高碳排放强度降幅，用全球历史上最短的时间实现从碳达峰到碳中和，实属不易。[①] 这是一场硬仗，是一项复杂工程和长期任务，不可能一蹴而就、毕其功于一役。从国际上看，乌克兰局势加剧了国际能源市场供需失衡，部分欧洲国家开始重启煤电，全球"双碳"进程面临着诸多不确定因素。因此，必须立足客观实际，保持战略定力，坚持底线思维，科学把握节奏，循序渐进、久久为功，规避风险、应对挑战，统筹考虑碳达峰碳中和所涉及的方方面面。既要积极，更要稳妥。总的讲，要处理好发展和减排、降碳和安全、破和立、整体和局部、短期和中长期等多方面多维度关系。概括起来，重点处理好以下三方面的关系。

一是处理好发展和减排的关系。党的二十大报告指出，高质量发展是全面建设社会主义现代化国家的首要任务。发展是党执政兴国的第一要务。没有坚实的物质技术基础，就不可能全面建成社会主义现代化强国。发展自然会有大量的碳排放。但不能因为强调发展就不考虑节能减排、绿色低碳。同样，不能因为强调减少碳排放就不发展、放慢发展或牺牲发展。减排不是减生产力，也不是不排放，而是要走生态优先、绿色低碳发展道路，在经济发展中促进绿色转型、在绿色转型中实现高质量发展。主观主义、行政命令为达峰而达峰、为大幅压指标而搞"碳冲锋"，运动式"减碳"，简单粗暴"一刀切"拉闸限电、关停企业等都影响和伤害发展，不是我们所要的减排，也背离了碳达峰碳中和的初衷和目标。妥善处理发展和减排的关系，要坚持统筹谋划，在降碳的同时确保经济增长和能源安全、产业链供应链安全、粮食安全，确保群众正常生活。

二是处理好整体和局部的关系。整体就是全局，就是大局。局部必须服从整体。国家管全局，负责总体。在国家层面，要加强顶层设计，

[①] 《习近平同法国德国领导人举行视频峰会》，《人民日报》2021年4月17日第1版。

统筹协调碳排放总量控制指标分配，着力建立完善与新发展格局相适应的绿色低碳发展制度体系。同时，要充分考虑局部的利益和诉求，有效激发局部内生动力，使局部遵循"各尽所能"和"共同而有区别的责任"两个基本原则。既要增强全国一盘棋意识，加强政策措施和减碳行动的衔接协调，确保形成合力；又要充分考虑局部差异，根据每个地区资源禀赋，经济发展程度、产业布局状况等实际情况，分类分层次精准施策并确定符合实际的目标和时间进度。因此，实现碳达峰碳中和，从局部看，必然是有先有后，一些地方因条件较好可能会率先达峰。不同的地方采取的减排路径、达峰的时间节点等也会有差别。所以，要推进差别化、包容式的协调发展和协调减排。那种自上而下、层层分解任务并强制推行的行政手段绝不可取，也不能相互攀比、急于求成，不能不切实际、盲目压缩碳达峰碳中和时间。

三是处理好短期目标和中长期目标的关系。实现碳达峰碳中和，必须统筹考虑、系统谋划短期目标和中长期目标。既要制定远景目标和中长期规划，又要妥善安排阶段性短期目标。中长远规划发挥引领作用，短期目标有利于解决一个个具体实际问题。短期目标的落实和中长期目标的追求不能脱节。实现碳达峰碳中和，既要立足当下，一步一个脚印解决具体问题，积小胜为大胜；又要放眼长远，从经济社会发展全局，从全面建设社会主义现代化国家的大局，乃至从国际角度整体考虑和设计。这样才能把握好"先达峰后中和"的节奏和力度，实事求是、循序渐进、持续发力。

当前，我国经济工作的总方针是稳中求进，推进碳达峰碳中和也必须坚持稳中求进，既要积极，更要稳妥。

三 深化改革是推进碳达峰碳中和的不竭动力

实现碳达峰碳中和是一场影响广泛而深刻的经济社会系统性变革。实现"双碳"，意味着全面重塑我国的经济结构、能源结构、生产方式和生活方式，不是轻轻松松就能实现的。因此，"双碳"不再是气候变化问题，也不仅仅是经济问题，更是触及权力利益及其格局调整的体制机制改革问题。党的二十大报告指出，要立足我国能源资源禀赋，坚持先立后破，有计划分步骤实施碳达峰行动。先立后破，立什么，破什么，必须靠改革。改革是决定当代中国前途和命运的关键一招，也是从根本上积极稳妥解决"双碳"问题的关键一招。

党的二十大把深入推进改革创新，着力破解深层次体制机制障碍，作为全面建设社会主义现代化国家必须牢牢把握的重大原则之一。实现"双碳"先立后破的改革，就是要破解生态文明建设中的深层次体制机制障碍。具体讲，先立后破的改革，要把握以下三个方面。

（一）把握好"先立后破"的改革方向

深化生态文明建设体制机制改革，要以习近平生态文明思想为指导，坚持绿水青山就是金山银山理念，加快构建生态优先、绿色低碳发展体系，提高绿色低碳发展治理体系和治理能力现代化水平。要坚持政府主导、企业主体、社会组织和公众共同参与的"双碳"治理体系。注重综合治理、系统治理、源头治理，加快构建"双碳"一体谋划、一体部署、一体推进、一体考核的制度机制。夯实政府主体责任，建立碳达峰碳中和目标任务落实情况的督查、综合考核体系，充分发挥考核指挥棒作用，提升治理效能。

（二）把握好"先立后破"的改革着力点

改革必须完整、准确、全面贯彻新发展理念，重点处理好两方面关系。一是政府和市场的关系。正确处理政府和市场的关系，是经济体制改革需要处理好的最基本的关系，也是生态文明建设体制机制改革需要处理好的最重要的关系。核心问题是使市场在资源配置中起决定性作用和更好发挥政府作用。推动有效市场和有为政府更好结合。重在健全资源环境要素市场化配置体系。二是中央和地方的关系。处理好中央政府和地方政府的经济关系，是大国经济治理的一个难题。从生态文明建设，实现"先立后破"的角度看，重在正确处理中央和地方在财权与事权上的划分；国家利益和地方利益、部门利益的调配；中央和地方两个积极性的调动；建立统一大市场与打破市场地域分割封锁等方面关系。中央主要是搞好顶层设计和全局性部署，地方主要是结合当地实际制订具体行动方案并明确责任推动落实。要处理好顶层设计、系统谋划和高效有序落实的关系，建立部门协同、上下联动的工作联动机制。

(三) 聚焦"先立后破"的改革重点任务

要推动落实以下四方面的重点任务：一是深化电力体制改革，推动能源结构转型，构建以新能源为主体的清洁低碳安全高效的新型能源体系和更具包容性、灵活性、促进绿色低碳发展的电力市场。二是深化科技体制改革，加强绿色低碳技术创新，建立完善绿色低碳技术评估、交易体系和科技创新服务平台。三是深化市场与监管机制改革，全面提升市场主体效率，激发市场主体活力，着力构建与实现碳达峰、碳中和相适应的市场体系；加强碳中和监管机制改革建设，创新碳排放考核监管体系，强化监管落实，创造良好发展环境。四是深化相关立法进程和标准体系建设改革，强化"双碳"目标约束和相关制度法治化保障，推进工业、建筑、交通等领域清洁低碳转型，加快建立碳排放总量和强度"双控"制度，完善全国碳市场建设，推动实施配额有偿分配，出台有利于绿色低碳发展的价格、财税、金融政策等，引导绿色低碳转型。

四 高水平开放是实现碳达峰碳中和的必由之路

开放是当代中国的鲜明标识，毫无疑问也是推进碳达峰碳中和的鲜明标识。党的二十大报告强调，中国坚持对外开放的基本国策，坚定奉行互利共赢的开放战略。坚持高水平对外开放，加快构建以国内大循环为主体、国内国际双循环相互促进的新发展格局。习近平主席在第五届中国国际进口博览会开幕式视频致辞中也强调，开放是人类文明进步的重要动力，是世界繁荣发展的必由之路。推进碳达峰碳中和，必须始终走开放之路。

一是加强国际合作，充分融入国际国内两个循环。在世界百年未有之大变局加速演进、世界经济复苏动力不足、经济全球化不确定因素增多的背景下，解决气候变化、"双碳"问题，不可能关起门来进行，必须统筹国内国际两个大局，充分利用国际国内两个市场、两种资源，增强国内国际两个市场两种资源联动效应，不断加强、加深国际交流合作，才能真正取得实效，适应构建新发展格局，实现高质量发展的要求。

二是加强对话交流，把握解决气候变化、"双碳"问题的国际话语权。2021年在英国格拉斯哥举行的《联合国气候变化框架公约》第二十六次缔约方大会就《巴黎协定》实施细则达成共识，中国发挥了重要作用。2022年在埃及沙姆沙伊赫召开的《联合国气候变化框架公约》第二十七次缔约方大会，中国依然发挥着举足轻重的作用。事实表明，开放交流，积极与各方沟通的情况下，才能让世界读懂并接受在气候变化、碳达峰碳中和方面的中国智慧和中国方案，才能为全球实现《巴黎协定》规定的目标注入强大动力，维护中国的主渠道地位，推进构建人类命运共同体、共建清洁美丽世界。

三是加强磋商谈判，参与和引领全球气候治理。有效应对全球气候变化，参与全球治理，必须以积极的开放姿态参与全球气候谈判和国际规则制定，坚持共同但有区别的责任原则、公平原则和各自能力原则，在履行应对气候变化国际义务的同时，推动构建公平合理、合作共赢的全球气候治理体系。切实维护包括我国在内的发展中国家的发展权益。深化应对气候变化南南合作，扎实推进绿色"一带一路"建设，支持发展中国家能源绿色低碳发展。

四是加强商务往来，共享应对气候变化和绿色低碳发展的市场商机。中国推进碳达峰碳中和为包括中国企业在内的全球企业，尤其跨国公司提供了巨大商机。中国是个大市场，应对气候变化和绿色低碳发展，有利于中外各类企业发挥自身优势，拓展合作空间，挖掘合作潜力，携手开拓市场，实现合作共赢。首先是引进与开发低碳、零碳、负碳先进技术的商机；其次是绿色低碳贸易与投资的商机；最后是开展第三方市场合作的商机。中国也是履行国际义务的大国，中国对发展中国家绿色低碳发展的支持、共建绿色"一带一路"倡议的努力也在全球范围内创造出巨大商机。

党的二十大为新时代新征程中国式现代化指明了新方向，提供了新遵循，也为实现碳达峰碳中和揭开了新的一页。坚持深化改革开放，为先立后破解决好体制机制问题，就一定能把积极稳妥推进碳达峰碳中和的部署贯彻好落实好。

（根据2022年11月7日在"第二届碳中和国际实践大会"上的发言整理）

深化体制机制改革
推动碳达峰碳中和

最近一个时期，特别是2021年以来，碳达峰、碳中和成为热门话题，绿色成为热词。在构建新发展格局中加大力度推动绿色低碳发展，实现2030年前碳达峰、2060年前碳中和的目标，作为事关中华民族永续发展和构建人类命运共同体的重大战略决策，提上了中央和各级党委、政府工作的重要日程。实现碳达峰、碳中和是一场广泛而深刻的经济社会系统性变革，涉及经济社会发展的方方面面。既是气候变化问题，也是生态建设问题，还是发展模式问题，更是体制机制问题。下面从体制机制改革创新的角度谈三点认识。

一 改革是实现碳达峰碳中和的关键推动力

体制机制改革创新，对实现碳达峰、碳中和意义重大。改革是决定当代中国命运的关键一招，是构建新发展格局的关键一招，毫无疑问也是实现碳达峰、碳中和的关键一招。

关于改革作为关键一招，习近平总书记多次阐述过。在2018年12月18日庆祝改革开放四十周年大会上的重要讲话中，习近平总书记指出，40年的实践充分证明，改革开放是党和人民大踏步赶上时代的重要法宝，是坚持和发展中国特色社会主义的必由之路，是决定当代中国命运的关键一招，也是决定实现"两个一百年"奋斗目标、实现中华民族伟大复兴的关键一招。在2020年8月24日召开的经济社会领域专家座谈会上，习近平总书记强调，改革是解放和发展社会生产力的关键，是推动国家发展的根本动力，要以深化改革激发新发展活力。在2021年2月19日中央深改委会第十八次会议上，习近平总书记指出，要发挥全面深化改革在构建新发展格局中的关键作用。

打赢碳达峰、碳中和硬仗靠改革。2021年3月15日，习近平总书记主持召开的中央财经委员会第九次会议强调，实现碳达峰、碳中和是一场硬仗，也是对我们党治国理政能力的一场大考。同年4月30日，习近平总书记在主持中共中央政治局第二十九次集体学习时强调，实现碳达峰、碳中和是我国向世界做出的庄严承诺，也是一场广泛而深刻的经济社会变革，绝不是轻轻松松就能实现的。为什么是硬仗、是大考？因为，中国作为世界第二大经济体和最大的发展中国家，目前仍处于工业化和城市化发展阶段中后期，能源总需求一定时期内还会持续增长。从碳达峰到碳中和，发达国家有60年—70年的过渡期，而中国只有30年左右的时间。[①] 这意味着，中国温室气体减排的难度和力度都要比发达国家大得多。打赢这场硬仗，通过这次大考，要做的事情很多，但改革依然是关键一招，必须发挥全面深化改革，特别是生态建设体制机制改革的关键性作用。

育新机开新局靠改革。"十四五"时期是碳达峰的关键期、窗口期。2021年又是开局之年。实现碳达峰、碳中和不仅仅是场硬仗，还面临着极为复杂多变的内外部环境。说危机随时可见、挑战十分严峻并不为过。2020年9月22日，习近平主席在第七十五届联合国大会一般性辩论上宣布中国的二氧化碳排放力争于2030年前达到峰值，努力争取2060年前实现碳中和。不仅仅是推动构建人类命运共同体的责任担当，也不仅仅是实现可持续发展的慎重承诺，更是一种经过深思熟虑的胆略和魄力。我们经常说当今世界。当今世界是什么样的世界，从国际看是百年变局与全球疫情相互交织，不确定不稳定因素更加增多的世界。从国内看，正处在构建新发展格局、转变发展方式、优化经济结构、转换增长动力的攻关期，结构性、体制性、周期性问题相互交织叠加，发展不平衡不充分问题仍然十分突出。在这种形势下，做出碳达峰、碳中和3060重大决策，面临的风险与挑战可想而知。如何规避风险、应对挑战，在危机中

---

① 《打好实现碳达峰碳中和这场硬仗》，《人民日报》2021年6月4日第1版。

育新机、变局中开新局，关键还是在于从生态文明建设整体布局出发考虑问题，推动生态文明建设体制机制的改革创新。

要把握好改革的方向、目标和着力点。发挥好改革在实现碳达峰、碳中和中的关键作用，要坚定不移贯彻新发展理念，以经济社会发展全面绿色转型为引领，以能源绿色低碳发展为关键，加快形成节约资源和保护环境的产业结构、生产方式、生活方式、空间格局，坚定不移走生态优先、绿色低碳的高质量发展道路。

二 改革在实现碳达峰碳中和过程中的重要作用

深化体制机制改革是推动实现碳达峰、碳中和的关键一招，打好实现碳达峰、碳中和硬仗靠改革。改革的关键作用主要体现在处理好以下四方面的关系。

（一）处理好政府和市场的关系

正确处理政府和市场的关系，是经济体制改革需要处理好的最基本的关系，也是实现碳达峰、碳中和体制机制改革需要处理好的最重要的关系。

党的十八届三中全会提出，经济体制改革是全面深化改革的重点，核心问题是处理好政府和市场的关系，使市场在资源配置中起决定性作用和更好发挥政府作用。党的十九届五中全会通过的《中共中央关于制定国民经济和社会发展第十四个五年规划和二〇三五年远景目标的建议》也强调，全面深化改革，构建高水平社会主义市场经济体制，要充分发挥市场在资源配置中的决定性作用，更好发挥政府作用，推动有效市场和有为政府更好结合。

从推动实现碳达峰、碳中和的角度，重点在于：一是激发各类市场主体节能降耗、低碳减排的活力，充分调动各类市场主体实现碳达峰、碳中和的自觉性、积极性、主动性。二是完善市场机制，加快建设全国统一的碳交易市场，根据《建设高标准市场体系行动方案》推动碳交易市场建设和健康运行。2020年12月，生态环境部发布《碳排放权交易管理办法（试行）》，并印发配套的配额分配方案和重点排放单位名单，全国碳市场第一个履约周期正式启动。2021年以来，生态环境部又陆续发布排放报、核查、登记、交易、结算等配套文件，全国碳市场启动上线交易。2021年6月底前，全国碳排放权交易市场将正式开锣开始交易。我国碳市场覆盖排放量超过40亿吨，将成为全球覆盖温室气体排放量规模最大的碳市场。目前共向首批参与交易的电力行业发放了两年的配额，电力行业年度碳排放量约40亿吨。首批2225家电力企业已全部完成开户工作。三是深化土地、劳动力、资本、技术和数据等要素的市场化绿色配置改革。按照实现碳达峰、碳中和要求，推动生产要素向低碳减排发展倾斜。四是完善市场准入，修订健全负面清单并动态调整时充分体现实现碳达峰、碳中和要求。五是推动电力、制造、建筑、交通运输等重点行业绿色改革。此外，加强碳达峰、碳中和领域的反垄断和反不正当竞争执法司法，提升碳交易市场综合监管能力。

（二）处理好中央和地方的关系

处理好中央政府和地方政府的经济关系是大国经济中的一个重大问题。从实现碳达峰、碳中和的角度看，主要是如何正确处理中央和地方在低碳发展上财权与事权的划分，国家利益和地方利益、部门利益的调配，中央和地方两个积极性的调动，建立统一大市场与打破市场地域分割封锁等方面关系。集中讲，中央主要是负责顶层设计和全局性部署，地方主要结合当地实际制订具体行动方案并明确责任推动落实。

一是要加强党中央对实现碳达峰、碳中和的集中统一领导。提高实现碳达峰、碳中和治理体系和治理能力现代化水平。健全党委领导、政府主导、企业主体、社会组织和公众共同参与的环境治理体系。构建一体谋划、一体部署、一体推进、一体考核的制度机制。坚持中央和地方双向发力，强化科技和制度创新，深化能源和相关领域改革，形成有效的激励约束机制。

二是坚持全国统筹，强化顶层设计。发挥制度优势，深入推进生态文明体制机制改革，强化绿色发展法律和政策保障。完善环境保护、节能减排约束性指标管理，建立健全稳定的财政资金投入机制。全面实行排污许可制，推进排污权、用能权、用水权、碳排放权市场化交易。建立健全风险管控机制，加强风险识别和管控，处理好减污降碳和能源安全、产业链供应链安全、粮食安全、群众正常生活的关系。增强全民低碳意识、环保意识、生态意识，倡导简约适度、绿色低碳的生活方式。2020年10月，生态环境部等五部门联合印发《关于促进应对气候变化投融资的指导意见》，提出强化金融政策支持，支持和激励各类金融机构开发气候友好型的绿色金融产品。2021年2月，《国务院关于加快建立健全绿色低碳循环发展经济体系的指导意见》要求，全方位全过程推行绿色生产、绿色流通、绿色生活、绿色消费等，统筹推进高质量发展和高水平保护，确保实现碳达峰、碳中和目标，推动我国绿色发展迈上新台阶。国家发改委正在与相关部门一道，抓紧编制2030年前碳排放达峰行动方案，研究制订重点行业和领域碳达峰实施方案，进一步明确碳达峰、碳中和的时间表、路线图、施工图。2021年4月，中国人民银行等联合发布《绿色债券支持项目目录（2021年版）》，目录删除了涉及煤炭等化石能源生产和清洁利用的项目类别。科技部多次调度《科技支撑碳达峰碳中和行动方案》的编制工作，明确要求加强前沿颠覆性技术研发，围绕重点方向开展长期攻关，加强现有绿色低碳技术推广应用，支撑产业绿色化转型。

三是充分调动地方积极性推动落实。目前，围绕碳达峰、碳中和目标，各地都在出实招、见真章，快速行动。地方的碳达峰行动方案编制工作正在提速，具体措施也开始制定并落实。有的地方（如河北）加快推进无煤区建设，有的地方（如雄安新区）2021年底前将满足无煤区要求。有的地方（如陕西）全面梳理排查"两高"项目，为绿色低碳高质量项目腾出发展空间。还有的地方（如浙江）采取有效措施，激励企事业单位自觉节能降碳，强化金融支持碳达峰、碳中和措施，建立信贷支持绿色低碳发展的正面清单，支持省级"零碳"试点单位和低碳工业园区的低碳项目，支持高碳企业低碳化转型。又如北京冬奥组委公布多项绿色办奥、低碳环保举措，引人注目。冬奥会冰上场馆首次使用清洁低碳的二氧化碳跨临界直冷制冰技术，利用夏奥场馆，实现"水冰转换""陆冰转换"等。各级党委和政府担负着实现碳达峰、碳中和的政治责任，坚决做到令行禁止，确保党中央各项决策部署落地见效。根据各地实际分类施策，完善监督考核机制。要压实地方责任，各级党委和政府要扛起责任，拿出抓铁有痕、踏石留印的劲头，明确时间表、路线图、施工图，做到有目标、有措施、有检查。

(三) 处理好国内和国外的关系

实现碳达峰、碳中和，必须国内改革与对外开放有机结合。在构建新发展格局的背景下实现碳达峰、碳中和，仅有国内体制机制的改革不行，需要充分考虑并体现国内国际两个循环相互促进的要求。统筹国内国际两个大局，充分利用国际国内两个市场、两种资源。加强国际交流合作，有效统筹国内国际低碳资源，积极引进优质的碳中和技术、企业及人才。在低碳减排问题上处理好内外关系，具体讲是以下九个方面。

一是建设更高水平开放型经济新体制，加强碳达峰、碳中和国际交流合作。深化低碳绿色的商品、服务、资金、人才等要素流动型开放，稳步推进低碳绿色规则、规制、管理、标准等制度建设，全面提高向绿色经济转型的对外开放水平。

二是坚持低碳绿色理念和原则推动贸易和投资自由化便利化，推进绿色贸易创新发展，增强对外贸易绿色竞争力。

三是秉持降碳减排，完善外商投资准入前国民待遇加负面清单管理制度。在扩大服务业对外开放时体现绿色，依法保护外资企业在低碳减排中的合法权益，营造市场化、法治化、国际化、便利化、数字化的绿色营商环境。

四是健全促进和保障我境外投资的法律、政策和服务体系，坚定维护中国企业海外合法权益，实现高质量绿色节能环保技术引进来和高水平低碳绿色产品和服务走出去。

五是在自由贸易试验区建设中，增加碳达峰、碳中和的内容，赋予其推动绿色发展更大改革自主权。在海南自由贸易港建设、深圳中国特色社会主义先行示范区建设、上海浦东社会主义现代化建设引领区建设，乃至全国 21 个自由贸易区建设中，打造一批对外开放绿色新高地。

六是推进绿色金融国际合作。稳慎推进人民币国际化，坚持市场驱动和企业自主选择，营造以人民币自由使用为基础的新型互利合作关系。

七是发挥好中国国际进口博览会等重要展会平台作用，充分体现碳达峰、碳中和理念。

八是建设绿色丝绸之路。把碳达峰、碳中和国际合作作为共建"一带一路"高质量发展的重要内容。要继续坚持共商共建共享原则，秉持绿色、开放、廉洁理念，深化务实合作，加强安全保障，促进共同发展。

九是积极参与全球经济治理体系改革，提升和加强我国在国际舞台碳问题话语权。通过低碳绿色发展的对话、交流和合作，维护多边贸易体制，参与世界贸易组织改革，推动完善更加公正合理的全球经济治理体系。

（四）处理好发展和减排、整体和局部、短期和中长期的关系

中央财经委员会第九次会议强调，我国力争 2030 年前实现碳达峰、2060 年前实现碳中和，要坚定不移贯彻新发展理念，坚持系统观念，处理好发展和减排、整体和局部、短期和中长期的关系，坚定不移走生态优先、绿色低碳的高质量发展道路。[①]

推进碳达峰、碳中和对构建新发展格局，实现高质量发展的影响是多方面的。从中长期看、整体看，对推进产业结构转型升级、正面的、积极的影响，也要看到低碳减排一定时期内对经济增速局部的、短期的负面冲击。因此，处理好发展和减排、整体和局部、短期和中长期的关系，也是体制机制改革的重要任务。

一是通过体制机制改革推动低碳减排与产业结构转型升级良性互动。低碳减排倒逼转型升级，推动我国电力行业、工业制造业、建筑业、交通运输业、农业等向绿色低碳转型升级，直接降低碳排放。另外，促进绿色产业、绿色经济发展，如水能、风能、太阳能等可再生能源。

二是通过体制机制改革推动绿色产品制造和出口，打破"碳封锁"和"碳壁垒"。随着绿色技术、绿色产品、绿色供应链为特征的绿色经济全球化，低碳产品和服务的全球竞争会日益激烈，美西方国家已开始考虑征收"碳贸易税"，对所有不符合欧美排放标准的产品和服务在市场进入时征收"碳税"。如果我们能大幅度降低出口产品和服务的"碳"含量，提高绿色低碳产品和服务出口占总出口贸易的比重，将可以有效应对竞争，规避风险，大大增加我国在国际贸易中的优势和话语权。

[①] 《推动平台经济规范健康持续发展 把碳达峰碳中和纳入生态文明建设整体布局》，《人民日报》2021 年 3 月 16 日第 1 版。

三是通过体制机制改革推动能源结构清洁化转型，保障能源安全。目前我国一次能源消费仍然以化石能源为主，煤炭、石油、天然气累计占能源总消耗的84.2%（分别为56.8%、19.3%、8.1%）。石油、天然气对外依存度很高。因此，改革能源体制机制，大力发展非化石能源，如水能、风能、太阳能（发电装机容量占国际比重分别为30.1%、28.4%、30.9%），2008—2018年年均增速（6.5%、102.6%、39.5%）均超过国际平均水平（2.5%、46.7%、19.1%），将大大改善我国能源结构，减少对化石能源的依赖，增加能源安全性。

四是通过体制机制改革推动重化工高耗能产业技术改造或重组整合。我国工业中钢铁、石化、建材、水泥、有色金属等都属于高耗能高排放产业，碳排放占总排放的80%。这些产业也是实施碳达峰、碳中和的主要矛盾点和矛盾的主要方面。在这些产业加大低碳减排技术运用，推进绿色制造，兼并重组提升规模效益等，将大大减轻碳达峰、碳中和的压力。

五是通过体制机制改革推动绿色投资、绿色金融发展，会极大拉动经济增长。实现碳达峰、碳中和，无论能源结构调整、节能减排，还是采用新技术，都会产生巨额的投资需求。据有关机构测算，若以2℃目标为标准，2020—2050年，能源行业需新增投资100万亿元，占每年国内生产总值的1.5%—2.0%。若以1.5℃目标为标准，则需新增投资约138万亿元，会超过每年国内生产总值的2.5%。此外，也将带来大量税收和几千万个就业岗位。

当然，短期内、局部看对经济发展的不利影响和负面冲击也是存在的。如果低碳减排措施过激，会降低高耗能高排放产业工业增加值的增速，导致经济增速放缓甚至不同程度下滑；清洁低碳能源使用也会一定程度上推高能源价格上涨，增加企业和居民用能成本；采用节能降耗新技术会迫使企业加大投入，增加生产成本，对高耗能高排放的企业影响尤其大。生产成本增加比人会转移到商品和服务的价格上，拉动价格上涨。有的企业因为兼并重组会带来工人、职员下岗失业，增加经济困难等。但从全局看、长远看，这些"阵痛"又很难避免。需要在改革步骤、力度、节奏上统筹考虑，最大限度减少负面影响和损失。

三 推进碳达峰、碳中和体制机制改革 需把握的关键环节

通过碳达峰、碳中和体制机制改革,重在加强改革系统集成、解决重点难点问题,不断推出新思路新举措新办法,狠抓改革举措落地见效。具体讲,要注重并抓好以下关键环节。

(一) 统筹兼顾推动改革系统集成

碳达峰、碳中和体制机制改革重在系统集成。系统集成必须坚持系统观念。坚持系统观念是"十四五"时期经济社会发展必须遵循的五个原则之一。提出坚持系统观念,这在党的中央全会和党的重要文件中还是第一次。这是党的十九届五中全会精神的一大亮点,是党的理论创新的一个创新点。坚持这个原则是推进全面深化改革开放的内在要求。

2019年9月9日召开的中央全面深化改革委员会第十次会议强调,落实党的十八届三中全会以来中央确定的各项改革任务,前期重点是夯基垒台、立柱架梁,中期重点在全面推进、积厚成势,现在要把着力点放到加强系统集成、协同高效上来,巩固和深化这些年来我们在解决体制性障碍、机制性梗阻、政策性创新方面取得的改革成果,做好成果梳理对接,推进改革成果系统集成,从整体上推动各项制度更加成熟更加定型。

推进碳达峰、碳中和体制机制改革系统集成,要加强改革前瞻性思考、全局性谋划、战略性布局和整体性推进。要改革与开放有机结合,统筹国内国际两个大局,办好发展安全两件大事。要坚持全国一盘棋,更好发挥市场配置资源决定作用,更好发挥政府作用,调动中央、地方和各方面积极性。要有利于固根基、扬优势、补短板、强弱项,防范化解重大风险挑战。要有利于推动实现发展质量、结构、规模、速度、效益、安全相统一。

推进碳达峰、碳中和体制机制改革系统集成,重在增强改革的系统性、整体性、协同性,使各项改革举措产生联动效应。这是由改革的特点决定的。改革事关全局,不是某个领域某个方面的单项改革,是统筹

推进各领域改革，不是零敲碎打的调整，更不是碎片化的修修补补，而是全面的、系统的、联动的和集成的。

推进碳达峰、碳中和体制机制改革系统集成，最根本的是从"五位一体"总体布局和"四个全面"战略布局的角度考虑和推进生态建设改革的目标和任务。要完整、准确、全面贯彻新发展理念，扭住构建新发展格局目标任务，做到改革和开放相互促进、改革和发展有机统一、深化改革和依法治国相辅相成、深化改革和党的领导协同推进。

推进碳达峰、碳中和体制机制改革系统集成，要提高政治判断力、政治领悟力、政治执行力，主动识变求变应变，强化全局视野和系统思维，加强改革政策统筹、进度统筹、效果统筹，发挥改革整体效应。

（二）增强辩证思维能力解决改革重点难点问题

推动碳达峰、碳中和体制机制改革，面对各种十分复杂的利益关系，有许多矛盾需要有效解决，有许多关系需要正确处理，有许多难题需要积极破解，做到这些，离不开辩证思维。只有增强辩证思维能力，才能提高驾驭复杂局面、处理复杂问题的本领，才能真正做好各项改革工作。

所谓辩证思维，就是洞察事物发展规律，承认矛盾、分析矛盾、解决矛盾，善于抓住关键、找准重点。就要求在全面深化改革中善于处理局部和全局、当前和长远、重点和非重点的关系，在权衡利弊中趋利避害，在辩证分析中做出最为有利的抉择。在方法论上，要增强问题意识、坚持问题导向，深入分析改革面临的复杂形势和繁重任务，对各种矛盾做到心中有数，善于抓住主要矛盾和矛盾的主要方面来制定改革的主要措施，同时立足各领域改革的耦合性制定配套措施，使各项改革措施在政策取向上相互配合、在实施过程中相互促进、在实际成效上相得益彰。

掌握辩证思维，推进碳达峰、碳中和体制机制改革，要坚持两点论和重点论相统一，立足新发展阶段，解决影响贯彻新发展理念、影响碳达峰、碳中和体制机制改革的突出问题，解决影响人民群众生产生活的突出问题，解决影响改革重点突破、纵深推进的突出问题。习近平总书记曾说过，在任何工作中，我们既要讲两点论，又要讲重点论，没有主次，不加区别，眉毛胡子一把抓，是做不好工作的。

碳达峰碳中和体制机制改革中运用"两点论"，就要坚持一分为二地看问题。既要看到有利的一面，也要看到不利的一面。既要敢于突破，又要一步一个脚印、稳扎稳打。

碳达峰、碳中和体制机制改革中坚持"重点论"，就是找突出问题、抓关键问题，抓重点带一般。要有强烈的问题意识，以重大问题为导向，抓住重大问题、关键问题深入研究，找出答案，着力推动解决。

碳达峰、碳中和体制机制改革中注重"转化论"，就是从辩证的观点看待问题和矛盾的转化。改革遇到的不少矛盾，量积累到一定程度就会发生质的突变，所谓量变引起质变。如果对此类矛盾熟视无睹，甚至回避、掩饰，在矛盾面前畏缩不前，坐看矛盾激化，那就会出大问题，最后势必造成无法弥补的损失。

（三）坚持创新、不断推出改革新思路新举措

创新是一个民族、一个国家的灵魂，也是推进实现碳达峰、碳中和体制机制改革的不竭动力。实现碳达峰、碳中和需要创新意识，相应的体制机制改革也要靠创新。创新意识、创新举措、创新实践，应贯穿碳达峰碳中和体制机制改革的各个方面和各个环节。

首先，思路要不断创新。思路创新必须坚持解放思想。解放思想、实事求是，是我们党的思想路线的核心内容，也是中国革命、建设和改革开放不断获得成功的有力法宝。2013年1月5日，习近平总书记强调，解放思想、实事求是、与时俱进，是马克思主义活的灵魂，是我们适应新形势、认识新事物、完成新任务的根本思想武器。面对百年变局和全球疫情，构建新发展格局，内外问题叠加，新旧矛盾交织，改革面对的形势错综复杂，挑战与考验层出不穷。唯有进一步解放思想，牢固树立创新意识，才能不断破除旧观念，克服旧习惯，打破旧藩篱，产生新思路，解决新问题，开拓新局面。习近平总书记也多次强调，改革只有进行时没有完成时。进一步解放思想，不断创新改革思路也只有进行时没有完成时。

其次，举措要不断创新。推进碳达峰、碳中和体制机制改革，光有立场和态度还不行，必须有实实在在的举措。党的十八大以来党中央就全面深化改革进行了一系列部署，推出一系列新举措。这些新举措推动了一系列新突破。构建新发展格局要发挥好全面深化改革的关键作用，

实现碳达峰碳中和要加快改革步伐，必须立足新发展阶段、贯彻新发展理念、构建新发展格局，看清各种影响和阻碍实现碳达峰碳中和的矛盾症结所在，找准突破的方向和着力点，制定和推出有创新性的改革举措。

最后，实践要不断创新。改革开放40多年的实践一直是不断创新的过程。这种实践创新不仅让中国特色社会主义建设的伟大成就大放异彩，而且极大彰显了中国特色社会主义的道路自信、理论自信、制度自信和文化自信。坚持和完善中国特色社会主义制度，推进国家治理能力和治理水平现代化，依然必须继续推进实践创新。立足新发展阶段、贯彻新发展理念、构建新发展格局、推动碳达峰碳中和、实现高质量发展，每一项任务的落实，每一项工作的推进，都是实践创新的过程。实践创新，必须根据新时代、新特点、新要求，用新思路、新举措，在实践中正确处理好政府与市场、中央与地方、国内与国外、效率与公平、供给与消费等方面关系。真正实现改革实践的系统集成，让改革实践有的从中央层面加大统的力度、集中力量整体推进，有的从地方基层率先突破、率先成势，根据实际情况来推动。

（根据2021年6月6日在"四川国资国企碳达峰碳中和主题活动"上的主旨演讲整理）

参考文献

《邓小平文选》第二卷，人民出版社 1994 年版。

《毛泽东文集》第八卷，人民出版社 1999 年版。

《毛泽东文集》第六卷，人民出版社 1999 年版。

《毛泽东文集》第七卷，人民出版社 1999 年版。

《毛泽东选集》第三卷，人民出版社 1991 年版。

《毛泽东选集》第四卷，人民出版社 1991 年版。

习近平：《高举中国特色社会主义伟大旗帜 为全面建设社会主义现代化国家而团结奋斗》，《人民日报》2022 年 10 月 26 日第 1 版。

习近平：《共同构建人与自然生命共同体》，《人民日报》2021 年 4 月 23 日第 2 版。

习近平：《建设开放包容、互联互通、共同发展的世界》，《人民日报》2023 年 10 月 19 日第 2 版。

习近平：《开放合作 命运与共》，《人民日报》2019 年 11 月 6 日第 3 版。

习近平：《努力建设人与自然和谐共生的现代化》，《求是》2022 年 6 月 1 日第 11 期。

习近平：《全党必须完整、准确、全面贯彻新发展理念》，《求是》2022 年第 16 期。

《习近平同法国德国领导人举行视频峰会》，《人民日报》2021 年 4 月 17 日第 1 版。

习近平：《同舟共济，继往开来，携手构建新时代中非命运共同体》，《人民日报》2021 年 11 月 30 日第 2 版。

习近平：《同舟共济克时艰，命运与共创未来》，《人民日报》2021 年 4

月 20 日第 2 版。

《习近平向"中国式现代化与世界"蓝厅论坛致贺信》,《人民日报》2023 年 4 月 22 日第 1 版。

习近平:《在纪念五四运动 100 周年大会上的讲话》,《人民日报》2019 年 5 月 1 日第 2 版。

习近平:《在民营企业座谈会上的讲话》,《人民日报》2018 年 11 月 2 日第 2 版。

习近平:《在中华人民共和国恢复联合国合法席位 50 周年纪念会议上的讲话》,《人民日报》2021 年 10 月 26 日第 2 版。

习近平:《中共中央关于党的百年奋斗重大成就和历史经验的决议》,《求是》2021 年 23 期。

习近平:《中国式现代化是强国建设、民族复兴的康庄大道》,《求是》2023 年第 16 期。

《李克强主持召开国务院常务会议》,《人民日报》2022 年 7 月 30 日第 1 版。

《把抓落实作为推进改革工作的重点 真抓实干蹄疾步稳务求实效》,《人民日报》2014 年 3 月 1 日第 1 版。

《保持生态文明建设战略定力 努力建设人与自然和谐共生的现代化》,《人民日报》2021 年 5 月 2 日第 1 版。

《打好实现碳达峰碳中和这场硬仗》,《人民日报》2021 年 6 月 4 日第 1 版。

《第三届"一带一路"国际合作高峰论坛绿色发展高级别论坛在京举办》,《人民日报》2023 年 10 月 19 日第 4 版。

《第三届"一带一路"国际合作高峰论坛主席声明》,《人民日报》2023 年 10 月 19 日第 3 版。

《第三届中非经贸博览会将在长沙举办》,《光明日报》2023 年 6 月 14 日第 4 版。

黄兴涛、陈鹏:《民国时期"现代化"概念的流播、认知与运用》,《历史研究》2018 年第 6 期。

《加快发展新质生产力 扎实推进高质量发展》,《人民日报》2024 年 2 月 2 日第 1 版。

《加快建设全国统一大市场提高政府监管效能 深入推进世界一流大学和一流学科建设》,《人民日报》2021年12月18日第1版。

《加快实施创新驱动发展战略 加快推动经济发展方式转变》,《人民日报》2014年8月19日第1版。

《加强反垄断反不正当竞争监管力度 完善物资储备体制机制 深入打好污染防治攻坚战》,《人民日报》2021年8月31日第1版。

《加强改革系统集成协同高效 推动各方面制度更加成熟更加定型》,《人民日报》2019年9月10日第1版。

《坚定改革信心汇聚改革合力 推动新发展阶段改革取得更大突破》,《人民日报》2020年12月31日第1版。

《建设更高水平开放型经济新体制 推动能耗双控逐步转向碳排放双控》,《人民日报》2023年7月12日第1版。

《全面推进美丽中国建设 健全自然垄断环节监管体制机制》,《人民日报》2023年11月8日第1版。

《全球数字经济新图景》,《中国科技奖励》2020年第12期。

《审时度势精心谋划超前布局力争主动 实施国家大数据战略加快建设数字中国》,《人民日报》2017年12月10日第1版。

《守正创新真抓实干 在新征程上谱写改革开放新篇章》,《人民日报》2023年4月22日第1版。

汤莉:《智库建言"一带一路"多边化发展》,《国际商报》2023年10月11日第3版。

《推动平台经济规范健康持续发展 把碳达峰碳中和纳入生态文明建设整体布局》,《人民日报》2021年3月16日第1版。

《推动中非经贸合作再上新台阶》,《人民日报》2023年6月14日第2版。

《完整准确全面贯彻新发展理念 发挥改革在构建新发展格局中关键作用》,《人民日报》2021年2月20日第1版。

王珊珊:《以中国智慧破解全球"信任赤字"》,《红旗文稿》2019年第24期。

王希:《稳住增长势头 决胜三年行动——中央企业改革发展新动向解析》,《现代企业》2022年第10期。

《以高标准可持续惠民生为目标 继续推动共建"一带一路"高质量发

展》,《人民日报》2021年11月20日第1版。

赵振华:《提出"新质生产力"的重要意义》,《学习时报》2023年9月20日A2版。

《正确理解和大力推进中国式现代化》,《人民日报》2023年2月8日第1版。

《正确引导民营经济健康发展高质量发展》,《人民日报》2023年3月7日第1版。

《中共十九届五中全会在京举行》,《人民日报》2020年10月30日第1版。

后　　记

  正如作者前言中所提到的，围绕"深化改革开放，推进中国式现代化"这一重大理论与实践课题，作者近年来在学习领会习近平总书记重要论述和中央精神的基础上，作了一些思考和研究，并形成一些粗浅的认识与看法。有的在不同的场合讲过，也有的在不同级别的刊物上发表过。现将其中的一部分汇集成册，整理成书。

  从严格的意义上来讲，本书很难称得上是一本学术专著。由于水平有限，一些观点、表述和文字的不当、疏漏之处在所难免，敬请读者批评指正。

  本书不少内容得到原中国气候变化事务特使解振华、中国国际经济交流中心副理事长宁吉喆、中国经济体制改革研究会会长彭森等领导和专家学者多方面的指导，并对书稿的编辑出版给予了鼓励和支持，使作者受益匪浅，在此深表谢意。还要提到的是，中国经济体制改革研究会"深化改革开放，推进中国式现代化"专题研究团队的同志们，为本书编辑出版作了大量卓有成效的工作。科研部主任南储鑫博士统筹书稿编辑出版的组织工作，科研人员胡玉平对书稿内容作了认真整理，科研人员韩仲德对文稿引用资料的出处等作了认真校点、复核，科研人员王招、倪君等不同程度地参与了编辑出版的相关工作。中国社会科学出版社的喻苗等编辑人员也付出了很多辛勤劳动。在此一并表示感谢。

作者

2024 年 5 月